马克思主义理论研究和建设工程配套案例教材
国家社科基金特别委托项目

实践中的马克思主义新闻观

——新闻报道经典案例评析（第二辑）

● 本书编写组

中国教育出版传媒集团
高等教育出版社·北京

内容简介

本书是按照中宣部要求，继 2015 年出版首辑《实践中的马克思主义新闻观——新闻报道经典案例评析》之后，推出的第二辑马克思主义新闻观案例教材。本书由来自全国十多所知名高校新闻传播院系和中央主要新闻媒体的专家学者共同编写。

本书主要精选党的十九大以来广大新闻工作者在新闻实践中推出的 200 多个典型报道，深入解析这些生动鲜活的案例作品，将马克思主义新闻观的基本内涵、观点、方法融入其中，引导读者深刻理解在新时代学习实践马克思主义新闻观的基本要求。全书分为重大主题报道、贯彻新发展理念、以人民为中心、典型宣传、舆论监督、重大突发事件报道、国际传播、融合传播八大主题，每个主题下又有若干专题，每个专题均包括案例概述、专家评析、采写手记、延伸阅读和思考与讨论五大板块。本书还以二维码形式链接大量案例资源，集纳案例全文，拓展阅读渠道，满足新媒体时代读者的阅读需求。

本书列为马克思主义理论研究和建设工程重点教材《新闻学概论》（第二版）的配套案例教材，可作为高校"马克思主义新闻观"课程教材，也可作为新闻从业者的培训用书。

图书在版编目（CIP）数据

实践中的马克思主义新闻观：新闻报道经典案例评析. 第二辑 /《实践中的马克思主义新闻观——新闻报道经典案例评析（第二辑）》编写组编. -- 北京：高等教育出版社，2022.10（2023.8 重印）

ISBN 978-7-04-059390-7

Ⅰ. ①实… Ⅱ. ①实… Ⅲ. ①新闻报道－高等学校－教材 Ⅳ. ① G212

中国版本图书馆 CIP 数据核字 (2022) 第 165165 号

实践中的马克思主义新闻观——新闻报道经典案例评析（第二辑）
Shijianzhong de Makesizhuyi Xinwenguan——Xinwen Daodao Jingdian Anli Pingxi (Di-er Ji)

策划编辑	武 黎 赵愫简	责任编辑	赵愫简 黄子祺	封面设计	赵 阳	责任绘图	李沛蓉
版式设计	赵 阳	责任校对	刘娟娟	责任印制	赵义民		

出版发行	高等教育出版社	网　　址	http://www.hep.edu.cn
社　　址	北京市西城区德外大街 4 号		http://www.hep.com.cn
邮政编码	100120	网上订购	http://www.hepmall.com.cn
印　　刷	北京中科印刷有限公司		http://www.hepmall.com
开　　本	787mm×1092mm 1/16		http://www.hepmall.cn
印　　张	22		
字　　数	390 千字	版　　次	2022 年 10 月第 1 版
购书热线	010-58581118	印　　次	2023 年 8 月第 3 次印刷
咨询电话	400-810-0598	定　　价	49.00 元

本书如有缺页、倒页、脱页等质量问题，请到所购图书销售部门联系调换
版权所有　侵权必究
物 料 号　59390-00

本书编写组

主　编： 明立志　中宣部原副秘书长兼新闻局局长，马工程重点教材《新闻学概论》（第二版）首席专家

　　　　　高晓虹　中国传媒大学新闻传播学部学部长，教育部高等学校新闻传播学类专业教学指导委员会主任委员，马工程重点教材《新闻学概论》（第二版）首席专家

成　员： 丁　丁　人民日报出版社总编辑，马工程重点教材《新闻学概论》（第二版）主要成员

　　　　　张　垒　中央民族大学新闻与传播学院副院长，马工程重点教材《新闻学概论》（第二版）主要成员

　　　　　崔　林　中国传媒大学电视学院教授

　　　　　涂凌波　中国传媒大学电视学院教授、广播电视学系主任

本书专家组（以姓氏笔画为序）

王润泽　中国人民大学新闻学院副院长，中国新闻史学会会长，马工程重点教材《新闻学概论》（第二版）首席专家

支庭荣　暨南大学新闻与传播学院院长

刘光牛　新华社研究院副院长，马工程重点教材《新闻学概论》（第二版）主要成员

李本乾　上海交通大学媒体与传播学院院长

李学勇　新华社解放军分社社长

张涛甫　复旦大学新闻学院院长

张明新　华中科技大学新闻与信息传播学院院长

张红军　南京大学新闻传播学院院长

陈开和　北京大学新闻与传播学院副院长

陈信凌　南昌大学新闻与传播学院院长

周　勇　中国人民大学新闻学院执行院长，中国高等教育学会新闻
　　　　学与传播学专业委员会理事长

周　敏　北京师范大学新闻传播学院教授

胡　钰　清华大学新闻与传播学院党委书记

姜　飞　北京外国语大学国际新闻与传播学院院长

殷陆君　中国记协国内工作部主任

卿志军　海南师范大学新闻传播与影视学院院长

强月新　武汉大学新闻与传播学院院长

蒲　济　北京大学习近平新时代中国特色社会主义思想研究院新时代
　　　　文化建设与新闻传播研究中心副主任

序论

马克思主义新闻观是马克思主义对人类新闻活动的总体看法和规律性认识，是马克思主义关于无产阶级及其政党新闻事业和社会主义新闻事业根本性质、工作原则及运行规律的一系列基本观点和理论，体现了科学性、思想性与实践性、时代性的高度统一，是党的新闻舆论工作的根本遵循。

马克思主义新闻观是马克思主义政党在革命、建设、改革时期指导新闻实践过程中形成和发展起来的。马克思、恩格斯、列宁等无产阶级革命家长期从事新闻活动，报刊是他们革命斗争的重要阵地，新闻活动在他们整个革命生涯中占有极其重要的地位。他们在长期的革命和新闻工作实践中，形成一系列新闻思想，成为马克思主义理论的重要内容。以毛泽东、邓小平、江泽民、胡锦涛为主要代表的中国共产党人，在领导中国革命、建设、改革的历史进程中，继承和发展了马克思主义新闻观，推动社会主义新闻事业不断发展壮大。党的十八大以来，习近平总书记从党和国家事业发展全局的战略高度，结合新闻舆论工作实践经验和理论创新，对党的新闻舆论工作作出全面科学总结，形成了习近平总书记关于新闻舆论工作的重要论述。它是中国特色社会主义新闻理论的重大发展，丰富、发展了马克思主义新闻观，是繁荣发展中国特色社会主义新闻事业的强大思想武器。

中国特色社会主义进入新时代，这是我国发展新的历史方位。新闻舆论工作面临着更为紧迫的时代要求，肩负着更为艰巨的历史使命。坚持马克思主义新闻观，做好新时代党的新闻舆论工作，要重点把握以下基本观点：

1. 坚持新闻工作党性原则

党性原则是中国特色社会主义新闻舆论工作的根本原则，是马克思主义新闻观的精髓。新闻具有意识形态属性，新闻事业是社会上层建筑的重要组成部分。任何社会的新闻活动都要受到这个社会占统治地位的政治思想与国家政治制度的指导和制约。政治体制决定新闻体制，新闻体制是政治体制的重要表现。在我国，新闻事业是中国特色社会主义事业的重要组成部分，新闻媒体是党的重要执政资源。新闻工作党性原则主要体现在思想、政治和组织三个层面。在思想上，要坚持马克思主义对新闻工作的指导，全面贯彻落实党对新闻工作的要求；在政治上，要坚持新闻事业为人民服务、为社会主义服务，积极、准确、生动地宣传党的理论和路线方针政策，同党中央保持高度一致；在组织上，要坚持党对新闻工作的领导，坚持政治家办报、办刊、办台、办新兴媒体，努力加强新闻工作队伍建设。

2. 坚持以人民为中心的理念

坚持以人民为中心反映了马克思主义新闻观的本质要求，是党的群众路线在新闻实践中的具体体现；要以深厚的感情对待人民群众、以高度的自觉服务人民群众。在思想观念上，把实现好、维护好、发展好最广大人民根本利益作为新闻工作的出发点和落脚点，坚持以人民为中心的理念，坚持党性和人民性的统一，把体现党的主张与反映人民心声统一起来，把坚持正确导向与通达社情民意统一起来，以人民群众满意作为评判新闻工作成效的最高标准。在采编实践中，始终把人民群众作为报道主体、服务对象，深入群众的生产生活，走进群众的内心世界，真实反映人民群众对美好生活的追求，热情讴歌人民群众在实现中华民族伟大复兴伟业中的创新创造和精神风貌。在传受关系上，认真研究不同群众的思想文化需求，增强新闻报道的针对性、实效性，把服务群众同教育引导群众结合起来，把满足群众需求同提高群众素养结合起来。

3. 坚持微观真实与宏观真实相统一

辩证唯物主义和党的实事求是的思想路线，要求新闻报道真实地反映客观存在，与客观事实相一致。真实是新闻存在的根本条件，是新闻报道的基本要求。坚持新闻真实性原则，必须正确认识和把握好微观真实与宏观真实的关系。微观真实指具体事实的真实、新闻要素的真实，通常指向具体的报道和报道的细节，更多地体现在具体稿件中；宏观真实指总体的真实、本质的真实，涉及对事实本质的认识与全部事实的科学把握，更多地体现在报道内容的选取、报道方向的把握上，要求新闻全面、客观地反映社会现实。微观真实是宏观真实的基础，宏观真实是微观真实的本质体现。新闻报道坚持真实性原则，不仅要真实准确地报道单个事实，而且要做到总体的真实，正确认识主流和支流、成绩和问题、全局和局部的关系，科学把握报道的基调、数量、结构，反映社会的本质、主流和趋势，使之与我国改革开放的大局相吻合，与我国蓬勃向上的态势相协调。我国社会生活的本质和主流是积极健康向上的，我们强调坚持团结稳定鼓劲、正面宣传为主，把正面宣传为主与加强和改进舆论监督统一起来，是对社会现实的客观反映，是坚持新闻真实的必然要求。

4. 坚持正确舆论导向

导向是新闻工作的灵魂。坚持正确舆论导向，是社会主义新闻工作的基本要求。舆论导向正确，可以对贯彻落实党的路线方针政策起到极大的动员、鼓舞作用，对先进文化和科学知识起到积极的弘扬、普及作用，对社会丑恶现象和错误思想观念起到及时的鞭挞、抑制作用。如果舆论导向错误，尤其是政治上出现偏差，就会"谬误出于口，则乱及千里之外"，给党和人民事业造成损失。我国正处在全面建设社会主义现代化国家、向第二个百年奋斗目标迈进的重要时期，新闻舆论工作担负着对内凝聚国家力量、对外塑造国家形象的重大责任，承担着为党和国家的大局服务的重要任务。坚持正确舆论导向，完成新闻舆论工作历史使命，首先要把握好政治导向，全面科学地分析形势，善于从政治上观察和处理问题，更好地围绕中心、服务大局。要把握好思想导向、价值导向等，在全社会营造积极向上的思想舆论环境。

5. 坚持遵循新闻传播规律

新闻传播规律是存在于新闻传播过程和大众传媒发展过程中的客观法则。马克思认为，"要使报刊完成自己的使命，首先必须不从外部为它规定任何使命，必须承认它具有连植物也具有的那种通常为人们所承认的东西，即承认它具有自己的内在规律，这些规律是它所不应该而且也不可能任意摆脱的。"[①] 新闻传播规律具有普遍性，存在于、作用于所有新闻传播活动；新

---

① 《马克思恩格斯全集》第1卷，人民出版社1995年版，第397页。

闻传播规律也具有一定的特殊性，在不同水平、不同规模的新闻传播活动中，有不同的具体表现形式。遵循新闻传播规律，就要坚持用时代要求审视新闻工作，不断创新观念思路、创新内容形式、创新方法手段、创新体制机制，使新闻工作体现时代性、把握规律性、富于创造性，不断提高新闻舆论的传播力、引导力、影响力、公信力。随着社会环境的变化、传播技术的发展和媒体格局的变革，人们需要在新的传播实践中，守正创新，不断探索，自觉遵循和实践新闻传播规律，增强新闻传播的科学性和实效性。

6. 勇于承担媒体社会责任

社会责任是马克思主义新闻观的有机成分，勇于承担、认真履行社会责任是对媒体最基本的要求。媒体要承担起举旗帜、聚民心、育新人、兴文化、展形象的使命任务。新闻媒体是社会发展进步的重要推动力量，履行社会责任就是要明确职责使命、摆正角色定位，引导广大新闻舆论工作者自觉做党的政策主张的传播者、时代风云的记录者、社会进步的推动者、公平正义的守望者，在服务社会发展中实现新闻工作的真正价值。要强化社会责任意识，遵守职业道德规范，提升全行业公信力，确保党的新闻事业健康发展。正确处理社会效益和经济效益的关系，坚持把社会效益放在首位、社会效益和经济效益相统一，严肃认真地考虑新闻报道的社会效果，力求把最好的精神食粮奉献给人民群众。

马克思主义新闻观在实践中不断发展，实践是马克思主义新闻观的鲜明品格。中国特色社会主义进入新时代，开启全面建设社会主义现代化国家的伟大征程，为新闻事业发展开辟了广阔前景。我们要坚持马克思主义新闻观，在实践中不断增强脚力、眼力、脑力、笔力，真实记录时代风云变化，全面反映社会发展进步，热情讴歌人民群众创新创造，谱写出中国特色社会主义新闻事业的崭新篇章。

目录

001　重大主题报道篇

003　书写千秋伟业壮丽篇章
　　　　——建党百年主题报道评析

015　凝聚新时代奋进力量
　　　　——党的十九大主题报道评析

028　展示共和国的历史辉煌
　　　　——新中国成立70周年主题报道评析

038　高扬时代主旋律
　　　　——改革开放40周年主题报道评析

049　贯彻新发展理念篇

051　谱写生态文明建设华章
　　　　——"绿水青山就是金山银山"报道评析

062　让创新在全社会蔚然成风
　　　　——坚持创新发展报道评析

075　聚焦发展奏强音
　　　　——高质量发展报道评析

085　深化拓展论改革
　　　　——经济改革报道评析

095　以人民为中心篇

097　讲好人民民主的故事
——坚持执政为民理念报道评析

107　吹响攻坚克难号角
——决战脱贫攻坚系列报道评析

117　礼赞追求幸福的动人诗篇
——创造美好生活系列报道评析

129　典型宣传篇

131　伟大出自平凡　平凡造就伟大
——新时代典型人物报道评析

143　彰显大国重器的强大力量
——重大建设工程系列报道评析

155　浓墨重彩展现国家强盛之基
——国家战略科技成就报道评析

167　舆论监督篇

169　让权力在阳光下运行
——反腐倡廉报道评析

181　给"四风"问题画上休止符
——反对"四风"监督报道评析

192　为人民利益鼓与呼
——社会问题舆论监督报道评析

203　重大突发事件报道篇

205　中国人民抗疫斗争的壮丽史诗
　　　　——抗击新冠肺炎疫情报道评析

217　重大灾难事件中媒体的使命担当
　　　　——"东方之星"号客轮翻沉事件报道评析

230　在重大突发事故中正确引导舆论
　　　　——"深圳山体滑坡事故"报道评析

241　国际传播篇

243　讲好命运与共的中国故事
　　　　——人类命运共同体理念报道评析

253　"丝路"呼唤新思路
　　　　——"一带一路"系列报道评析

265　宣示国家主权的国际舆论斗争
　　　　——"南海仲裁案"报道评析

277　打赢涉疆议题舆论战
　　　　——涉疆对外报道评析

287　融合传播篇

289　用创意表达驱动内容创新
　　　　——优化创意报道评析

302　以多元形态促进深度融合
　　　　——丰富形态报道评析

313 打开主流舆论传播新通道
　　　　——拓展渠道案例评析

324 以创新增强传播实效
　　　　——提升效果案例评析

335 编后记

重大主题报道篇

书写千秋伟业壮丽篇章
　　——建党百年主题报道评析

凝聚新时代奋进力量
　　——党的十九大主题报道评析

展示共和国的历史辉煌
　　——新中国成立70周年主题报道评析

高扬时代主旋律
　　——改革开放40周年主题报道评析

书写千秋伟业壮丽篇章
——建党百年主题报道评析

主题报道是一种重要的报道方式，它不是以一个独立的事件为中心，而是由一件以上的事实，经过综合、归纳、概括、提炼而成的，有鲜明主题的新闻报道形式。重大主题报道是主题报道的最重要形式，一般涉及党和国家的发展大局。[①]2021年是中国共产党成立100周年，隆重庆祝建党百年是党和国家政治生活中的一件大事。围绕这一重大主题做好报道，记录历史伟业，展现百年风华，是当代新闻人的光荣使命。新闻媒体运用消息、通讯、评论、侧记、综述、直播、访谈、音视频等丰富多彩的形式，生动鲜活讲好中国共产党的故事，全面展现伟业、突出展示成就，坚持守正创新、加强融合传播，强化议题设置、创新对外传播，营造出举国共庆百年华诞、齐心协力开创新局面的浓厚氛围。建党百年主题报道是践行马克思主义新闻观的一次集中展示。

一、案例概述

本专题重点推荐五个报道案例，包括特刊、专栏、综述、直播和融媒体形态音视频产品等，内容丰富、形态多样、传播广泛，是脚力扎实、眼力敏锐、脑力深刻、笔力生动的精品力作。

---

① 本书编写组：《新闻学概论》（第二版），高等教育出版社、人民出版社2020年版，第133页。

【案例一】　　　　　"奋斗百年路　启航新征程"系列特刊[①]

案例全文

　　这是从2021年1月19日起人民日报刊发的系列特刊，分为历史篇、地方篇、行业篇三个部分，以每期1至4个整版的规模，全面梳理和展示中国共产党的百年成就和宝贵经验。历史篇共52期，深入挖掘伟大建党精神的丰富内涵和时代价值，突出展示党的十八大以来以习近平同志为核心的党中央团结带领全党全国各族人民取得的历史性成就。地方篇共32期，全面展现各省区市在党的领导下的梦想与追求、情怀与担当。行业篇共26期，聚焦各行各业、各条战线在党的领导下接续奋斗的光辉历程。

图1　2021年1月19日人民日报第5、6版（人民日报　供图）

【案例二】　　《而今迈步从头越——中国共产党成立100周年庆典启示》[②]

案例全文

　　新华社播发的这篇报道，全景描绘建党百年庆典活动宏大场景，阐释庆典重大意义。文章从"以实际行动和优异成绩庆祝建党100周年""永远把伟大建党精神继承下去发扬光大""万众一心汇聚起实现中华民族伟大复兴的

---

① 作者：集体创作；刊播平台：人民日报，2021年1月19日起。
② 作者：霍小光、张晓松、朱基钗、黄玥等；刊播平台：新华社，2021年7月14日。

磅礴力量""走好新的赶考之路，努力争取更大光荣"四个方面入手，突出展现在党的领导下，全国各族人民不懈奋斗、砥砺前行的伟大历程。

【案例三】 "百年风华 再启新程——庆祝中国共产党成立100周年"特别报道①

案例全文

2021年7月1日，庆祝中国共产党成立100周年大会在北京天安门广场举行。中央广播电视总台新闻中心在新闻频道推出特别报道，时长3小时33分。节目围绕信仰、团结、成就、启航四个关键词，梳理百年党史，展望新的征程。报道从清晨6时开始，回顾党的光辉历程，连线多路记者进行现场报道。在大会现场预热部分，直播呈现广场合唱、飞行表演等环节。大会召开过程中，完整报道习近平总书记发表的重要讲话并及时提炼要点。直播结束后，演播室嘉宾解读讲话，升华节目主题。

图2　2021年7月1日建党百年庆典现场（新华社　供图）

---

① 作者：新闻频道编辑部、时政新闻部；刊播平台：中央广播电视总台，2021年7月1日。

【案例四】 "建党百年·经济战线风云录"专栏[1]

案例全文

经济日报在中国共产党成立100周年之际,精心策划特色专栏,刊出22期深度报道。该专栏重温建党百年经济战线不凡历程和伟大成就,聚焦百年来中国共产党人的经济探索、斗争实践、辉煌成就和建设经验,探寻百年经济战线发展历程的历史逻辑。

【案例五】 "中国共产党的'十万个为什么'"大型融合系列策划报道[2]

案例全文

中国新闻社推出的这组融合报道,讲述党史故事,解答人们关注的问题,聚焦当代中国共产党人治国理政的思想与实践。整个系列报道播发稿件122篇,联合网络平台,将稿件转化为问答,与网友互动,以音视频节目形式,通过海外华文媒体网站和海外社交媒体矩阵等渠道进行立体化对外传播。

二、专家评析

重大主题报道选题一般聚焦重大历史节点,关乎国家治理、大政方针、国计民生等重要方面,比一般的主题报道时间长、规模大、声势强。从选题策划到视角选取,从内容设计到传播推送,更加需要坚持正确的政治方向、舆论导向、价值取向。建党百年报道,就属于重大主题报道。本专题案例价值导向正、内容质量精、社会反响好,有助于我们更好地总结报道的经验和做法,认识重大主题报道的内涵与价值。

---

[1] 作者:吕立勤、梁剑箫;刊播平台:经济日报,2021年5月30日起。
[2] 作者:集体创作;刊播平台:中国新闻社,2021年2月18日—7月22日。

（一）把握时间节奏，形成规模声势

重大主题报道从策划启动到圆满结束，一般时间跨度较长，有时还会分为预热、高潮、深化等阶段。2021年的建党百年主题报道贯穿全年，从年初开始营造舆论氛围，随着"七一"临近不断升温，到庆祝大会召开时形成高潮。深入阐释习近平总书记"七一"重要讲话精神，回顾百年奋斗历程，传承伟大建党精神，整个主题报道按照时间有序推进，形成爱党强国的舆论合力。

1. 预热报道营造浓厚氛围

2021年1月18日，中宣部在国家博物馆举行"奋斗百年路 启航新征程"大型主题采访活动启动仪式，标志着建党百年主题报道全面启动。各媒体纷纷推出"奋斗百年路 启航新征程"报道，内容丰富、形式多样的预热报道逐渐升温。

以人民日报为例，"奋斗百年路 启航新征程"系列报道规模宏大。在要闻版推出相关专栏的同时推出同名特刊，以时间为序，分为历史篇、地方篇、行业篇三个部分。1月19日至5月5日，特刊历史篇以每期1至4个整版的规模，共推出52期、84块专版，反映各个历史时期党带领全国人民团结一心取得的辉煌成就。5月6日至6月7日，特刊地方篇以每期4个整版的规模，共推出32期、128块专版，展现神州大地干部群众创造美好生活的精神风貌。6月8日起，又推出26期特刊行业篇，通过翔实数据、感人故事，显示各行各业、各条战线在党的领导下砥砺奋进的光辉业绩。

翻阅这些报道，好似打开百年历程的斑斓画卷。系列特刊、评论、理论、文艺等多个板块策划推出预热报道，合力营造庆祝中国共产党百年华诞的浓厚氛围。6月26日起，人民日报建党百年主题报道逐渐走向高潮，要闻、新闻、特刊、国际多版呈现，社论、述评、言论、专栏文章齐发。6月28日，人民日报头版头条刊发《江山就是人民 人民就是江山——习近平总书记关于以人民为中心重要论述综述》，全面阐释中国共产党根基在人民、血脉在人民的理念；头版压底刊发任仲平文章《百年辉煌，砥砺初心向复兴——写在中国共产党成立100周年之际》，回望百年风雨兼程的执着前行，宣示在新起点上继往开来的坚定决心。报道站位高远、视野宏阔，唱响喜迎中国共产党百年华诞的昂扬旋律。

2. 现场直播记录历史盛典

7月1日的活动是庆祝中国共产党成立100周年的高潮，中央广播电视总台推出"百年风华　再启新程——庆祝中国共产党成立100周年"直播报道，历时3小时33分钟。庆祝大会前，镜头依次呈现中共一大会址、嘉兴南湖、江西井冈山、贵州遵义、陕西延安和河北西柏坡六大革命圣地，画面和解说相结合，回顾党的百年历程，连线在天安门城楼和广场多点位以及革命圣地现场的多路记者，带来现场报道，增强期待感。在演播室段落，围绕"信念如炬""精神昂扬""团结向前""伟大贡献""开启新程"等篇章，梳理伟大成就。进入大会现场预热部分后，画面、声音、字幕各环节紧密配合，广场合唱、飞行表演等各直播环节衔接顺畅，体现了庆祝大会的宏大庄严。直播结束后，演播室嘉宾及时对讲话精神进行解读，升华节目主题。

3. 延伸解读凝聚奋进力量

庆祝大会结束后，各媒体深入阐释习近平总书记"七一"重要讲话精神的丰富内涵，引导人们充分认识建党百年伟大成就和伟大建党精神，领悟奋进新征程的重大意义。这一阶段是主题报道传播价值观、增强思想性的重要阶段，往往通过深度挖掘和深刻解读升华主题。7月14日，新华社播发《而今迈步从头越——中国共产党成立100周年庆典启示》，报道分为四个部分——"以实际行动和优异成绩庆祝建党100周年""永远把伟大建党精神继承下去发扬光大""万众一心汇聚起实现中华民族伟大复兴的磅礴力量""走好新的赶考之路，努力争取更大光荣"，全景描绘建党百年庆祝活动的宏大场景，阐释重大意义，着力展现全党全国各族人民为实现中华民族伟大复兴的中国梦意气风发、砥砺前行的生动实践，析事明理、逻辑清晰、情感充沛、催人奋进。

（二）找准报道视角，讲好党史故事

综观这次建党百年报道，可以发现，各媒体结合自身特点，发扬各自优势，讲好党史故事，合力奏响展现百年辉煌成就的壮丽乐章。

1. 注重以小见大

大主题需要小切口，小故事蕴含深意义。人民日报"奋斗百年路　启航新征程"特刊登载的故事就是很好的例子。比如，2021年1月21日的报道《1063个名字背后的故事》，从记者参观南昌八一起义纪念馆时见到一面特殊的墙写起，讲述墙上镌刻的英雄人物名字背后的跌宕故事。文中写道："大理石墙面上除了一个个名字外，没有任何修饰，却让无数观众静穆无声、驻足沉思。墙上一行大字镌刻着：'南昌起义参加者名录'，1042人按照姓氏笔画依次排列"，指出"目前追寻到的起义参加者，已增加到1063人。新增的参加者名单，在电子屏幕上展现"。由此引出数十年来人们追寻南昌起义参加者、完整呈现历史的动人故事，一面墙引发人们对告慰英雄的集体认知。又如，2021年2月1日的报道《一把小军号 浓浓战友情》，聚焦红色文物"小军号"，描述战争年代司号员李克玉吹响冲锋号、抱着小军号在山头盼望战友，年近古稀时带着小军号故地重游的故事，让人感悟革命先辈在极其艰难的条件下始终坚定的革命信念。

2. 挖掘鲜活资料

经济日报突出经济专业特色，精心组织"建党百年·经济战线风云录"栏目，史料翔实、笔触生动，通过丰富的经济视角，向读者展现"中国共产党为什么能、马克思主义为什么行、中国特色社会主义为什么好"。主创人员根据中国共产党在不同历史时期经济工作的特点，抽丝剥茧、条分缕析，精选出融时代性、故事性及历史纵深于一体的富有经济特色的选题，根据不同的选题内容进一步阅读和消化相应史料，充分借鉴相关史料的最新研究发现和学术成果，采访了解真实的历史情况，掌握大量一手资料。比如，《统一财政促胜利——解放战争时期统一财经工作实践》一文，使用了著名经济学家薛暮桥的女儿薛小和提供的最新发现的其父手稿和相关史料线索，这些鲜活生动的一手历史资料对稿件的真实性与说服力起到重要作用。

3. 彰显时代新意

围绕重要节点组织的报道要出新出彩，就需要记者多看多想多问，在实地采访中见常人所未见、思常人所未思，既要依托史料、深入挖掘故事细节，又要跳出史料、把老题材写出新意象。2021年2月8日人民日报的《缘起大红灯笼 代代永跟党走》，讲述因制作开国大典时使用的大红灯笼而与共产党结缘的尹师傅一家亲历时代巨变、代代永跟党走的故事。故事以旧见新，展现了人们对英雄的敬仰和对革命精神的传承。2月22日的《紧跟党走，铁人队伍永向前》，专门用一个章节讲述大庆油田人传承铁人精神、力争再立新功的生动故事，展现铁人精神在新时代焕发新生机，为铁人精神增添新的时代内涵。

（三）增强融合意识，形成立体传播

建党百年主题报道中，各媒体精心策划和制作融媒体产品，创意新颖，内容扎实，形态丰富，手段多样，是一次媒体融合发展成果的生动展示和实际检验。中国新闻社推出的"中国共产党的'十万个为什么'"大型融合系列报道，是其中的一个典型案例。

1. 化抽象为具象，提升吸引力

抽象的政治话语通过具象载体，有利于受众更好地接受。"中国共产党的'十万个为什么'"大型融合系列报道，在网上引起热烈反响的一个重要原因就是具象化。这组报道借用人们熟悉的"十万个为什么"入题，尝试打开一部关于中国共产党的百科全书，拉近和年轻人的心理距离。报道用历史的眼光、世界的观照、新闻的呈现，探寻党史脉络，求解党建知识，既有知识性、又有趣味性，其中一个重要特点就是为相对抽象的概念寻找具体参照物。例如，阐释中国共产党的执政理念，从中南海新华门内影壁墙上的五个金色大字"为人民服务"写起；描摹党的政治品格，从中央党校门内刻有"实事求是"的校训石起笔；聚焦党的开放形象，从邓小平访美的一顶"牛仔帽"着眼；呈现"一国两制"的制度创举，把读者带到深圳与香港交界的"中英街"……百年大党的形象由此更加亲切、生动。

2. 变硬表述为软表达，增强感染力

"中国共产党的'十万个为什么'"的100多篇稿件，每篇大都控制在千字左右，契合当下快节奏的阅读习惯。这组报道以"问"为桥，巧妙设置悬念，把"中国共产党为什么能、马克思主义为什么行、中国特色社会主义为什么好"这些大的"为什么"拆解成一系列细小的"为什么"，以软化的当代话语呈现党史的全新意义，回答真问题、回应真关切。比如，在报道中激活人们心头的"问号"——《北京的金山上》背后有什么故事？是否与我们党的历史有关？在人们熟悉的演唱者才旦卓玛背后，隐藏着歌曲更早的演唱者。因为这首歌，她曾受到周恩来总理的接见。周总理还把其中一句歌词改为"我们迈步走在社会主义幸福的大道上"，使歌曲成为今天广为传唱的版本。这样一个真实故事，

关联历史和当下，具备重要性、显著性、趣味性等多个新闻价值要素，深化了读者对我们党始终重视文艺工作的认识。稿件发出后，有网友跟帖说，"原来这首歌背后还有周总理呀"，"我喜欢阅读这样的文章"，说明这个选题成功实现预期。又如，《60年后，"国家的孩子"为什么上了热搜？》，从"热搜"写起，展现共产党的精神永不过时；《百年中共与千年小康，为什么今天能"相遇"？》，借用"诗与远方"的概念软化政治话语，让历史脉络可触可感。

3. 用新平台创新传播，扩大影响力

"中国共产党的'十万个为什么'"这组报道除了在中新社自有的传统渠道和新媒体平台进行传播外，还瞄准青年群体特别是Z世代，联合其他网络平台深度合作，把稿件转化为问答，与网友互动；还转化为音频节目，在音频分享平台进行推送，被包括"党史学习教育""学习强国"在内的重点平台，人民网、海外网、澎湃新闻等媒体网站和一些商业网站转发、推荐，共产党员网等还开设专题集纳呈现系列报道的全部稿件。在国内舆论场形成集束传播格局的同时，系列报道在海外舆论场也形成叠加传播效能，通过海外传统媒体客户端、海外华文媒体网站、中新社境外社交媒体矩阵形成立体化对外传播。

三、采写手记

用视觉盛宴礼赞百年
—— "百年风华　再启新程——庆祝中国共产党成立100周年"
特别报道采写手记

如何用一场载入史册的视觉盛宴展示建党百年的辉煌时刻？我们心中有沉甸甸的使命。2021年7月1日，当总系统导演组在中央广播电视总台复兴路办公区第八演播室的导播台切出呈现这场盛世直播的最后一个画面，我们悬着的心才算放下来。

把握基调　精心筹备

3月，我们集结到复兴路办公区，开始在这个临时启用的办公室里筹备

庆祝大会直播。第一次汇报方案，是倒计时100天的时候，导演组把庆祝大会细分为八个段落，力求以最强的创作团队、最新的技术手段、最时尚的现代风格，用电影级的镜头，隆重、热烈、大气地呈现这一盛典。

我们围绕"习近平总书记发表重要讲话"这一核心环节，进行全面梳理，最终形成一个总系统、四个分系统，共计86个4K转播机位的技术架构，为安全高效地完成直播任务构建强大基础平台。除了沿用以往正面单人近景A1机位外，还新增加一个单人主机位A2和用于拍摄过肩视角的机位A3。

习近平总书记在庆祝大会上发表重要讲话的时间长达65分钟，远长于70周年国庆和"九三"胜利日的讲话。为了能呈现与讲话内容高度契合、具有指向性的聆听镜头，我们设立观众导演岗位，负责研究现场观众的位置、身份，最终切出呈现脱贫攻坚、抗击疫情等各方人员代表的镜头，让直播的镜头语言更加丰富。

创新引领　力求突破

电视节目的进步往往得益于技术手段的创新。本次庆祝大会中，给观众留下深刻印象的诸多镜头都得益于特种设备的首次使用。我们在天安门城楼北侧的端门平台上设置了系留无人机，展现了从北向南俯瞰天安门城楼及广场的大全景，乘风破浪的"巍巍巨轮"一览无余，庄重且具有仪式感。

突破以往索道摄像机架设惯例，我们首次在国旗杆南侧、纪念碑和纪念堂之间，东西向架设两套索道，直播中的"中国排面""国旗在天安门背景中升起"等重要镜头都出自这两条索道，启用直升机从北京的南中轴线飞进广场，极具视觉冲击力。

在仪仗队护旗行进的环节，设置18米伸缩摇臂摄像机。100响礼炮声中，穿越巨型党徽摇到国旗护卫队行进的一镜到底的长镜头，讲述党走过的伟大历程，阐释人民军队忠于党的坚强决心。在仪仗队国旗方阵环节使用双头轨道摄像机，适配仪仗队降速行进的变化，避免转播过程中工作人员的穿帮和杂乱无序。在青少年献词环节，使用Trinity无线稳定拍摄器，呈现青少年向党致以青春礼赞的画面。在3分半的空中梯队飞行表演段落，导演组充分运用广场元素，结构飞行梯队"7.1"字样与人民英雄纪念碑同框，结构"100"字样与巨型金色党徽同框，形成鲜明的叙事语言，将直播推向高潮。

精益求精　万无一失

经典的背后是不计其数的难关和无数默默付出的人,要感谢为打造经典而奔波忙碌的伙伴们。为设置端门上的系留无人机,两个月里,我们的团队协调多家共管单位,几十次反复踏勘、沟通,发出上百份行文,用专业精神化解各方对飞行安全、消防安全、文物保护等的顾虑。

在天安门广场同时搭建两条索道是创历史纪录的。广场周边多为重地,交通繁忙,树木密集,索道架设的每一步都需要几十个部门、上千人的对接协调。索道架设还要和天气抢时间。偏偏在6月30日晚上,一场暴雨突袭,给设备安装、调试和维护造成难以想象的困难,索道团队一夜未眠,在临近节目开始时才调试到位。

为呈现穿越巨型党徽的经典长镜头,B系统团队用消防曲臂云梯模拟党徽,顶着烈日操练多天。为做好各系统间的无缝衔接,总系统导演组反复打磨脚本、唱本,500多个镜头烂熟于心。由于气象条件多变,直到6月30日,空中梯队飞行表演的时间、方式仍然没有确定。为保万无一失,导演组制定五版应急预案,逐项落实。

没有一份付出会被辜负,电视人对百年大党的礼赞定格成屏幕中的分秒瞬间。

（中央广播电视总台
"庆祝中国共产党成立100周年"特别报道团队　李宽宽执笔）

四、延伸阅读

2021年3月起,人民日报党建版推出"把好传统带进新征程"系列报道,介绍我们党的光荣传统和优良作风,讲好党史上的红色故事,突出思想性、写出时代感,达到以史鉴今、学史力行的宣传效果。

新华社于2021年1月2日发布的融媒体互动报道"送你一张船票",以红船为意象,用丰富的画面语言和充实的情节内容,搭建起民族记忆的三维空间,让网民身临其境,置身于历史浪潮,感受百年来翻天覆地的巨大变化。

2021年5月10日—6月18日，中央广播电视总台携手全国31个省区市广播电视机构推出大型直播特别节目《今日中国》，发挥直播优势，通过多路记者多点直播，回望百年岁月，展示今日中国成就。

光明日报和经济日报的两组文章各有侧重。2021年6月，光明日报相继刊发《百年初心为人民而跳动》《百年基业铸就复兴伟力》《百年征程创造辉煌启未来》三篇特稿，深度解读百年大党辉煌背后的成功密码。经济日报于6月在要闻版"献给中国共产党成立100周年"专栏刊出《人民至上——伟大征程的永恒坐标》《奇迹密码——中国共产党领导经济工作的伟大探索与辉煌成就》《伟大荣光——迈向现代化的中国探索》三篇编辑部文章，梳理中国共产党艰辛探索和不懈奋斗的光辉历程。

人民网从2021年6月15日开始发起"红色云展厅"公益展播活动，通过5G、云技术将各地革命博物馆、纪念馆、党史馆、烈士陵园等内容数字化，形成"红色媒资库"。全国百所高校、百名青年学子合力完成百集短视频《红色文物青年说》，接力讲述百件红色文物的故事，传承百年大党的红色基因，赓续共产党人的精神血脉。

延伸阅读

五、思考与讨论

1. 举例说明重大主题报道的基本特点。
2. 研读典型案例，阐述如何把握主题报道的历史意义与时代内涵。
3. 从案例中，你学到了哪些主题报道的方法与手段？
4. 结合建党百年主题报道的实例，谈谈如何创新主题报道。
5. 结合延伸阅读案例，谈谈如何做好红色文化的传播。

凝聚新时代奋进力量
——党的十九大主题报道评析

重大主题报道是主流媒体做好新闻舆论工作、践行媒体职责使命的重要载体，是彰显党的思想力量、传播党的政策主张的有效途径。党的十九大是在我国全面建成小康社会决胜阶段、中国特色社会主义进入新时代的关键时期召开的一次十分重要的大会，围绕党的十九大展开的重大主题报道成为媒体展示创新力、影响力的重要平台。党的十九大召开之际，各大主流媒体精心设置议题，创新话语方式，拓展传播手段，全面准确宣传十九大报告提出的新论断、新观点、新要求，真实反映中国发生的历史性变革、取得的历史性成就。报道隆重热烈、亮点频现、创意纷呈，既有内容的深度、思想的高度，也有表达的力度、传播的广度，为党的十九大胜利召开营造良好舆论氛围，推动学习宣传贯彻十九大精神不断深入。

一、案例概述

本专题重点推荐四个报道案例，包括社论、述评、融媒等报道类型，既有气势磅礴的镇版之作、深入浅出的解读文章，也有贴近年轻用户的新媒体交互产品，这些报道坚持正确政治方向、舆论导向和价值取向，积极创新重大主题报道方式，用富有思想性和传播力的报道实现主流价值引领。

【案例一】 开幕社论《开辟中国特色社会主义新境界》
闭幕社论《夺取新时代中国特色社会主义伟大胜利》
《引领新时代的坚强领导核心》[①]

案例全文

人民日报在十九大开幕、闭幕两个重要节点推出了3篇重磅社论文章，精准诠释党的十九大精神，有力传播党的声音，高屋建瓴，意义重大，引起社会强烈反响。《开辟中国特色社会主义新境界》阐释开好这次大会具有的重大政治意义、理论意义、实践意义，指出一切伟大的成就都是接续奋斗的结果，党将引领承载中国人民伟大梦想的航船破浪前进，驶向更加光辉的彼岸。《夺取新时代中国特色社会主义伟大胜利》准确权威，为学习宣传贯彻党的十九大精神奠定重要舆论基础。《引领新时代的坚强领导核心》充分表达全党全军全国各族人民对以习近平同志为核心的党中央的衷心拥护和爱戴，表明广大干部群众在新一届党中央领导集体带领下决胜全面建成小康社会、夺取新时代中国特色社会主义伟大胜利的坚定信心和决心。

图1　2017年10月18日，党的十九大在北京人民大会堂隆重开幕（新华社　供图）

---

① 作者：李宝善、卢新宁、范正伟等；刊播平台：人民日报，2017年10月18—26日。

【案例二】 《再论红船初心——新一届党中央领导集体瞻仰上海中共一大会址和浙江嘉兴南湖红船启示录》①

案例全文

这是光明日报深入阐释"红船精神"的述评文章。2017年10月31日,习近平总书记带领中共中央政治局常委专程从北京前往上海和浙江嘉兴,瞻仰中共一大会址和嘉兴南湖红船,回顾建党历史,重温入党誓词,宣示新一届党中央领导集体的坚定政治信念。光明日报11月20日刊发的这篇述评,从思想建党、人民至上和自我革命三个角度,阐释中国共产党为何能赢得民心、赢得时代,带领读者一起走进从党的一大到十九大的辉煌历史。

2005年6月,时任浙江省委书记的习近平在光明日报发表理论文章《弘扬"红船精神" 走在时代前列》,首次提出并阐释作为中国革命源头精神的"红船精神"。光明日报以此为契机,致力打造"红船精神"宣传报道矩阵。十九大前夕,光明日报刊发述评《红船初心——从"红船精神"看中国共产党的人民性特质》,此次推出的《再论红船初心——新一届党中央领导集体瞻仰上海中共一大会址和浙江嘉兴南湖红船启示录》与前期报道形成呼应之势,对"红船精神"做出更深层次的阐释。

【案例三】 "十九大十九问"系列报道②

案例全文

中国新闻社推出的这组国际传播作品以"问"为题,选取海外受众最为关切的新闻点,在十九大召开前后近一个月的时间内,分解式推出19篇兼具新闻性、知识性和历史感的千字小综述,涵盖党的历史、制度、程序、规定等内容,文风简约、平实,被海外华文媒体平台和海外社交媒体广泛采用。

报道抓住十九大海外关注升温的机会,以客观、平实的信息元素,以严谨系统的知识,激发和提升海外受众对党的十九大的兴趣和认知,每一

---

① 作者:张政、刘文嘉、罗容海、张焱;刊播平台:光明日报,2017年11月20日。
② 作者:王晓晖、张红、郭金超、贾靖峰等;刊播平台:中国新闻社,2017年9月30日—10月25日。

"问"集纳的党的相关信息,有新闻、有概貌、有今昔,呈现立体,让海外受众对党代会的某段日程、某项决定、某个热点不仅"知其然",更"知其所以然",达到以事实明理、以史实明理的效果。报道获得了第二十八届中国新闻奖一等奖。

【案例四】　　"点赞十九大　中国强起来"系列互动报道①

案例全文

新华社推出的"点赞十九大　中国强起来"系列互动报道,将优质创意、权威内容、先进技术深度融合,集用户体验、互动、分享等多重功能于一体,紧扣会议议程和关键节点,邀请会议代表和百余名各行业知名人士录制祝福音频、引领诵读大会报告。

图2 "点赞十九大　中国强起来" H5产品截图
(新华社　供图)

① 作者:何平、刘思扬、白林、刘刚等;刊播平台:新华社,2017年10月12-30日。

10月13日上线"点赞十九大 中国强起来"H5专题，数位特邀名人的十九大祝福语音同步登陆共享单车解锁音，为十九大胜利召开营造良好舆论氛围；十九大开幕当天启动"进入新时代，点赞好声音"专题及"点赞赢取十九大首日封"活动；10月20日，启动"用声音致敬新时代，我是报告诵读者"第三阶段话题，邀请公众人物诵读十九大报告，吸引大量网友参与互动；10月23日，"点赞十九大 中国强起来"H5互动产品上线，首日即吸引1700余万网友点赞十九大，浏览量近亿次。截至10月23日，网友参与人次超5亿，总页面浏览量过30亿，创造媒体互动报道新纪录。

二、专家评析

党的十九大主题报道是媒体深度融合背景下，主流媒体强化融合意识、用户意识、市场意识，全方位推进新闻传播创新的一次集中展示。以人民日报、新华社、中央电视台、光明日报、中新社为代表的中央主流媒体坚持正确舆论导向，强化价值引领，积极创新媒体融合传播手段，在党的十九大召开前后，集中推出一批主题鲜明、站位高远、思想深刻、内涵丰富、形式多样、传播广泛的报道，唱响主旋律，弘扬正能量，汇聚奋进新时代、开启新征程的磅礴伟力。

本专题所选案例均出自中央主流媒体，案例既有社论、述评等传统报道形式，也有融媒互动、视频直播等新媒体产品，既有对重大理论的系统性阐释，也有对党史知识的轻量化呈现，时间跨度纵贯会前、会中、会后。这些报道坚持正确的政治方向，创新报道方法手段，将重大主题报道做得生动活泼、贴近受众，为党的十九大胜利召开营造良好舆论氛围，及时、准确、全面宣传贯彻党的十九大精神。

（一）紧扣宣传主题，多维度多层次精准发力

重大主题报道因其独特性和重要性，在一段时间内持续开展，具有明显的阶段性，时间跨度往往以星期、月甚至年来计算。报道无论延续多久，始终要沿着一条主线、紧扣一个主题，这是重大主题报道区别于其他报道的显著特征。在党的十九大报道中，迎接宣传

贯彻党的十九大就是一条鲜明的主线，是统领各类报道的总抓手。

1. 时间为轴，纵贯会议全程

党的十九大胜利召开是举世瞩目的重大新闻事件，是新闻宣传工作的头等大事，其重要性决定了十九大报道时间跨度长、传播范围广的特征。各大主流媒体从2017年初即进入十九大时间，将工作重心放在迎接十九大报道上，在会中、会后持续宣传贯彻十九大精神，以高度的时代使命感和责任感对十九大进行长跨度、全方位的宣传报道。

十九大召开前夕，一系列精彩纷呈的报道为大会胜利召开进行充分预热。央视连续播出《将改革进行到底》《法治中国》《大国外交》等大型电视专题片，在传播党的声音、传播先进文化、引领社会舆论方面发挥了重要作用；新华网制作"新时代、新征程、新篇章"融媒体专题；人民日报推出"十九大时光""十九大代表风采"等专栏文章，记录时代风貌，讲述代表风采，用小切口折射大主题，反映人们对十九大的憧憬与希冀。

十九大召开期间，人民日报连续发表30余篇重要评论文章，深入解读十九大的重大政治意义、理论意义、实践意义；新华社"新华全媒头条"每天推出一篇"十九大特别报道"，围绕我国发展新的历史方位、习近平新时代中国特色社会主义思想、中国共产党自身建设等内容进行深入分析阐述；央视推出特别节目《十九大时光》，邀请权威专家对报告进行解读，通过实时景观镜头展示各地五年来的发展变化，"看发展、聊感受、共度十九大时光"。

十九大闭幕后，各大媒体将报道重心放在宣传阐释十九大精神上。新华社推出"十九大报告权威访谈"，开设"一日一课"专栏，引导海内外全面、深入、系统领会十九大精神；央视开设"十九大代表在基层""新时代 新征程""十九大精神大家谈"等系列专栏，关注党的十九大精神在基层的生动实践；中国日报播发"中国与世界""十九大的世界影响""海外学者点赞十九大"等系列报道，积极向世界展现大会盛况、传播十九大声音。

2. 主题为纲，统领线上线下

"迎接宣传贯彻党的十九大"串联起十九大报道的方方面面，是十九大宣传中各类报道手法、传播形态、宣传活动的主题和主线。在这个主题的统领下，媒体报道有序展开，在社会层面形成强大宣传声势，营造出积极热烈向上的舆论氛围。人们身处其中，对党的十九大有感有知有悟有得，从内心深处认同党的领导下国家取得的辉煌成就，拥戴以习近平同志为核心的党中央领导集体。

十九大召开前,"习近平总书记治国理政新理念新思想新战略""砥砺奋进的五年"主题宣传形成强大宣传声势,9月25日亮相的"砥砺奋进的五年"大型成就展,更是掀起公众观展热潮,汇聚强大的信心力量。会议期间,网络平台成为网友关注十九大、了解十九大的重要途径,主流媒体在微博上发起80多个与十九大相关的话题,总阅读量达175亿次,还组织了超百场微博直播,总观看量超过1.2亿次。十九大闭幕后,习近平总书记带领新一届中共中央政治局常委瞻仰一大会址和南湖红船,光明日报为此发表长篇述评《再论红船初心——新一届党中央领导集体瞻仰上海中共一大会址和浙江嘉兴南湖红船启示录》,深入阐释"中国共产党为什么能"。这些主题宣传既有线下展览,也有线上直播,既有理论文章,也有话题互动。这就启示我们,重大主题报道要紧扣主题、紧贴主线,不跑偏、不跑题,把准报道航向,凸显报道主题。

(二)坚定政治站位,牢牢把握正确舆论导向

进入新时代,党的十九大在中国共产党历史上和中华人民共和国发展史上都具有重要意义。主流媒体在十九大报道中坚定政治站位,强化政治意识,牢牢把握正确政治方向和舆论导向,以强烈的责任感和使命感精心组织各项报道,记录历史伟业,唱响时代强音,有力拓展重大主题报道的深度和广度。

1. 举旗定向,重磅评论发挥标杆效应

在重大主题报道中,中央主流媒体往往发挥旗帜和统领的作用,起到举旗定向的标杆效应,成为社会舆论的风向标和定盘星。2017年10月18日,党的十九大胜利召开,人民日报当天刊发社论《开辟中国特色社会主义新境界》,热烈祝贺中国共产党第十九次全国代表大会开幕,为十九大召开营造良好的舆论氛围。10月25日刊发的社论《夺取新时代中国特色社会主义伟大胜利》热烈祝贺中国共产党第十九次全国代表大会胜利闭幕,内容准确权威,引领性强,为学习宣传贯彻党的十九大精神奠定重要舆论基础。10月26日发表的社论《引领新时代的坚强领导核心》充分表达全党全军全国各族人民对以习近平同志为核心的党中央的衷心拥护和爱戴,展现广大干部群众在新一届党中央领导集体带领下决胜全面建成小康社会、夺取新时代中国特色社会主义伟大胜利的坚定信心和决心。社论精

准解读党的十九大提出的一系列新理念、新思想、新战略，既把握了新时代的脉搏，又读懂了人民群众的心声，帮助广大读者迅速学习和掌握十九大精神。社论文风激情澎湃，说理严密透彻，论述热烈酣畅，真正做到权威判断、深入解读、创新表达，体现中央主流媒体在重大主题报道中的权威性和高站位。

2. 人民至上，长篇述评阐释不变初心

2017年10月31日，十九大闭幕仅一周，习近平总书记带领中共中央政治局常委专程从北京前往上海和浙江嘉兴，瞻仰上海中共一大会址和浙江嘉兴南湖红船，回顾建党历史，重温入党誓词，宣示新一届党中央领导集体的坚定政治信念。11月20日，光明日报头版头条刊发"光明述评"《再论红船初心——新一届党中央领导集体瞻仰上海中共一大会址和浙江嘉兴南湖红船启示录》，报道从思想建党、人民至上和自我革命三个维度，深入阐释中国共产党为何能赢得民心、赢得时代，与读者一起走进波澜壮阔的历史，一起深思"不忘初心、继续前进"背后宽阔的历史视野和时代担当，将党的十九大置于马克思主义中国化的历史脉络和发展谱系。"忧民之忧者，民亦忧其忧"提炼出中国共产党执政话语体系的核心词语，指出党的根基、血脉、力量、成败都离不开"人民"二字。"胜利不会向我走来，我必须自己走向胜利"强调新的历史条件下加强党建工作的重要性和紧迫性。

3. 贴近受众，网络互动凝聚奋进力量

重大主题报道要充分运用新技术、新应用、新手段，贴近媒体受众，尤其是年轻受众的阅读习惯，使他们愿意看、喜欢听，乐于参与互动分享，潜移默化中弘扬主旋律、传播正能量。2017年10月12日至30日，新华社推出"点赞十九大 中国强起来"系列互动报道，集用户体验、互动、分享等多重功能于一体，聚焦民众的利益交汇点、情感共鸣点、价值共生点，积极探索主流媒体社交互动模式，有效拉近网民与党代会的距离，利用用户创造和生产的内容（UGC）唱响主旋律。该H5上线首日即吸引1700余万网友点赞十九大，浏览量近亿次，最终创造多项互联网纪录：以5亿人次创造互动报道产品参与人次纪录，以30亿页面浏览量创造单一活动浏览量纪录。新华社还与中国邮政合作提供近万封"来自人民大会堂的十九大首日封"实体礼物，发动网友录制分享祝福音频，拓展情感抒发渠道，形成传播合力。

（三）把握传播规律，创新理念讲好中国故事

媒体深度融合的背景下，重大主题报道必须深刻把握新闻传播规律和媒体发展规律，着力提升报道的传播力、引导力、影响力、公信力。中央主流媒体坚持内容为本，强化互联网思维，用好传播渠道，创新理念传递主流声音，用心用情讲好中国发展故事。

1. 内容为本，问答式报道解读党史知识

坚持内容为本，提供深度、权威、专业、多元的报道产品，帮助受众深入学习领会十九大精神，是报道的一项重要任务。在大会召开前后近一个月的时间内，中新社持续推出"十九大十九问"系列报道，以"问"为题，以事明理，以理服人，将"文件话语"进行柔性、亲和的"翻译转码"，系统介绍有关中国共产党的知识，真实、立体、全面展现党的良好形象。报道中的19个选题涵盖党的历史、制度、程序、规定、纪律等内容，如"世界最大执政党怎样举行党代会？"介绍中国共产党党代会的日程安排和议程设置，"中央委员是如何产生的？"讲解如何选举产生新一届党代会的中央委员，"中共最高领导人为何称总书记？"从历史视角梳理中国共产党领导人称谓的演变过程。报道回答真问题，回应真关切，问得亲切自然，问出厚重历史。通过对"实料"的提炼，发掘出真实独到的内在逻辑；通过搭建扎实的行文结构，形成具有独家新闻价值的作品。

2. 创新为要，互联网思维拓展主题宣传

在十九大报道中，各媒体借助动漫、H5、游戏、直播等多种形式，倾力打造契合移动互联时代受众信息需求的融媒体产品。新华社推出的"点赞十九大 中国强起来"系列互动报道，创新内容生产和传播路径，首次采用"音频+点赞互动"方式宣传党代会，针对微博、微信、客户端设计差异化互动，充分运用"可互动、可体验、可分享"的互联网与社交媒体传播方式，发起一起为十九大发语音祝贺、与会议代表一起读报告等系列活动。报道紧紧围绕祝福十九大、学习十九大精神等主题，通过丰富的参与形式弘扬主旋律、传播正能量，营造全民共迎十九大、共同参与十九大的热烈气氛，持续刷屏，产生现象级传播效应，实现重大主题报道创新。

3. 渠道为基，全媒体形态传播主流声音

中央主流媒体在报道中积极拓展传播渠道，扩大舆论阵地，通过人民群众喜闻乐见的传播方式和新媒体的先进技术宣传党的十九大精神，传播主流媒体声音，充分发挥舆论引导的主力军作用。大会召开前夕，中央电视台依托强大的议题设置能力和平台整合能力，联合全国31家省级电视机构推出大型直播特别报道《还看今朝》。报道以习近平治国理政新理念、新思想、新战略为主线，生动展现党的十八大以来国家面貌发生的历史性变化。在每期一个半小时的时间里，《还看今朝》基于各地发展成就绘制出一幅今日中国的美好画卷。报道涵盖31个省区市、300多个地区，启用10架直升机、200架无人机进行航拍，在150多个地点进行直播。报道以空前的规模体量、全媒体全方位重磅推出，被业界称为献给党的十九大的一份华美礼赞和新闻力作。

三、采写手记

红船劈波行，精神聚人心
——《再论红船初心——新一届党中央领导集体瞻仰上海中共一大会址和浙江嘉兴南湖红船启示录》采写手记

云舒云卷，秀水泱泱。站在烟雨楼上眺望嘉兴南湖，百年革命历史如风云过眼。

1921年的盛夏，一叶扁舟在此静静靠岸，十几位或穿长衫或穿西装的志士悄然下船。没有人想到，这一刻，开创了中国新的历史纪元；这条船，将掀起改变人类20世纪历史的磅礴巨浪。2005年6月21日，时任浙江省委书记的习近平在光明日报发表理论文章《弘扬"红船精神"走在时代前列》，首次提出并阐释作为中国革命源头精神的"红船精神"，将这种开天辟地的力量、将这段奇伟磅礴的史诗、将中国共产党人的初心，浓缩进深邃的理论表达。

党的十九大召开前后，光明日报提前策划、精心采写，推出一系列重点报道、理论文章、融媒体产品，形成围绕"红船精神"展开的宣传报道矩阵。其中《再论红船初心——新一届党中央领导集体瞻仰上海中共一大会址

和浙江嘉兴南湖红船启示录》刊发于十九大闭幕后习近平总书记带领中共中央政治局常委专程瞻仰上海中共一大会址和浙江嘉兴南湖红船之际，恰逢其时。

回到历史现场

红船是我们党的诞生地之一，是中国共产党人初心的具象化、形象化。牢牢把握这一意向，光明述评主创团队在十九大前夕赶赴浙江调研，瞻仰南湖革命纪念馆，采访历史知情人，与专家学者座谈，挖掘"红船精神"贯穿历史与当代的意义，梳理中国共产党从一大到十九大一以贯之的精神脉络。《再论红船初心——新一届党中央领导集体瞻仰上海中共一大会址和浙江嘉兴南湖红船启示录》以近6000字篇幅，从思想建党、人民至上和自我革命三个维度，阐述中国共产党人始终初心不改、信仰不坠、信念不灭、壮志不竭的原因，把从历史现场感受到的种种跌宕起伏变为文章的气韵，与读者同频共振。

提炼理论表达

结合对十九大报告的深入学习，我们在写作时深深感觉到，从"红船精神"中可以领略到习近平新时代中国特色社会主义思想所蕴含的党建思想、人民情怀、发展理念；新思想所展现的中国共产党思想建党、人民至上、自我革命的特质，与"红船精神"的理论表达一脉相承。

党建思想一以贯之。从思想上建党，是中国共产党经百折而犹向前的核心政治优势。中国共产党之所以"能"，重要原因正在于，红船从起航开始，就始终朝向信仰的航向，时刻校正思想的罗盘，持续提升精神的动力，一篙不曾松懈。

人民立场一以贯之。"依水行舟，忠诚为民"成为贯穿中国革命和建设全过程的一条红线，也是"红船精神"的本质所在。党的十九大报道中，"必须始终把人民利益摆在至高无上的地位"的原则、"脱真贫、真脱贫"的要求、"让全体人民住有所居"的承诺、"打赢蓝天保卫战"的目标，"使人民获得感、幸福感、安全感更加充实、更有保障、更可持续"的宣告，带着重量与温度，带着中国共产党人对"红船精神"的坚守、对"以人民为中心"的执着追求，勾勒出新时代中国的治理坐标。

发展理念一以贯之。发展为了谁，发展依靠谁？在党的十八大以来的历史性成就和历史性变革中，这一问题获得了巨大回响：在发展力量上，我们党始终依靠人民，高度重视群众路线这条党的生命线和根本工作路线；在发展途径上，我们党始终坚持以人民为中心，以新发展理念为指导；在发展目的上，我们党始终坚持人民共享发展成果，将中华民族伟大复兴中国梦和每个中国人的梦紧紧相系。

历史川流不息，精神代代相传。正是在这些思考和梳理的基础上，我们最终形成这篇《再论红船初心——新一届党中央领导集体瞻仰上海中共一大会址和浙江嘉兴南湖红船启示录》。2021年7月1日，习近平总书记在庆祝中国共产党成立100周年大会的重要讲话中，提出了伟大的建党精神，在党的百年华诞之际提炼出中国共产党的精神之源。红船作为初心的具象表达，融入中国共产党人的精神谱系，在百年历史中烙下行舟的意象。

从一叶小舟到巍巍巨轮，站在党的百年华诞之际回看"红船初心"，怎能不让人感慨万千！

（光明日报 刘文嘉）

四、延伸阅读

人民日报于2017年10月24日推出的《十九大：中国智慧中国方案影响世界》《新时代，世界抱以新期待》，借用各国媒体、专家学者观点，集中阐释新时代、新思想、新使命、新征程的世界意义，阐明中国同世界的关系将更为紧密，中国经验为世界上其他发展中国家提供借鉴。文章引用国际媒体以及外国专家学者原汁原味的论述，增强了报道的说服力与公信力。

中央人民广播电台于2017年10月21日播发的广播报道《拥抱新时代，担当新使命——习近平参加党的十九大贵州省代表团审议侧记》，选取习近平总书记到贵州代表团参加讨论的场景，聚焦脱贫攻坚主题，反映脱贫攻坚给贫困地区人民带来的物质上和精神上的变化，展现党和国家事业取得的历史性成就、发生的历史性变革，报道大段采用对话场景，生动鲜活，说服力强。

中国日报于2017年10月8日推出的短视频《英国小哥又穿越 中国快速发展的终极答案原来是这个！》，通过全景相机镜头观察中国各地，展示中国共产党从建党之初一路披荆斩棘的辉煌历史。报道采用更具贴近性的拍摄手法和更具深度、易于接受的表达，为海外受众讲述中国在经济、政治、文化、社会、生态文明等方面取得的巨大成就，为向海外受众讲好中国故事做出有益的尝试。

延伸阅读

五、思考与讨论

1. 重大主题报道如何发挥舆论风向标、定盘星的作用？
2. 在重大主题报道中，如何做到内容为本、创新为要？
3. 请用具体案例说明如何实现小切口反映大主题。
4. 结合近期重大主题，撰写一个500字左右的报道策划方案。
5. 结合典型案例，谈谈如何做好新媒体环境下重要会议、重大事件的报道。

展示共和国的历史辉煌
——新中国成立70周年主题报道评析

重大主题报道，是主流媒体树立权威、扩大影响、创新内容的有效途径。在凝心聚力走向民族复兴的新时代，面对日益复杂的国际环境，聚焦主旋律，创新重大主题报道，从而进一步提升新闻舆论的传播力、引导力、影响力、公信力，是主流媒体占领信息传播制高点的重要使命。在新中国成立70周年重大主题报道中，我国主流媒体守正创新，精心策划，推出一批政治站位高、内容形态新、传播效果好的新闻作品。这些重大主题报道充分展示了在中国共产党领导下，新中国成立以来发生的翻天覆地变化和取得的历史性成就。

一、案例概述

本专题重点推荐三个典型案例：人民日报的长篇评论《大变局中的中国与世界——写在新中国成立70周年之际》，新华社的长篇通讯《人间正道是沧桑——献给中华人民共和国70周年华诞》，中央广播电视总台的长时段大型现场直播节目《庆祝中华人民共和国成立70周年大会、阅兵式、群众游行特别报道》。这三篇报道通过对新中国社会变迁的历史回顾，对新中国取得巨大成就的原因进行深入解读，透视百年未有之大变局的背景下中国与世界关系的"变"与"不变"，共同展示了国家走向富强、人民走向富裕的生动历史画卷。

【案例一】　《大变局中的中国与世界——写在新中国成立70周年之际》[①]

案例全文

人民日报的这篇长篇评论，以习近平总书记对当前国际格局的基本判断为出发点，在百年未有之大变局这一宏阔的时空维度中透视中国与世界关系的"变"与"不变"，体现中国作为、中国道路、中国担当。文章以全球视野记录时代风云、传递大国之声，立意高远，格局宏大，视角精准，逻辑清晰，在历史与现实的映照中经纬交织，展现出强烈的历史纵深感和时代厚重感，彰显了党中央机关报在重大主题报道上的权威性和影响力。文章见报后，国内主流媒体第一时间转载，当日央视《新闻联播》摘播。文章被泰国《曼谷邮报》、墨西哥《改革报》、南非《比勒陀利亚新闻报》等国外媒体整版或大篇幅转载，产生较好的国际传播效果。

图1 《大变局中的中国与世界——写在新中国成立70周年之际》报道截图（人民日报　供图）

【案例二】　《人间正道是沧桑——献给中华人民共和国70周年华诞》[②]

案例全文

新华社这篇万余字的通讯历经半年多时间的调研采访，从革命圣地到改革前沿，从田间地头到工厂企业，在时间纵轴的不同横切面选用大量事件和人物，用细节折射70年沧桑巨变。文章以力透纸背的笔力回顾波澜壮阔的历

---

① 作者：赵嘉鸣、马小宁、王芳、胡泽曦等；刊播平台：人民日报，2019年9月25日。
② 作者：赵承、张旭东等；刊播平台：新华社，2019年9月29日。

史,眺望更加美好的未来,深刻阐释"中国共产党为什么能、马克思主义为什么行、中国特色社会主义为什么好"。文章刊发后,业界专家评价,"一篇写尽70年风云""在阅读中能深刻感受到新华社记者对新中国的历史了解了、读懂了、吃透了"。这篇文章被央视《新闻联播》摘播,被人民日报等400余家媒体采用,获得了第三十届中国新闻奖特别奖。

图2 《人间正道是沧桑——献给中华人民共和国70周年华诞》报道截图(新华社 供图)

【案例三】 《庆祝中华人民共和国成立70周年大会、阅兵式、群众游行特别报道》[①]

案例全文

  这是中央广播电视总台的电视直播节目,历时7个月精心打造,设计了1500多个镜头,以一场视听盛宴向全世界展现新时代的中国形象。直播采用

---

① 作者:新闻中心集体创作;刊播平台:中央广播电视总台,2019年10月1日。

4K设备实景拍摄，以《今天是你的生日》童声合唱MV开篇，结合演播室串联、记者连线、主题短片等形式，激发观众的自豪感和爱国热情。电视观众规模累计超过7.99亿人，新媒体视频直播、点播收看次数超过36.93亿次，直播信号和素材被87个国家和地区的上千家电视台、频道、网络媒体采用。该报道获得第三十届中国新闻奖一等奖。

二、专家评析

做好重大主题报道，对于深入宣传党的路线方针政策、引导社会舆论、推动社会事业发展具有重要意义。在新中国成立70周年的重要时间节点上，新闻媒体回顾党团结带领全国人民走过的光辉历程，多角度展示我们党治国理政的制度优势，遵循新闻传播规律，用心用情用力，创新重大主题报道的方式和形式，产生良好传播效果。

（一）策划先行，突出主题

重大主题报道的实施，离不开前期的策划准备工作。特别是在全媒体时代，围绕党和政府的重大决策、重大活动开展的重大主题报道，在主题的确定、报道的组织和呈现的形式等方面都需要统筹协调。重大主题报道的策划具有政策性强、导向性强等特征，尤其考验媒体的策划能力。新中国成立70周年是具有重要历史意义的时间节点，新华社通讯《人间正道是沧桑——献给中华人民共和国70周年华诞》紧紧围绕报道主题，在准确把握时代脉搏基础上，既以宏大的历史视角回溯新中国成立70周年的风雨历程，又从具体的历史事件出发，在70年时间纵轴的不同横切面上选取大量事件和人物。从毛泽东《论十大关系》到祖孙三代火车司机的一碗馄饨，从设计师的"纸飞机"与"大飞机"到中国女排在日本首次夺冠，这些报道通过今昔穿插对比，生动真实反映新中国成立70周年的沧桑巨变。

中央广播电视总台策划的电视直播《庆祝中华人民共和国成立70周年大会、阅兵式、群众游行特别报道》以MV《今天是你的生日》开篇，精心打磨的解说词阐述了中国标志性景观孕育的中国文化，景观直播最终落在天安门广场上，展示今日中国，与随后播出的

12分钟开国大典纪录影片彩色修复版形成呼应，充分体现历史的纵深感。直播镜头对中国标志性景观的解说，将中华文明和中华民族的历史娓娓道来，呼应新中国成立70周年这一主题。

重大主题报道策划也应具备国际视野。人民日报评论文章《大变局中的中国与世界——写在新中国成立70周年之际》以独特视角，既精准把握中国与世界的关系，论述中国的世界观和世界的中国观，又从细节出发，在历史与现实的映照中经纬交织，向世界讲深讲透中国梦的内涵，将叙事与论理有机融通，以全球视野记录时代风云，传递大国之声。

（二）精细组织，高效实施

在新媒体迅速发展的时代背景下，主流媒体要积极主动占领主阵地，发挥自身优势，强化责任担当，弘扬主旋律，传播正能量，重视重大主题报道的组织实施。中华人民共和国成立70周年庆祝大会、阅兵式及群众游行是70周年纪念活动的重中之重，中央广播电视总台新闻中心用7个月的时间精心打造了中国电视史上规模空前、设备先进、技术复杂的直播系统，直播脚本设计1500多个镜头。特别节目的策划与制作从5月份开始，栏目组为此专门成立了导演组、视觉组、制片组、解说组、编辑组，在10月1日当天，顺利推出电视直播。人民网"70年70问"系列报道历时两个多月，先后抽调300余名编辑记者深入全国各地实地调研，呈现70则围绕政治、经济、文化、社会、生态主题的融媒体报道。

（三）形态多元，内容丰富

重大主题报道往往围绕同一新闻题材、新闻主题，从不同角度和不同侧面做连续和系列报道，对新闻事实做比较系统、全面、深入的报道。新华社推出"新中国成立70周年特别策划报道"，围绕"中流砥柱""世界贡献""人民力量""中国气质"主题，推出系列重要稿件，用丰富案例和生动语言，层层递进、步步深入，充分展示新中国成立70年来的光辉历程、伟大成就和宝贵经验。人民网策划"70年70问"全媒体系列报道，从《中国为什么被称为"流动的中国"？》到《为什么说中国共产党是世界上最优秀的HR？》，针对70年做了70个问题的回答，以适当的时间跨度和丰富的维度层次，形成前后相继、不断推进的舆论声势。

全媒体时代，传统的单向传播格局被打破，受众可以通过多种渠道自主倾听和发声。以开放共享、交流互动为特性的新媒体传播方式，对媒体做好重大主题报道提出了更高要求，这需要新闻产品提升报道的互动性，广泛调动受众参与，着力提升传播的效果体验。在报道形态方面，H5的交互形式让受众能够随时查阅所需内容、自主选择浏览报道主题，有利于增强报道互动性，调动受众的阅读自主性，优化阅读体验。线上互动方面，人民网在"两微一端"平台设置了"70年70问"话题，拓展多元交流渠道，有利于及时、深入、有效地开展舆论引导。网友们你一言我一语地分享亲身经历，宏大的主题内容在这一对话空间中更加具体可感，增强了网民的参与感和责任感，爱国热情得以充分激发。光明日报在微博上开辟#身边的变画#话题，唤起网民儿时记忆，引发热烈讨论，提高了新闻产品的感染力、传播力。

（四）善用细节，讲好故事

重大主题报道要创新角度，加强内容策划，贴近受众，满足他们的实际需求；要以鲜活的故事引发共鸣，优化重大主题的报道效果。人民网"70年70问"全媒体系列报道中《为什么兰州牛肉拉面和沙县小吃飘香中国？》《故宫为什么能成为网红？》两篇文章，将耳熟能详的美食、个人奋斗故事和地方经济议题有机融合，找到了故事性的切入点，让受众更容易接受宏大主题阐述。新华社通讯《人间正道是沧桑——献给中华人民共和国70周年华诞》采访各行各业的劳动者、专家、企业家、干部群众等上百人，生动展现我国发展成就，特别是文中提到的43个有名有姓的具体人物构成故事细节，以个体角度折射新中国成立70年的风雨历程，展现个人命运与国家发展紧密相连，体现家国情怀，可亲、可信。

经济日报推出"数说70年"数据新闻可视化系列短视频产品，展现中国生态、外贸、大国工程、数字经济以及消费、饮食等方面的70年成就。光明日报《大美70年·身边的变画》则聚焦于我们每个人的日常生活，以衣、食、住、行、游等十大专题切入平常生活的方方面面，以原创连环画的形式描绘新中国成立以来人们生活方式的巨大变迁，以充满浓郁生活气息的笔触，定格中国普通家庭精彩生活的瞬间，将新中国成立70年变化这一宏大主题落实到大时代里的各个家庭上，以小见大，引发共鸣，增强了报道的传播效果。

（五）技术赋能，全媒传播

进入全媒体时代，新闻生态、媒体格局、传播方式都发生深刻变化。重大主题报道要把握新闻传播规律和新兴媒体发展趋势，推动各种媒介资源、生产要素有效整合，将纸媒、广播、电视和新媒体等一体筹划、融合传播，提高报道的传播力、影响力。在5G、大数据、云计算、人工智能等新技术赋能的大背景下，技术成为传媒创新的重要支撑，发挥着重要推动作用。重大主题报道应实现"内容＋科技"的双轮驱动。一方面，抢占技术高地，寻找新闻制作与前沿技术的有效融合点。例如，中央广播电视总台的新中国成立70周年阅兵式直播报道在电视直播技术方面实现"仿真"系统、AI自动跟踪陀螺仪、升降塔、贴地机位等技术创新，获得较好的直播效果。另一方面，发挥多媒体平台的优势，以全媒体产品为依托，多渠道、多形式打造融媒精品。人民网"70年70问"系列报道，实现融媒体表达，采用全新3D粒子技术设计，在移动端单独开发H5版本，实现多媒体视觉表达与跨平台渠道传播的结合。报道将特稿正文篇幅之外的内容，如历史资料、现场一手素材等，制作成3~5分钟的短视频，丰富了内容的可视化呈现。

在重大主题报道中，通过多种传播形态的联动与互动，实现主题报道内容传播的提质增效，进一步扩大覆盖面和影响力，形成舆论传播合力，打造现象级传播。人民网"70年70问"系列报道极高的话题热度和关注度，离不开制作者编织的全方位、立体化传播矩阵：在PC端、手机端和人民视频、人民日报客户端等全媒体终端发布作品，在第三方平台上广泛传播，形成全方位、裂变式的内容传播网络。经济日报"数说70年"系列作品在新媒体平台上播发，被几十家网站转载，形成覆盖全平台的强势传播。

三、采写手记

70年风云一纸书
——《人间正道是沧桑——献给中华人民共和国70周年华诞》采写手记

"在几乎被新媒体完全裹挟的碎片化阅读时代，长达万余字的鸿篇巨制会是一个明智的选择吗？"

2019年9月29日，我们采写的《人间正道是沧桑——献给中华人民共和国70周年华诞》播发，一位业内老师提出这样的问题。这饱含一位深耕新闻研究30余载专家的思考，也反映新闻界乃至公众对长篇通讯时代价值的疑问。还不等记者作答，这位专家一口气读下来，就得到了答案：碎片化肯定不是我们这个时代的主流，当你想要深刻理解新中国70年辉煌历程这样的大事时，必须有如此的鸿篇巨制给你答案。

这篇稿件的采写历时4个月。我们第一次讨论就用了3个多小时，拟定了三个框架，其中之一就是后来播发的小标题——青春之中国、奋斗之中国、人民之中国、世界之中国、未来之中国。与拟定的框架相比，刊发稿更成熟，小标题之后还有一段阐释。报道组10人按照商定的时间表开展采访和写作：六七月一些记者先在北京采访党史和国情专家，查找文献，重温70年前政协会议和开国大典的筹备过程，掌握宏观成就和人物线索；八月集中赴外地采访，既走访中国革命圣地，回顾共产党的执政实践，又前往脱贫攻坚、生态建设等标志性事件发生地，感受新时代的蓬勃活力。初稿历经1个多月写作，后又经过16次打磨润色。

这篇通讯的切入点是宏大主题下具体的人的故事，以人写史，以史写人。我们对早已为人熟知的先进人物，如焦裕禄、孔繁森等点到为止，或用一句话概括其成就贡献，注重挖掘以往不大为人熟知的人和事。比如，我本人采访了3位参加开国大典的人。1949年在天安门城楼参加开国大典有600多人，今天健在的只有个位数。开国大典时，20岁的田富达登上天安门，他16岁被国民党强征入伍，后来一直跟着共产党，退休前是台盟中央副主席。2019年夏，我去采访田老，他住在万寿路一小区12楼，耳朵已经背了，眼睛几乎失明，4年多没出过家门。当时有关部门为了他的身体，严格控制采访时间，我提前报送的问题单只有6个问题。为了回答这些问题，田老和夫人准备了一个星期。采访现场，田老口齿有些不清，田夫人替田老一句一句念出回答，略显平淡，我试着撇开问题单。我问："您还记得国歌？"他耳背，没有反应。夫人又在他耳旁复述，田老一字一顿："记得，我们开政协会通过的。"我又问："歌词呢？"他完整唱出了国歌。每句歌词都准确，每段旋律都铿锵。一个垂垂老者的力量，在唱国歌那一刻爆发出来，那是心里蕴藏着的对国家最真挚最朴素的情感。这一幕，让我和同去的视频记者禁不住掉了眼泪，我也如实写进了稿件。

我们采访的另一位参加开国大典的人物是程不时。1949年他是清华大学航空系学生，参加开国大典游行时，他带去了亲手设计、用纸做成的"飞机灯"。当时也有阅兵仪式，但参加阅兵的17架飞机，没有一架"中国造"。有人对程不时说："你们一定要设计出真的飞机啊！"后来，程不时成为新中国第一代飞机设计师，参与设计出中国第一架喷气式飞机。2017年中国自主研制的C919大型客机首飞，挂着拐杖、满头白发的程老在飞机落地那一刻，流下热泪。从"纸飞机"到"大飞机"，他经历的变迁，恰是这个国家70年成就的缩影。

像这样以人物变迁反映时代跨越的"小切口"例子，在这篇稿件中比比皆是。在70年时间纵轴的不同横切面选用人物，全文有名有姓的人物有43个。从毛泽东《论十大关系》探索社会主义建设、邓小平在"小平小道"上思考改革开放等标志性人物的关键细节，到中国女排在日本首次夺冠等人物或事件的今昔穿插对比，再到江苏祖孙三代火车司机"一碗馄饨"诠释铁路发展等重大成就的崭新注脚，这些故事细节颇有"大珠小珠落玉盘"之效，从不同角度折射70年中国巨变，恰如读者评价"不是简单的数字罗列，不是泛泛概括70年跨越，是看了就忘不了的故事，是令人感慨万千的岁月"。

我们以大历史观，用联系而非割裂的眼光回溯70年的风雨兼程，把新中国70年放在自鸦片战争以来近180年的视野中审视，既回顾"那是一个跪着都无法求生的年代"带来的屈辱，又以1921年中国共产党诞生之日开始的道路探索为脉络，阐释新中国诞生、发展、壮大的历史必然，号召人民要坚定沿着中国特色社会主义道路，继续把新中国巩固好、发展好。我们巧妙运用"良渚古城遗址今年申遗成功"的新闻，在良渚遗址实证中华5000多年文明史的大视野中，点明70年的发展让中华民族抵达新的高度，堪称人类发展史上的奇迹。

有专家读后感慨道，记者对新中国的历史了解了、读懂了、吃透了，才能下笔如有神，绘出时代新画卷。

（新华社　熊争艳）

四、延伸阅读

人民日报于2019年9月29日、30日推出的长篇评论《奋斗创造人间奇迹——为庆祝新中国成立70周年而作（上）》《初心铸就千秋伟业——为庆祝新中国成立70周年而作（下）》以初心使命为纲，指明了我们为实现民族伟大复兴的梦想，必须进行伟大斗争、建设伟大工程、推进伟大事业。

中央广播电视总台的4K超高清直播电影《此时此刻·2019大阅兵》于2019年10月13日登陆全国各大院线，深情礼赞新中国70华诞，是百姓客厅与院线影厅的一次时空连线。

中国新闻网与108家海外华文新媒体合作，在国庆当天推出大型融媒体直播报道《庆祝新中国成立70周年：全球华文新媒体24小时联播》，展现了中国各族人民和全球华侨华人共庆新中国华诞的热烈氛围。

科技日报于国庆当天推出"1949—2019迈向创新型国家"专版，从70年来的科技成就入手，选取两弹一星、青蒿素、杂交水稻、太空探索等10个典型案例，展示了新中国成立以来我国科技的历史巨变。

延伸阅读

五、思考与讨论

1. 结合国庆报道，谈谈重大主题报道的基本要求。
2. 主题报道如何处理好宏大叙事和具体事实的关系？
3. 结合本章采写手记，谈谈如何做好重大主题报道的组织策划。
4. 如何发挥技术和平台优势，增强主题报道的传播力？
5. 结合典型案例，谈谈主流媒体在重大主题报道中的创新。

高扬时代主旋律
——改革开放40周年主题报道评析

　　1978年开启的改革开放，是党的历史上具有深远意义的伟大转折，是决定当代中国前途命运的关键一招。改革开放的伟大进程，已深深融入党、国家、中华民族发展波澜壮阔的历史之中。展示40年来的伟大历史巨变，深入报道改革开放取得的伟大成就，是我国新闻媒体和新闻工作者的历史职责。围绕纪念改革开放40周年，我国各级各类媒体推出一大批站位高、角度新、立意巧、思想深的新闻作品，在历史回望中汲取奋进力量，在成就书写中凝聚时代精神，为激励中国人民踔厉奋发、英勇奋斗，实现中华民族伟大复兴的宏伟目标提供强大精神力量。

一、案例概述

　　本专题重点推荐三个报道案例，立足时代进程、国家视野，对改革开放这一具有深远意义的伟大转折进行回望，以小切口展示大成就，具体而微地呈现改革开放历史进程下的不同社会切面。这些作品多层次、多维度地围绕改革开放40周年主题，回望与展望并举，历史与现实交融，理念有突破、题材有特色、形态有创新，从变革的脉络中探寻时代精神，具有较强的引领性、思想性和可读性。

【案例一】　　　　　　　　　　《必由之路》[①]

案例全文

这是中央广播电视总台推出的大型政论专题片。作品以改革开放是坚持和发展中国特色社会主义的"必由之路"为主题，全景式回顾改革开放40年历程。全片共八集，分别为"历史之约""关键抉择""伟大跨越""力量之源""立国之本""兴国之魂""大国之盾""共同命运"。前三集阐述这条道路历经艰辛探索，第四集至第七集论述40年改革开放的宝贵经验和历史昭示，最后一集讲述这条道路为全世界追求民族独立、国家富强、人民幸福的国家提供了新的路径。

《必由之路》以风云激荡的感人故事，铺陈出一部国家民族砥砺奋进的壮丽史诗，深刻揭示中国特色社会主义是建立在中国共产党长期奋斗基础上，由党带领人民历经千辛万苦、接力探索而取得的；深刻揭示改革开放是决定当代中国命运的关键一招，也是决定实现"两个一百年"奋斗目标、实现中华民族伟大复兴的关键一招。该片紧扣"中国特色社会主义道路"谋篇布局，将改革开放置于更长久的历史坐标和更广阔的国际视野中加以审视和总结。该片播出后引发社会强烈反响，产生良好社会效果，成为纪念改革开放40周年的精品佳作。

图1 《必由之路》专题片海报
（中央广播电视总台　供图）

[①] 作者：新闻中心集体创作；刊播平台：中央广播电视总台，2018年12月11—17日。

【案例二】 《在这里,有太多创新创业的故事》[1]

案例全文

人民日报的这篇报道,围绕深圳经济特区40年发展历程,深入展示深圳作为全国改革开放和社会主义现代化建设的重要窗口发挥的引领示范作用。记者选择渔民、青年创业者、打工者三位普通深圳民众作为报道对象,以其生活事业的变化描摹深圳改革开放的历程,反映创新创业的精神。记者持续3天深入采访,实地探访渔民村、创业者公司总部等地点,进一步挖掘故事素材,形成报道。透过这些故事,报道以小见大、以点带面,鲜活、生动地勾勒出深圳经济特区作为改革开放重要窗口的重要意义,以微观书写呼应宏观成就,令人们真切感受改革开放40年带来的社会巨变和人的精神风貌与创新活力。

【案例三】 《回首40年 见证她力量》系列报道[2]

案例全文

中国妇女报采写这一系列报道,以"回首40年 见证她力量"为主题,选取一批站上梦想舞台、成就出彩人生的女性人物,展现女性在改革开放40年历史进程中的重要贡献,刻画大时代变迁中的巾帼力量,共计刊发19篇报道。该组报道通过采写具有代表性的女性人物,多维度反映出妇女在大时代发挥的大作用。在采访对象选取上,以时代性、典型性、示范性为基准,从"中国个体第一家"到首位农民工全国人大代表,从中国首位女航天员到新时代女创客,都是各具特点的时代弄潮儿。系列作品通过报、网、微融合刊发,纸媒产品、新媒体产品共同发力,引发社会各层面广泛关注,形成积极反响。

---

[1] 作者:吴秋余、李刚、葛孟超、许志峰;刊播平台:人民日报,2020年8月26日。
[2] 作者:集体创作;刊播平台:中国妇女报,2018年10月25日—12月26日。

二、专家评析

新闻媒体通过回顾重大历史、重要事件，增进人们对相关历史和事件的了解，为弘扬主旋律、汇聚民心民意、有效引领舆论发挥重要作用。重大主题报道要从时机、力度、效果着力，贯穿重大主题报道的组织，在回望中触摸历史细节，于展望中凝聚时代精神，求新求变，做出特色，走向群众，进一步巩固全国各族人民共同奋斗、继往开来的思想基础。本专题所选案例围绕改革开放40周年这一主题，题材丰富、报道深入、勇于创新，推出一批有强烈时代感和历史厚重感的精品力作，为改进重大主题报道提供了有益启示。

（一）抓住时机，提升报道效果

改革开放40周年重大主题报道，既实现重点突破，又做到持续发力，取得扎实深入的舆论影响。

1. 长跨度、多维度，主题宣传上规模

改革开放40周年的主题宣传活动贯穿全年，相关报道既要长时期发力，又要突出重要节点。从长时段来看，新闻媒体从不同维度回顾40载辉煌成就，例如文字报道《蛇口春雷——历久弥新的"时间就是金钱，效率就是生命"口号》、广播报道《见证》等，增进认同，汇聚民心。在重要节点推出一系列主题重大、立意高远、思想精深的厚重之作，例如任仲平"纪念改革开放40周年"系列文章、大型政论专题片《必由之路》等，集中版面、时段为庆祝改革开放40周年大会预热、造势。在大会之后，相关报道持续关注该主题，例如《在这里，有太多创新创业的故事》一文。总的来看，整个报道过程连续不断，高潮迭起。

这次报道形成集群化、联动化效应，通过一定规模的优质新闻作品回应社会关切、丰富社会认知和凝聚社会共识，结合高潮期的集中发力和延续期的持续跟进，扩大了改革开放40周年重大主题报道的影响力。这些报道中，文字报道、广播报道、电视报道兼而有之，"两微"作品、短视频作品、创意互动作品亮点纷呈。

2. 多视角、宽视野，系列报道显品格

多组系列报道围绕新闻主题进行系统、全面、持续的深度开掘。在本专题的案例中，有些作品以系列报道的形式呈现，契合改革开放40周年主题报道的格局和高度要求，题材覆盖上强调广度，立意主旨上强调深度。文字系列报道《回首40年　见证她力量》以40年里的巾帼奋斗故事为主题，选择了40位具有代表性的女性人物进行采访，从不同维度反映女性在改革大时代中发挥的大作用。这组报道视点新颖，持续刊发两个多月，凝聚起社会大众对女性话题的关注，群像式的女性刻画塑造出改革开放历史进程中的女性力量，展示她们在时代变迁中留下的鲜明印记。此类报道还有许多具有代表性的探索，例如广播系列报道《见证》、文字系列报道 *40 years on*（《四十年·四十人》）等，运用不同题材和手法，实现报道创新，开拓了改革开放40周年重大主题报道的视野，提升了报道的立意和品格。

（二）把握好度，汇聚特色亮点

重大主题报道要有对"度"的准确把握，着眼于对报道主题的全局认识。一方面要有整体观，必须从党的工作全局出发把握党的新闻舆论工作，做到思想上高度重视、工作上精准有力。另一方面也要深入实际、贴近生活、见人见事，讲好改革开放40年的生动故事。

1. 服务大局，站位有高度

重大主题报道必须提高政治站位，从大局出发，进行主题策划和报道。《必由之路》较好地体现上述要求。通过对改革开放伟大转折的深刻洞察，作品以跳出40年看40年的高度，紧扣中国特色社会主义道路谋篇布局，以宏阔的历史观和全球视野，思考和反映中国改革开放40年的宝贵经验，深入总结中国特色社会主义道路的成功经验，以深沉有力的报道回答"改革开放40年，我们最应该庆祝什么"的重要问题，在回望历史中引导人们读懂新时代。

2. 体贴人心，情感有浓度

"感人心者，莫先乎情。"涉及宏大历史的重大主题报道，激发受众共鸣既是报道的重点所在，也是取得成效的关键环节。本专题中的案例，一方面，关注历史背后的个体命运，

以"人"的故事折射历史进程，丰富情感表意；另一方面，捕捉历史背后的生动细节，以细腻的叙事拓展历史视野，强化情感效应。这些报道都以"小切口"展示"大情怀"的创作思路，在宏大历史叙事下充分发挥情感化叙事的作用，以深厚的人文精神和真挚的情感表达创新主题报道，以真实细腻的笔触感染受众，在传播中做到入耳、入脑、入心。

3. 挖掘价值，立意有深度

重大主题报道要发挥记录历史、观照当下、启迪未来的重要作用。本专题的报道案例，通过对历史的回望促进人民群众对民族奋斗史、国家发展史有更真切深入的体悟，引领人民群众珍视来之不易的建设成果、伟大成就，揭示历史变革的时代价值和现实意义。立意的深度，源于对历史的深入开掘。《必由之路》的创作过程历时11个月，100余人的创作团队不仅遍访中央国家部委，赶赴20多个省区市调研拍摄，采访200多位改革开放事业的亲历者、参与者、见证者，还协调欧洲、非洲、美洲、亚太等海外分台的报道力量，到国外走访拍摄。团队从400多小时的珍贵影像史料中精选素材，使全片有了纵贯历史现实、跨越海内外的立意和纵深。立意的深度，还要体现为观照当下，启示未来。《回首40年 见证她力量》讲述的40位女性，有着不同的年龄、个性、身份、职业，经历了不同的人生命运，其生活事业轨迹都在改革开放中发生翻天覆地的变化，成为改革开放40年历史进程的具体缩影。这幅女性群像的"过往"指向"未来"，不仅激励着当代女性进一步发挥自己的能量，以勇立潮头的奋斗精神开拓进取，也启示社会更多关注女性，重视她们在社会建设中的作用。

（三）注重实效，创新方法载体

在媒体深度融合的背景下，新闻报道要取得更广泛意义上的传播影响力，既要坚持内容为本的核心观念，以优质新闻作品带动高质量传播，也要善用传播手段，以融媒体创新扩大传播影响。

1. 做实内容，激发受众的阅读兴趣

新闻作品在内容上要立得住、传得开，才能够回应现实关切，唤起大众共情，激发阅读兴趣。在深圳这片充满希望的热土上，有着太多值得被讲述的人和事，以《在这里，有

太多创新创业的故事》为例,记者敏锐地捕捉到这一重大鲜活题材,通过精选的人物、扎实的采写,打磨出这篇佳作,表现出选题策划和采编组织的高水准,令读者从中充分感受改革开放的磅礴力量。文中的三个小标题指向三段不同的人物故事:"老渔民邓锦辉——经济特区给了我新生活""打工妹戚卓——经济特区给了我新力量""创业者周剑——经济特区给了我新梦想"。这些讲述都以亲切的口吻呈现人物心路历程,用故事化的建构增强新闻文本的可读性,促使读者将抽象的历史认知转化成具象的情感体验。

2. 做活形式,善用融媒体创新传播

内容要创新,形式也要创新,才能真正发挥新时代新闻舆论工作的活力。新闻报道应更多发掘具有普遍意义、能够调动受众兴趣的历史事件和现实案例进行融合传播。以新华社的微视频《父亲·我们·时代》为例,该作品适应全媒体传播的特性,以"微"内容促成"微"传播,延伸出一系列创意互动形式,不局限于单一的视频作品形态。传播过程对接线上线下的互动"打卡"活动,在改革开放标志性地点设置红色巨幅相框,打造"与时代同框"主题活动,取得积极社会反响,成为新华社融媒体产品"一体化策划、共享资源渠道"模式的全新实践。

三、采写手记

讲好百姓小故事　折射时代大变迁
《在这里,有太多创新创业的故事》采写手记

纪念深圳经济特区建设40年之际,媒体已推出大量对深圳经济特区建设经验、特区精神的报道,且不乏佳作。相比之下,一篇报道容量有限,该写什么才能充分展现深圳经济特区40年来翻天覆地的变化?以怎样的方式展开报道,才能更好地将宏观成就和微观收获相对接?

真实最能打动人心。我们最终决定从3位在深圳长期工作生活的普通人入手,挖掘他们不平凡人生中的精彩故事,反映改革开放给深圳人生活带来的翻天覆地的变化。

镜头聚焦普通人，以小见大

我们采用了个人命运和时代精神交织的写作思路，既可以展现深圳40年来的发展变化，又能让读者感觉这些故事似曾相识，提高读者的阅读兴趣。从个体命运中挖掘时代精神，我们确定3位采访对象，分别是老渔民邓锦辉、打工妹戚卓和创业者周剑。

邓锦辉居住在深圳罗湖区南湖街道渔民村社区，老渔民的人生经历、渔民村社区的日新月异是深圳改革开放40年的缩影；戚卓来到深圳20年，从一名普通的打工妹，通过奋斗逐步成长为知名的心理咨询师；创业者周剑历经多次失败，仍然初心不改、追逐梦想……这些人物虽然普通但不平凡，他们敢闯敢试、敢为人先、埋头苦干的精神值得深入刻画。

将个人为改变命运的奋斗与时代开拓变革的精神相交织、呼应。例如，邓锦辉家的第一桶金，正是为特区工地搞运输赚来的；戚卓来到深圳，是因为在深圳工作的父亲为她种下的那个深圳梦……一代代深圳人踏着改革开放的脚步，与时代同行，通过自己的奋斗收获了美好生活。宏观成就与微观感受的结合让报道层次更丰富、精神力量更厚重。

心头挂念第一线，以情动人

脚下沾有多少泥土，心中就沉淀多少真情。《在这里，有太多创新创业的故事》中有不少鲜活的故事、感人的细节，这些都是记者用脚底板磨出来的。一线采访能收获丰富的采访细节。例如，在探访邓锦辉的家时，记者发现他家里除了休闲用的钓竿，已基本找不到当年做渔民时留下的用具，这可以反映出他现在生活的富裕殷实。记者在采访时无意听到隔壁房间传出粤语小调，这是渔民村居民为渔乐节准备的，却恰巧被记者听到并写入报道中，偶得之更显真实，闲来一笔更生动地描摹出渔民物质生活改善、精神生活安乐的幸福图景。

一线采访能更好地推动采访进程。在刚开始采访周剑时，他表现得相对拘谨。让周剑打开话匣子的，是记者发现的一个机器人样机。这个样机技术上没问题，但在量产前连续开了四次模都失败了。在记者的追问下，周剑才敞开心扉，讲述他艰辛的创业历程。这个讲述过程，被记者以充满镜头感的文字记录下来，记者不仅是耳朵、脑子在动，眼手鼻都在发挥作用，全感官的调动可以帮助记者抓住看似很小的细节，为报道带来质的改变。

笔头触及最深处，以文化人

文似看山不喜平。既然是写人物故事，就要写出故事的精彩，做到这一点，对比、呼应等写作手法就显得必不可少。

首先是运用对比的写作手法，可以很好地写出时代洪流给普通人命运带来的改变。例如，在写作戚卓故事时，记者就先将她今日在电视上侃侃而谈的状态和20年前在工厂打工时的境遇进行对比，又将她在老家安逸的工作环境和在深圳努力奋斗的工作氛围进行对比，再将她转行做心理咨询师前后的心理变化进行对比。通过这三组对比，一个敢闯敢拼的人物形象就跃然纸上。

其次是注意前后呼应，令报道的故事逻辑更加完整，读起来浑然一体、很有韵味。以下是邓锦辉和周剑故事的结尾节选，较有代表性："蜿蜒350多米的渔民村文化长廊里，一幅幅精美的青铜浮雕记录了今昔变迁。从渔民村向西北方望去，京基100大厦等许多深圳标志性建筑耸入云霄"；"几年前还是一片旧工业区的南山智园，如今已成为高科技产业园，有众多创新企业进驻。周剑真切地感受到，一路走来，怀揣创新梦想的同行者正越来越多"。这种意味深长的结尾描写，与前文的描写相互映衬，将经典的人物形象刻画进读者脑海中，成为文章的点睛之笔。

40年间，深圳经济特区发挥着对全国改革开放和社会主义现代化建设的重要示范作用，深圳人的生活也经历了从未有过的改变。观察深圳经济特区，邓锦辉、戚卓、周剑等普通人是最好的窗口之一。

行走鹏城大地，最让记者难忘的，是人们在改革开放浪潮中的亲身经历和深切感悟。

（人民日报　吴秋余、葛孟超）

四、延伸阅读

人民日报于2018年12月14日、17日先后刊发任仲平文章"纪念改革开放40周年"，分为上下篇。上篇《创造历史的伟大变革》聚焦"国",下篇《亿万人民的共同事业》着眼"人"。两篇文章在重要节点响亮发声,将历史和现实、宏观和微观、思想性和现实性有机结合,让改革开放的历史滋养人们的记忆、鼓舞人们的精神。

新华社于2018年11月16日上线微视频《父亲·我们·时代》。这则作品以油画《父亲》开篇,从父辈的眼神"穿越",回望40年来一幕幕"点睛"时刻,致敬改革奋斗者。作品以历史纵深感取胜,是具有改革开放40周年鲜明印记的特色佳作。

中央人民广播电台中国之声于2018年5月至7月陆续播出系列广播报道《见证》,踏着改革开放40周年的历史轨迹,寻访重大历史事件的亲历者,记录他们的回忆、思考和展望。

经济日报于2018年1月24日刊发的报道《蛇口春雷——历久弥新的"时间就是金钱,效率就是生命"口号》,是"深读经济"系列专版的开篇之作,深情讲述深圳经济特区从计划经济的束缚中杀出一条血路,培育适应改革开放、体现时代精神的"深圳观念"的故事,重温了令人振奋、给人希望的经济特区精神。

中国日报于2018年7月至2019年1月陆续刊发的系列报道 *40 years on*(《四十年·四十人》),选取有代表性的40位海外人士,分享他们的中国故事,以他们的视角见证改革开放,让海内外读者对中国40年来的发展有了更深刻、立体的认识。

延伸阅读

五、思考与讨论

1. 结合本专题案例,谈谈重大主题报道如何形成合力、扩大传播影响。
2. 结合采写手记,思考重大主题报道如何以小切口展现大情怀。
3. 重大主题报道如何做好融媒体传播?
4. 重大主题报道如何把握好长时段报道与重要节点之间的关系?
5. 结合近期案例,谈谈重大主题报道如何把握好时度效原则。

贯彻新发展理念篇

谱写生态文明建设华章
——"绿水青山就是金山银山"报道评析

让创新在全社会蔚然成风
——坚持创新发展报道评析

聚焦发展奏强音
——高质量发展报道评析

深化拓展论改革
——经济改革报道评析

谱写生态文明建设华章
——"绿水青山就是金山银山"报道评析

2005年8月15日,时任浙江省委书记习近平在浙江湖州市安吉县余村考察时,提出重要论断——绿水青山就是金山银山,推动浙江绿色发展走在全国前列。党的十八大以来,在"绿水青山就是金山银山"理念指引下,我国加快转变经济发展方式,深入实施大气、水、土壤污染防治,打好蓝天、碧水、净土保卫战,推进绿色发展、循环发展、低碳发展,把生态文明建设融入经济建设、政治建设、文化建设、社会建设各方面和全过程,生态环境发生了历史性、转折性、全局性变化。广大新闻工作者深入报道"两山"理念的实践经验和工作成效,推出一批打动人、鼓舞人的新闻作品,谱写出我国生态文明建设华章。

一、案例概述

本专题重点推荐四个报道案例,既有地方政府和重要经济带建设中深入践行"两山"理念的深度报道和现场评论,也有向海外受众讲述我国政府和人民同心建设绿色家园故事的大型生态直播节目和系列短视频。

【案例一】　　《习近平在这里提出"绿水青山就是金山银山"》[①]

案例全文

这是新华社制作的微纪录片。2017年6月,在习近平总书记提出"绿水青山就是金山银山"重要论断12周年之际,新华社记者来到这一论断的起源地浙江湖州,通过深入采访,讲述在"两山"理念指导下,当地生态文明和经济社会发展取得的实实在在成就。

短片主人公叫曹阿婆,是住在湖州市德清县劳岭村的一位花甲老人。德清县曾经贫困落后,为发展经济,当地开采矿山、开办工厂、发展工业,生态环境遭到严重破坏。曹阿婆所在的村子,年轻人都外出打工,只剩下老人和小孩留守。2005年8月,习近平在湖州提出"两山"理念之后,湖州调整发展模式,着力推进"美丽乡村"建设。经过十来年努力,当地自然环境和村民生活发生了翻天覆地的变化,曹阿婆从一个靠上山挖笋度日的老人,转变成开办国际民宿、能说英文、会做西餐的"老板"。昔日的小县城德清吸引了来自欧洲、东南亚等地的大批投资者和游客。该片在网络平台播出后,三天内全网点击量超过8000万次,产生良好社会反响。

图1　浙江省安吉县余村村口刻着"绿水青山就是金山银山"的巨石(新华社　供图)

[①] 作者:陆小华、胡晓梦、刘潇、张侨等;刊播平台:新华社,2017年6月6日。

【案例二】 《从一棵树到一片"海"——塞罕坝生态文明建设范例启示录》①

案例全文

新华社这篇长篇通讯,围绕"绿色"主题词,报道三代塞罕坝人接续奋斗,把原本黄沙遮天的荒原建设成为京津重要生态屏障的故事。作品分为三个部分:1962年塞罕坝机械林场成立以来,塞罕坝人以超乎想象的牺牲和意志,克服种种困难创造的"绿色奇迹";三代塞罕坝人55年如一日,守护林场的"绿色接力";塞罕坝森林生态系统带来每年上百亿元生态服务价值的"绿色贡献"。作品兼顾历史和现实,叙事完整,细节丰富,用生动故事呈现人与自然和谐相处,经济、社会、环境协调发展的现代林场景象。稿件播发后,被240家媒体采用,其中48家媒体头版刊登,各大门户网站迅速转载。

图2 塞罕坝机械林场(新华社供图)

【案例三】 《贺兰山生态环境整治后 大批野生动物重回家园》②

案例全文

宁夏广播电视台的这篇电视消息,反映宁夏回族自治区不断深化并积极践行"绿水青山就是金山银山"发展理念,坚持走生态优先绿色发展之路的

---

① 作者:陈二厚、张洪河、赵超、曹国厂等;刊播平台:新华社,2017年8月3日。
② 作者:张春华、牛大力、高凌;刊播平台:宁夏广播电视台,2019年10月22日。

历程。贺兰山是我国草原与荒漠的分界线,是宁夏平原的主要屏障,拥有国家级自然保护区。由于以前无序和野蛮开采,山体和生态遭到严重破坏。2017年5月,宁夏正式打响"贺兰山生态保卫战",经过两年时间,原本满目疮痍的工矿区重新焕发了生机和活力。宁夏广播电视台记者数次深入贺兰山腹地实地调查,直观展现贺兰山生态链得到有效恢复的情况。作品播出后,人民网、新华网等纷纷转发,产生良好社会效果,获得第三十届中国新闻奖一等奖。

【案例四】 《柳州惊奇——践行习近平新时代中国特色社会主义经济思想调研记》①

案例全文

2021年4月19日至24日,经济日报先后在头版刊登了系列报道,包括长篇通讯、评论员文章、省领导专访、柳州市委来函和专家点评文章共六篇,多角度报道以柳州为代表的广西壮族自治区践行习近平新时代中国特色社会主义思想和"两山"理念的做法和成效。本作品是系列报道的第一篇,属于长篇通讯,全文约1.1万字。

柳州是著名工业城市,是我国西南工业重镇,面积只占广西的1/13,却创造了广西工业总产值的约1/4。根据生态环境部公布的全国地级及以上城市国家地表水考核结果,柳州水质排名全国第一。经济日报从"水质排全国第一,为什么是工业城市柳州"这个人们感兴趣的话题出发,通过深入调研,厘清柳州从污染严重的"酸雨之都"转变为碧水蓝天的"柳州惊奇"的过程,用访谈调研中获得的可靠事实和数据,解读柳州兼顾工业发展与生态保护,经济、生态和社会三个效益相互促进的高质量发展密码。

---

① 作者:季正聚、曹红艳、周骁骏、牛瑾等;刊播平台:经济日报,2021年4月19日。

二、专家评析

理念是行动的先导。新闻工作者报道我国生态文明建设实践，既需要深入新闻现场，开展实地调查研究，也需要具备相应的政策和理论视野，增强观察和分析新闻事实的能力，以优秀的新闻作品，传播生态文明思想，营造良好的舆论环境，服务于我国生态文明建设。

（一）拓宽理论视野，把握政策方向

党的十八大把生态文明建设纳入中国特色社会主义事业总体布局，生态文明建设在党和国家工作大局中的战略地位，也为新闻工作者做好生态环境报道提供了基本遵循。

习近平在浙江工作期间，大力推动生态建设。十几年来，浙江当地生态环境发生巨大变化，取得显著成效。新华社的微纪录片《习近平在这里提出"绿水青山就是金山银山"》，从湖州德清县劳龄村的变化，讲述践行"绿水青山就是金山银山"理念带来的巨大经济效益和社会效益。片子用同期声呈现2005年习近平在余村考察时的讲话，把观众带回到2005年的场景中。湖州市重拳治水、攻坚治气、铁腕治矿，在全国率先拉开建设美丽乡村的序幕。短短6分多钟的片子，细节丰富，对比鲜明，让人对"绿水青山就是金山银山"论断起源地的变化印象深刻。

我国生态文明建设进入新阶段，生态文明建设的实践不断推进。新华社的长篇通讯《从一棵树到一片"海"——塞罕坝生态文明建设范例启示录》，叙述一百多年来塞罕坝生态发展经历的波折，从清朝末期树木被大肆砍伐，原始森林逐步退化成荒原沙地，到新中国成立后，在20世纪60年代初的国民经济困难时期，国家下定决心建一座大型国有林场，恢复植被，阻断风沙。新时代开启了生态文明建设新的征程，塞罕坝开始了新的绿色攻坚。这篇报道体现了生态文明建设的历史过程和巨大成就。

《柳州惊奇——践行习近平新时代中国特色社会主义经济思想调研记》系列报道，带领读者回顾了柳州深陷污染困局，顶着"酸雨之都"的尴尬帽子时，社会上出现"要柳州还是要柳钢"的大讨论，得出"既要柳钢，又要碧水蓝天"的共识，经过实实在在的艰辛奋斗，终于变成今天的"柳州惊奇"，反映了"绿水青山就是金山银山"理念在工业城市的成功实践。把问题摆出来，把破解难题的过程和成效呈现出来，也就把新闻报道的理论

高度与作品本身的感染力有机融合起来，新闻媒体在贯彻落实绿色发展理念过程中的作用就能发挥出来。

（二）深入新闻现场，掌握重要事实

新闻起源于人们的生产劳动和社会交往实践，深入调研实践的最新进展，准确把握绿色发展进程中的客观事实，是新闻工作的基本要求，也是报道我国生态文明建设的重要原则。

新闻姓"新"。新鲜的独家事实，最能引发受众的兴趣。我国绿色发展进程中，每天都有许多事实在发生，新闻媒体应致力于从中挖掘最有说服力的事实。新华社制作的微纪录片《习近平在这里提出"绿水青山就是金山银山"》，还原了"两山"理念提出的新闻事实，具有强劲的震撼力。《贺兰山生态环境整治后 大批野生动物重回家园》这一电视消息中，记者邀请宁夏大学生命科学学院的学者一同到新闻现场，随着镜头解说贺兰山区生态链恢复的原因，深入浅出，把权威性与通俗性有机地融为一体。

报道对象要有典型性。新华社微纪录片中的德清县，与安吉县同属湖州市，都曾贫困落后，为发展经济一度大力开采矿山、开办工厂，生态环境遭到严重破坏。在"两山"理念提出后，当地转变发展思路，重拳治水、攻坚治气、铁腕治矿，率先开展美丽乡村建设。经过努力，生态环境好了，破旧的山村变成了国际游客和投资客云集的"国际村"。新闻细节要体现典型性，典型的细节具有特别的感染力。《习近平在这里提出"绿水青山就是金山银山"》微纪录片中，劳龄村村民曹阿婆快乐而又自信地做西餐、学英文的镜头，《贺兰山生态环境整治后 大批野生动物重回家园》中成群的岩羊在清澈的山泉边饮水的镜头，令人过目难忘。长篇通讯《柳州惊奇——践行习近平新时代中国特色社会主义经济思想调研记》告诉我们，坚定绿色发展理念的柳工集团，已经成功研发出一系列节能环保的新型装备并推向市场，其中包括低噪声、低油耗、高可靠性的极地科考重器，减少了对极地环境的影响，画面感强，令人印象深刻。

"绿水青山就是金山银山"理念的提出和生态环境治理的实践，都有一个发展过程。理念来自实践，又需要实践检验，新闻媒体用对比的方式，呈现新发展理念的成效。本专题的各个案例，都以不同方式对比呈现了绿色发展理念带来的巨大变化。一是整体环境的对比。新华社长篇通讯《从一棵树到一片"海"——塞罕坝生态文明建设范例启示录》，开篇第一部分就以对比的方式，讲述了上百年来塞罕坝人与自然关系的变迁过程及其背后的政策原因。在《柳州惊奇——践行习近平新时代中国特色社会主义经济思想调研记》中，记者用柳州生态宜居馆的一张老照片叙述那"污染不设防"的过往年代："37个工厂和城市的排污口污水直排柳江，每年流入柳江的废水量多达3.5亿吨以上"；如今碧波荡漾的柳江和江中游船上欢乐的游客相映成趣，今昔对比令人惊叹。二是个体境遇的对比。在劳龄村绿色发展成效的报道中，村民曹阿婆从背着竹筐上山挖笋谋生的贫困农民，变成颇具"国际范儿"、不到半年收入就达40万元的民宿老板，前后的变化过程，生动证明"绿水青山就是金山银山"这一重大论断的科学性。

（三）创新表达形式，增强报道实效

生态文明建设，关系着党和国家工作全局和人民福祉。让中华大地天更蓝、山更绿、水更清、环境更优美，让自然生态美景永驻人间，是中华儿女的共同期盼。新闻媒体要贴近人民生活，创新表达方式，不断增强新闻作品的感染力、影响力。

本专题案例，既有新颖视角的微纪录片，也有电视消息、长篇通讯等传统体裁。各媒体能够根据报道主题需要，采用"启示录""调研记"等方式，创新表达方式，增强作品的吸引力。人民日报"现场评论·我在长江"系列报道，把新闻观点融入从一线采访获得的新闻信息中，打破评论与消息、通讯的文体壁垒，使观点表述建立在实践场景和事实基础之上。近一个月的连续报道，让观众产生较强的阅读期待，把长江经济带发展战略部署和实际成效生动呈现出来。

践行"绿水青山就是金山银山"的发展理念，新闻报道要注意叙事主体的多元性，把镜头、笔墨更多给予广大的基层干部和群众，见人见事见精神。本专题的作品案例，都是从老百姓的视角切入，新华社长篇通讯《从一棵树到一片"海"——塞罕坝生态文明建设范例启示录》，在叙述塞罕坝林场生态修复以及生态保护和利用的过程中，把主要笔墨聚焦在普通的塞罕坝人身上，包括长年守护林场的造林工人、防火员、防治员等。本专题的多个案例中，还出现了外国友人的身影，他们也是我国绿色发展理念的重要见证者和讲述者。新华社的《习近平在这里提出"绿水青山就是金山银山"》微纪录片，讲述外国投资者和游客来德清山村投资民宿、旅游的故事，从不同侧面表明我国生态文明建设的理念和实践得到国际社会的认可。

深入新闻现场，获取鲜活的素材，是做好新闻报道的基本功。本专题的作品都建立在大量现场采访的基础之上。为采写塞罕坝生态文明建设情况，参与报道的新华社记者多次奔赴塞罕坝林场，在一个月的时间里，走访十多个采访点，实地了解一线职工生产生活，现场采访三十多人，掌握大量新闻素材。用生动的故事线索贯穿作品，是本专题作品的一个重要特色，仍以《从一棵树到一片"海"——塞罕坝生态文明建设范例启示录》为例，记者按照"种好树""管好树"和"用好树"的逻辑脉络，层层递进地呈现了塞罕坝"绿水青山"的形成过程，做到既见人又见事，通过故事表达思想理念。电视消息《贺兰山生态环境整治后　大批野生动物重回家园》中，记者把镜头聚焦成群出没的野生动物，讲述矿区生态修复的成效和意义，故事性和说服力都很强。

三、采写手记

只有荒凉的沙漠　没有荒凉的人生
——《从一棵树到一片"海"——塞罕坝生态文明建设范例启示录》采写手记

河北塞罕坝生态文明建设范例的采访报道，在我十多年工作中，是规格最高、规模最大、单个专题采访历时最长、接触采访对象最多的一次。

从2017年6月21日至7月22日，一个月里我三次奔赴塞罕坝，采写稿件十多篇，其中长篇通讯《从一棵树到一片"海"——塞罕坝生态文明建设范例启示录》，被240家媒体采用，48家媒体头版刊载。

2017年7月10日下午，塞罕坝机械林场迎来了一个阵容强大的采访团，包括人民日报、新华社、中央电视台、求是杂志、光明日报、经济日报等19家中央媒体和地方媒体共80多名记者，集中采访活动持续到15日。作为一名长期在河北省跑林业的记者，在此次集中采访之前，我曾多次到塞罕坝调研，对塞罕坝的情况比较熟悉，有前期积累，手中有料、心中不慌。

根据集体安排，7月10—15日，我们走访了13个采访点：在王尚海纪念林，实地采访马蹄坑大会战及造林营林情况；到滦河源头，实地采访林场涵养水源情况；赴四道沟营林区，实地采访一线职工生产生活情况等，掌握了大量素材。采集到独家新闻，是每一个新闻工作者不懈的追求。集体采访结束后,我和同事再赴塞罕坝,目的是针对前期采访过程中遇到的感人事迹,深挖独家细节内容。

令我印象最深的,是望海楼瞭望员刘军和齐淑艳夫妇。采访中,我们被感动得几度哽咽、泪水模糊了双眼,采访对象更是泣不成声。刘军和齐淑艳夫妇二人2006年来到塞罕坝当望海楼防火瞭望员,工作单调乏味,非常枯燥。夫妇二人长期缺少与人交流的机会,变得沉默寡言,假期到了县城,他们说看到拥挤的人群都不适应,遇到红绿灯也不知怎么走。刘军闲暇时自学画画,被"寂寞"逼成了"画家"。

另一个感人故事,是采访和我同龄的第三代塞罕坝人于士涛和付立华夫妇。1980年出生于河北保定市的于士涛,2005年从河北农业大学毕业后到了塞罕坝马蹄坑营林区工作,刚开始走到哪里都很新鲜,干劲十足。没多久,随之而来的各种困难考验超过了他的心理预期,比如异地恋问题、孩子的问题。

5年过去,回想起一个月三次奔赴塞罕坝的情景,我觉得每一次采访都是精神的洗礼。我们共采访了30多人,从塞罕坝林场领导班子成员,到最基层的造林工人、防火员,再到国家林业局场圃总站副站长、中国工程院院士。如今闭上眼睛,一个个采访对象的故事仍然像放电影一样在我脑海中浮现。

在我看来,无论是常年背苗子的人后背上被绳子深深勒过留下的疤痕,还是造林人拿起钢钎尖镐凿坑时双手磨出的血泡;无论是林场老职工在遭遇雨凇灾害生产自救时被大树砸断腿落下的残疾,还是塞罕坝林场第一任党委书记长眠于马蹄坑林区的那座纪念碑,都是他们特殊的"勋章"。

人不负青山,青山定不负人。塞罕坝林场的一代代建设者听从党的召唤,用青春、汗水甚至生命,创造了荒原变林海的人间奇迹,以实际行动诠释了"绿水青山就是金山银山"的理念,铸就了"牢记使命、艰苦创业、绿色发展"的塞罕坝精神。

2017年12月,塞罕坝林场建设者被联合国环境规划署授予"地球卫士奖"。2021年9月,塞罕坝又荣获联合国防治荒漠化领域最高荣誉——土地生命奖。

这次终生难忘的报道经历，让我深切体会到只有荒凉的沙漠，没有荒凉的人生！

（新华社 曹国厂）

四、延伸阅读

"现场评论·我在长江"系列报道由人民日报以专栏形式推出。2018年7月起，人民日报选派4名评论员接力参与中宣部组织的"大江奔流——来自长江经济带的报道"主题采访活动，专门开设"现场评论·我在长江"栏目，让广大读者与记者一起踏访长江、寻路未来。系列报道共刊出22篇评论，现场感强，细节生动，是融媒体时代新闻评论的创新力作。

2015年6月，中央电视台新闻中心地方部联合青海电视台，推出《湟鱼洄游季 探秘青海湖》大型新闻类特别节目，采用直播方式，展示青海湖生态恢复的情况，讲述人与自然和谐共生的故事，以湟鱼洄游产卵繁育后代的重重闯关为主线，全方位呈现湟鱼洄游季的青海湖生态景观。

《探秘中国绿》是人民网制作的系列国际传播短视频，从2020年12月至2021年5月，在学习强国App、人民日报英文客户端以及海外社交媒体平台播出，包括30条短视频和3集纪录片，推出全英文和繁体中文两个不同版本。短视频画面精美，真实感人，获得近百家中国驻外使领馆社交媒体账号转发，总阅读量超过3000万次。

甘肃省广播电视总台于2020年7月15日播出的广播新闻专题《瀚海追梦 留住绿洲》，讲述甘肃武威市民勤县两位80后治沙人利用公益组织、电商平台和科技创新，成功探索出"互联网＋防沙治沙"、众筹治沙造林等新型生态建设和产业化发展模式的故事。该作品采访深入、脉络清晰、细节生动，获得第三十一届中国新闻奖一等奖。

延伸阅读

五、思考与讨论

1. 结合典型案例，阐述生态文明建设报道的基本要求。
2. 结合采写手记，谈谈生态文明建设报道如何把握新闻事实。
3. 在本专题案例中，你了解到哪些生态文明建设报道中的感人故事？
4. 生态文明建设报道如何创新表达方式？
5. 请围绕"两山"理念，制定一个国际传播的策划方案。

让创新在全社会蔚然成风
——坚持创新发展报道评析

党的十八大作出实施创新驱动发展战略的重大部署，强调科技创新是提高社会生产力和综合国力的战略支撑。党的十八届五中全会提出创新、协调、绿色、开放、共享的发展理念，这是在深刻总结国内外发展经验教训和深刻分析国内外发展大势的基础上，针对我国发展中的突出矛盾和问题提出来的，集中反映我们党对经济社会发展规律认识的深化。其中创新发展注重的是解决发展动力问题，创新涵盖理论创新、制度创新、科技创新、文化创新等各个方面，是引领发展的第一动力，在国家发展的全局中位于突出位置。深入报道创新发展理念在我国的生动实践，让创新在全社会蔚然成风，是广大新闻工作者的重要职责和使命。

一、案例概述

本专题重点推荐四个报道案例，分别涉及国际科技创新中心核心区建设、北京冬奥会上的科技力量、疫情之下我国经济总体发展情况和5G技术在医疗领域的成功创新应用。

【案例一】 《中关村新传——北京国际科技创新中心核心区建设发展纪实》[①]

案例全文

这是2021年7月12日经济日报在头版推出的长篇通讯，是对北京市海淀区贯彻新发展理念、加快建设北京国际科技创新中心核心区探索实践的深度调研报道，全文1万余字。随后经济日报又相继刊发评论员文章《在实现高水平科技自立自强中发挥硬核作用》、反响稿件《打造创新驱动发展新引擎》和专访稿件《持续强化科技创新核心地位》。

《中关村新传——北京国际科技创新中心核心区建设发展纪实》共五个部分。第一部分"三区叠加"讲述中关村科学城北区同时作为中国（北京）自由贸易试验区科技创新片区、国家服务业扩大开放综合示范区和中关村国家自主创新示范区核心区的特点和政策优势；第二部分"厚植沃土"讲述北京国际科技创新中心核心区建设过程中，为吸引和聚集创新要素、服务创新主体所做的体制机制改革；第三部分"磨砺成色"讲述在新的体制机制下，各类创新主体蓬勃发展，提升创新实效，为实现高水平科技自立自强创造"海淀经验"的故事；第四部分"擦亮底色"，讲述海淀区在推进中关村科学城北区建设中，坚持科技与人文的有机融合，着力打造服务科技创新和高质量发展的新型城市形态的成效；第五部分"未来之城"，结合现实展望中

图1 "让科技融入自然"的中关村软件园（经济日报 供图）

---

① 作者：张曙红、杨学聪、佘惠敏、陆敏等；刊播平台：经济日报，2021年7月12日。

关村科学城未来作为"智慧之城""智能之城"与"数字之城"的前景。报道刊发后,中央和北京市主流媒体以及学习强国等新媒体进行广泛转载和推送,取得良好传播效果。

【案例二】 《冬奥赛场上的科技力量》①

案例全文

2022年1月8日,人民日报"潮头观澜"栏目推出的这则通讯作品,在人民日报客户端首发。北京冬奥会的科技感和未来感令人瞩目。为报道北京冬奥会上的科技元素,记者多次到国家体育总局冬季运动管理中心、各大场馆和训练基地采访,积累大量第一手材料,确定"科技备赛增添突破动力""场馆创新贡献中国智慧"和"科技赋能共享冬奥成果"三个报道方向。作品既有宏观的叙述也有丰富的细节,呈现科技创新作为本届冬奥会筹办的鲜明特色和北京冬奥会创新举措为全民共享冬奥成果搭建的广阔舞台。该报道迅速被新华网、中国日报网、中国青年网、国际在线等媒体转载,传播量突破3000万次,激发国内各类媒体对科技冬奥的报道热潮。

图2 国家速滑馆内景:国家速滑馆的"冰"面,在冬奥历史上第一个采用二氧化碳跨临界直冷制冰技术制造(新华社供图)

---

① 作者:陈晨曦、孙龙飞;刊播平台:人民日报客户端,2022年1月8日。

【案例三】 《直挂云帆济沧海——2020年中国经济风雨兼程勇毅前行》①

案例全文

  这是中央广播电视总台《新闻联播》节目刊播的新闻综述。2020年是我国历史上极不平凡的一年。新冠肺炎病毒突如其来，汹涌而至，严重威胁人民的身体健康和生命安全。我国统筹推进疫情防控和经济社会发展工作，抓紧恢复生产生活秩序，成功应对国内外种种风险挑战，稳住我国经济基本盘，成为全球唯一实现正增长的主要经济体。这则作品以对中国经济"危"与"机"辩证关系的思考为线索，采访国内外多位权威学者，以翔实的数据和清晰的逻辑，论述2020年我国经济在重大挑战面前能够勇毅前行的原因，展示贯彻我国新发展理念所取得的巨大经济社会成就。综述播出后，迅速获得全网转发，受到社会各界的好评。

【案例四】 《5G技术助力国产机器人完成全球首场骨科实时远程手术》②

案例全文

  北京广播电视台刊播的这则广播消息，时长3分47秒。5G技术对民生的影响，一直受到各界高度关注。在报道中，记者敏锐地捕捉到5G技术在医疗领域的最新应用，在北京积水潭医院现场报道该院骨科专家在5G技术支持下，通过电脑远程操控浙江嘉兴和山东烟台手术室里的两台机器人，给两名腰椎骨折的病人实施手术的过程。这台手术的成功，标志着智能机器人远程手术技术在我国正式进入临床实际应用。

  为做好此次报道，记者精心准备，提前与专家沟通手术方案，并在现场完整记录了3小时的手术音响。采用"现场实时解说+同期声"的形式，生动呈现了扣人心弦的手术关键步骤和成功时刻，让听众有身临其境的感受。该广播消息及时报道了我国在远程医疗领域取得重大进展，作品呈现方式新颖且具有感染力，整个报道生动准确、通俗易懂，获得第三十届中国新闻奖一等奖。

---
① 作者：新闻中心集体创作；刊播平台：中央广播电视总台，2020年12月15日。
② 作者：韩萌；刊播平台：北京广播电视台北京新闻广播，2019年6月27日。

二、专家评析

理念源于实践，同时又指导实践。坚持创新发展的新理念，是对我国发展新阶段遇到的种种现实问题的系统回答。我国发展已取得重大成就，但也面临新的挑战与压力，创新引领和驱动发展已经成为我国发展的迫切需求。新闻媒体应深入调研我国实施创新驱动发展战略的新进展，报道创新发展体制机制的新突破，以优秀的新闻作品弘扬创新精神，在全社会营造大胆创新、勇于创新、包容创新的良好氛围。

（一）找准创新发展报道的切入点

创新是一个复杂的社会系统工程，涉及经济社会各个领域。就国家战略而言，坚持创新发展，需要把全面系统发展和关键环节突破相结合，把握经济竞争力的核心关键，突破社会发展的瓶颈制约，应对关乎国家安全的重大挑战。新闻媒体在报道坚持创新发展这一常态化的重大主题时，应强化自身的创新意识，做到事理并重、点面结合，在把握大势中找准切入点和着力点，增强创新发展报道的说服力和吸引力。

1. 围绕创新发展亮点设置议题

坚持创新发展，需要政府、企业和社会各界的共同努力。新闻媒体围绕国家创新发展的重大进展和突出成果，适时设置议题、组织报道，凝聚全社会坚持创新发展的普遍共识。北京冬奥会是举世瞩目的重大体育赛事，"科技冬奥"是本届冬奥会的一大亮点。早在2016年，在北京冬奥组委的统筹协调下，国家科技部会同国家体育总局、北京市、河北省等有关部门和地方，制定《科技冬奥（2022）行动计划》，围绕零排供能、绿色出行、5G共享、智慧观赛、运动科技、清洁环境、安全办赛、国际合作等8个方面统筹设计重点任务。科技冬奥，不仅意味着通过奥运平台展示科技成就，更重要的是通过奥运推动科技创新，惠及我国的产业发展和百姓生活。冬奥会为展示我国科技创新成果，传播创新发展理念提供了难得契机。人民网《冬奥赛场上的科技力量》在冬奥会开幕之前推出，较为系统地报道冬奥会的科技元素，指出"共享冬奥成果"将为我国城市运行、能源供应带来新变化，为百姓生活带来新体验。

新闻媒体围绕创新发展趋势，深入调研，总结经验，进一步强化社会共识。2014年起，北京全面实施创新驱动发展战略。2021年是"十四五"规划的开局之年，《北京市"十四五"时期国际科技创新中心建设规划》拟定出台。经济日报在这个时间节点上推出长篇调研报道《中关村新传——北京国际科技创新中心核心区建设发展纪实》，总结中关村科学城建设的实践，连接过去与现在，展望中关村科学城作为"未来之城"的美好前景，引发政府、企业和社会各界的热议和肯定。

2. 聚焦创新发展的标志性领域

创新发展作为一个系统工程，各方面的创新需要有机衔接、整体推进，同时要重点突破。新闻媒体在报道创新发展实践时，同样需要在把握总体情况的前提下，聚焦重点领域和重点方面，通过解剖具体领域和具体案例，说明创新发展的实践要义和社会价值。2020年，在新冠疫情的惊涛骇浪中，多家国际机构同时给中国经济打出高评分，中国成为全球唯一实现正增长的主要经济体。这是国内外都很关心的议题。中央广播电视总台《新闻联播》播发的新闻综述《直挂云帆济沧海——2020年中国经济风雨兼程勇毅前行》，用事实阐述以习近平同志为核心的党中央统揽全局、运筹帷幄，以高超政治智慧和卓越领导能力，团结带领亿万人民砥砺奋进，贯彻落实新发展理念，推动我国经济高质量发展的全过程，切实回应国内外关切，有效传播疫情环境下我国经济发展新理念的实践成果。

北京广播电视台的广播消息《5G技术助力国产机器人完成全球首场骨科实时远程手术》，聚焦我国医疗科技的自主创新，通过一次远程手术的现场报道，展示5G技术和人工智能机器人运用于医疗领域的最新成果，凸显我国在全球远程医疗领域的领先地位。

3. 在全球视野中讲好我国创新发展故事

实施创新驱动发展战略，要密切跟踪全球科技发展方向，力争缩小关键领域差距，形成比较优势，通过创新突破我国发展的瓶颈制约。在中关村科学城创新发展的报道中，记者采访诸多例子，说明科学城创新企业如何扭转我国部分高科技产品严重依赖进口的局面，甚至将自主创新的高端设备卖给世界著名科研机构的故事。这样的新闻事实，在中外对比中呈现我国创新发展成效，给读者留下深刻印象。"5G+人工智能机器人"远程手术新闻的价值就在于这是全球范围内首次开展的多中心远程实时骨科机器人手术，标志着智能机器人手术技术正式进入临床实际应用，这对于提升我国边远地区的医疗服务质量、利用创新发展成果增进人民福祉具有重要的意义。

（二）增强创新发展报道的说服力

新闻的本源是人们在生产生活实践中产生的新鲜事实。我国的创新发展实践，天然地具备重要新闻价值。新闻工作者要深入创新实践的第一线，及时获取新鲜事实，挖掘和探究事实之间的内在联系，事理兼顾，以理服人，增强创新发展报道的说服力和贴近性。

1. 挖掘最新事实，及时引导舆论

新闻是新近发生的事实的报道。我国科技创新取得的重要突破，国民经济整体素质和国际竞争力的提升等事实，都具有重要的新闻价值，值得及时报道和传播。广播消息《5G技术助力国产机器人完成全球首场骨科实时远程手术》，就是记者经过深入调研获得新闻线索之后进行的现场报道。该报道向受众展示我国远程医疗技术领跑世界的情况，及时报道了我国医疗领域科技创新成果向现实生产力转化的最新进展。

在创新发展过程中，当社会各界对同样的事实出现不同解读，甚至产生争论的时候，主流媒体应该及时进行报道、评论，引导人们客观理性认识，有效引导社会舆论。人民日报新媒体评论《"社区团购"争议背后，是对互联网巨头科技创新的更多期待》，就是在同一事实引起不同解读和争论之际推出的。该评论在大家共同看到的互联网巨头纷纷入局"社区团购"这一事实之外，进一步放大视野，引述"美国接连在芯片上制裁中国科技企业，攻克关键技术领域的'卡脖子'难题，成为举国上下的关切""从阿里巴巴的达摩院，到百度的无人驾驶汽车，中国的企业日益注重向科技创新进军"等重要相关事实，进而展开评论，使观点建立在扎实的事实基础之上。

2. 强化问题意识，把握内在逻辑

创新是突破发展障碍、解决发展难题的过程。这就要求新闻媒体在报道创新发展实践时强化问题意识：所报道领域的发展面临哪些重要问题，政府、企业等各类相关主体是如何解决这些问题的，有哪些经验和教训。把握这些问题，新闻工作者在报道过程中就容易聚焦重要事实，着重分析不同事实之间的逻辑关联，新闻作品的说服力就有扎实前提。

中央广播电视总台《新闻联播》栏目播发的新闻综述《直挂云帆济沧海——2020年中国经济风雨兼程勇毅前行》，从一个基本问题开始：在新冠肺炎疫情蔓延、整个世界经济蒙上灰霾的2020年，为什么中国能够克服困难，成为全球唯一实现正增长的主要经济体。

围绕这一问题，报道条理清晰地呈现我国经济创新发展的重要事实：全面贯彻落实党中央的决策部署，于危机中育先机，在变局中开新局，以创新发展为动力，采取一系列有效措施；从2020年4月份开始，实现中国经济指标由负转正，创新动能持续提升，区域协调发展迈向更高层次，绿色发展稳步迈进，外贸外资稳中提质，民生福祉不断增强——每一项都有翔实的数据支撑。中间穿插来自世界经济论坛、北京大学、中国宏观经济研究院、清华大学和中国人民大学的五位权威经济学家的出镜解说，有效建立事实之间的逻辑关联。

通过摆事实、讲道理，报道开头提出的问题就获得有说服力的解答，报道结尾对中国发展前景的展望自然引起观众共鸣："不久前召开的党的十九届五中全会，党中央擘画了'十四五'规划和2035年远景目标。在以习近平同志为核心的党中央坚强领导下，坚持高质量发展，中国经济巨轮必将乘势而上，立足新发展阶段，坚持新发展理念，加速构建新发展格局，开启全面建设社会主义现代化国家的新征程。"这则新闻综述从问题意识出发，夹叙夹议，条分缕析，在8分多钟的时间内，充分说明一年的重要新闻事实及其内在关联，既回答了问题，又增强了观众对我国经济发展前景的信心。

3. 力求点面结合，精准深入报道

在报道创新发展实践时，点和面的关系是相对的。创新发展的全局是"面"，具体的领域或案例就是"点"。但在具体的领域或案例中，又可以找到范围更小的"点"和"面"。处理好点和面的关系，作品讲述的故事会更加完整，感染力也会更强。

经济日报对中关村科学城北区创新发展的深度报道，涉及的"点"很多，有不同类型的创业者和他们的创新型企业，也有体制机制变迁的复杂过程。但作品以"创新发展"为主线，用"三区叠加"的政策牵引、体制机制创新与特色产业聚集、创新发展成效和前景等几个方面，把点和面有机结合起来，讲清楚中关村"新"在何处，报道脉络清晰，颇具可读性。北京广播电视台的广播消息《5G技术助力国产机器人完成全球首场骨科实时远程手术》报道的新闻事件是具体的，即这场手术的完整实施过程。但作品在最后点出这场手术所具有的更大意义：据了解，这台全球范围内首次开展的多中心远程实时骨科机器人手术，标志着智能机器人远程手术技术正式进入临床实际应用，对于提升我国边远地区医疗服务质量具有非常重要的意义。

（三）增强创新发展报道的传播力

增强创新发展报道的传播力，既要有好的选题和内容，又要有创新表达形式。采用符合媒介特点的事实呈现方式，以深入浅出、贴近群众的方式转换创新发展的专业话语，是增强创新发展报道传播力的重要途径。

1. 以符合媒介特点的方式呈现新闻信息

随着信息传播技术的发展，新闻信息传播整体上出现视觉化和故事化的趋势，这符合受众的信息接受规律。在这方面，电视媒介具有天然优势，同时也需要与时俱进开拓创新。在新闻信息的呈现方面，电视新闻综述《直挂云帆济沧海——2020年中国经济风雨兼程勇毅前行》发挥视听优势，在视觉画面部分，有机融合静态图片和动态视频、远景与近景，令人赏心悦目。此外，在呈现各类统计数据时，该报道采用柱状图等方式，结合动画技术进行生动表达，把电视媒体视觉表达的优势充分发挥出来。

广播消息《5G技术助力国产机器人完成全球首场骨科实时远程手术》展现声音的魅力，以充满画面感的现场声音吸引广播受众。记者从完整记录的3小时手术音响中，选取最吸引人的同期声，采用"现场解说＋同期声"的表现方式，在3分多钟的有限时间里有效传递医疗科技的最前沿应用信息，给人以身临其境之感。

2. 以贴近群众的方式转化专业话语

科技创新专业性很强，新闻工作者要深入学习和把握相关概念和知识体系。坚持创新发展，归根结底是为了满足人民对美好生活的向往，惠民、利民、富民、改善民生是我国科技创新的重要方向。新闻媒体的创新发展报道是面向大众的，报道语言应尽量深入浅出、通俗易懂，多采用百姓视角，注重阐释创新发展的现实意义，讲好创新发展与人民美好生活、民族伟大复兴之间的密切联系，增强新闻作品的贴近性、亲和力，扩大传播面，提高传播效果。

电视新闻综述《直挂云帆济沧海——2020年中国经济风雨兼程勇毅前行》问题意识明确，叙事逻辑清晰，完整讲述2020年我国经济发展面临的挑战和创新突破。整篇报道并没有出现深奥难懂的专业术语，对事实之间逻辑联系的解读，则由经济学家用通俗的语言加以表述，加上视听语言符号的合理运用，成功地对一个专业性很强的问题作出生动简洁的解答。

广播消息《5G技术助力国产机器人完成全球首场骨科实时远程手术》的报道主题专业性更强，涉及5G技术和医疗技术领域的专有名词，但整个作品的语言通俗平实，开头部分"这里既没有病人也没有病床""他今天不用手术刀"，大屏幕上看到的千里之外的手术室里，"除了病人、医生，还有非常重要的一位成员，就是由我国自主研发的'天玑'骨科机器人。它现在也穿好了像塑料一样的防护衣，准备给病人实施手术"，这些叙述扣人心弦。

三、采写手记

中关村"新"在哪里
——《中关村新传——北京国际科技创新中心核心区建设发展纪实》采写手记

大学时期，我在中关村区域生活了7年，对中关村电子一条街很熟悉，人生中第一台电脑就是在那里攒的。当时买电脑，不是买整机，而是主板、CPU、硬盘、内存等部件各买不同厂家产品，买齐了组装起来，因此叫"攒"机。随着时间的流逝，电子商城逐步取代了线下交易，中关村区域原来那些电子产品卖场因赢利难、骗子多而顾客流失，不得不寻求转型。

毕业多年后，我接到蹲点调研采访任务，主题是海淀区如何打造北京国际科技创新中心核心区，首先想到的就是创新标杆——中关村。改革开放40年后，中关村面临转型升级，新时代的中关村"新"在哪里？这是调研过程中，调研组同事们一直都思考的问题。

"新"在地标的北移

地理的新是最容易看到的。在城市建设中，任何一个高速发展几十年的城区，必然面临空间不够的问题，需要开发新区。新区属于白纸上绘图，没有那么多历史遗存和局限，必然会更多体现当地政府的新布局。我们采访的重点区域就属于中关村北移后的新区，是海淀山后地区。山后地区在百望山以北的大西山脚下，我读书时从没来过这里。曾经人闲地旷的郊野农村，现在有了新的名字——中关村科学城北区。后来写作时，我们在调研稿件的第一部分"三区叠加"中,概述中关村的历史和现状,以"科技向北"为主线,展示政府规划重心的北移和众多科创企业选择的北移。这是我们调研的认知顺序,也符合读者阅读认知规律。

"新"在关系的重构

创新最关键的要素永远是人,是创新主体。吸引和聚集创新要素,让各类创新主体进得来、留得下、活得好,是各地政府规划创新发展时,纸上文件能否落实为现实产业的关键。在调研采访中,我们正好遇到中关村科学城北区创新合伙人大会的召开,会上"创新合伙人"这个做法颇有存在感。当天下午调研组就专访海淀区委书记,在和他的坦诚交流中,我们了解了这项政策推出的逻辑。改革开放初期,企业注册时间曾被视为一地营商环境竞争力的标志,进入新时代,很多地方新注册企业已经提速到一天办结、获取营业执照,再压缩注册时间,意义已经不大。城市对企业的吸引力更多体现在创新生态的构建上,"创新合伙人"制度就是为了重构政府、企业与个人在创新过程中的新型伙伴关系,让科技创新主体成为中关村科学城的主人,大家关系平等、目标一致、利益共享。调研稿件的第二部分"厚植沃土",主线就是政府与企业、园区与企业、研发机构与企业的三类新型关系所构建的创新生态。

"新"在技术的硬度

从高校院所数量和院士数量看,海淀区科研资源密度是全国之最,有资格成为原始创新发源地。改革开放初期,从中关村走出的企业,到底是先搞技术再搞钱,还是先搞钱再搞技术?在资金紧缺的时代是个问题,在高质量发展的新时代,这越来越不再是个有争议的问题。我们专访了龙芯中科董事长,他讲述了龙芯坚持科技自立自强的故事;我们又采访北京超维景生物科技有限公司,他们把自主创新的高端科研仪器卖给了世界著名科研机构德国马普研究所;我们去北京航空航天大学的概念验证中心,了解他们如何以机制创新来跨越科技成果转化"死亡谷"。在调研报道成稿的"磨砺成色"这章中,我们讲述中关村坚持自主创新,鼓励原始创新,不断磨砺、提升创新成色的故事。

"新"在城市的面貌

城市的建设理念,关系居民生活的幸福。我们在调研中,采访中关村科学城北区的规划者、建设者、创业者们,以及这些地方的居民,感受到在以人为中心的发展理念指引下,新型城市形态的舒适与酷炫。比如在中关村创客小镇,众创空间和创客单身公寓距离很近,创业者们上班步行五分钟可达,不用再承受超大城市长距离通勤的痛苦;再如在翠湖国家城市湿地公园,可以感受到"森林里的中关村""公园里的科学城";又如我们乘坐的5G无人驾驶小巴、尝试的数字人民币支付、参观的海淀"城市大脑"智能运营指挥中心,让我们感受到智慧城市的舒适和潜力。这些感受,被我们写入调研稿的"擦亮底色""未来之城"两部分中,展现中关村新城区的新面貌。

搞清楚中关村"新"在哪里,《中关村新传——北京国际科技创新中心核心区建设发展纪实》也就有了灵魂和主线。进入新时代,面向新征程,创新早已铭刻进中关村的基因,它是中关村的过去,更是中关村的现在和未来。

(经济日报 佘惠敏)

四、延伸阅读

安徽广播电视台于2017年9月29日播出广播消息《世界首条量子通信干线今天正式开通》,是全国首家以录音报道形式传达这一重大消息的媒体。作品时长1分30秒,选题意义重大,时效性强,获得第二十八届中国新闻奖二等奖。

2020年11月17日,在浦东开发开放30周年之际,中央广播电视总台策划推出融媒体作品《300秒沙画带你穿越时空见证浦东变迁》,以沙画形式重温浦东历史变迁。作品将沙画与实拍相结合,通过新旧对比,为观众讲述浦东30年来的辉煌成就,形式新颖,数据精准,多维度展现浦东新区的新变化,兼具时代精神与人文情怀。

2020年12月31日,黑龙江广播电视台播出广播评论《守住农业"芯片",端牢中国饭碗》,通过采访权威专家、种业企业、农技人员,对如何确保我国农产品种源自主可控进行探讨,并提出具体对策,播出后引起主管部门和业界专家高度关注,获得第三十一届中国新闻奖一等奖。

延伸阅读

五、思考与讨论

1. 创新发展报道应把握哪些基本原则?

2. 结合典型案例,分析如何找准创新发展报道的切入点。

3. 认真阅读采写手记,谈谈如何强化创新发展报道的问题意识。

4. 结合典型案例,思考如何把专业化内容转化为通俗易懂的新闻作品。

5. 如何发挥不同媒介形态的优势,增强创新发展报道的传播力和感染力?

聚焦发展奏强音
——高质量发展报道评析

党的十九大提出,我国经济已由高速增长阶段转向高质量发展阶段,正处在转变发展方式、优化经济结构、转换增长动力的攻关期。新闻媒体要准确把握党中央关于高质量发展的基本要求,开展全方位、多层次的报道,创新报道内容与形式,让高质量发展的理念在中国大地生根发芽。

一、案例概述

本专题重点推荐三个报道案例,既有传统的电视、广播节目,也涵盖多媒体融合报道,充分体现新媒体环境下媒体报道形式的丰富性、多样性。创作者准确把握高质量发展要求,从观念到行动,对高质量发展报道创新探索,在报道中充分体现了"创新、协调、绿色、开放、共享"新发展理念。

【案例一】　《一线调研：湖州"不可替代"的启示》①

案例全文

这是中央广播电视总台高质量发展调研系列报道的开篇之作。2019年9月1日，正逢美国再次对我国输美部分产品加征关税，央视《新闻联播》当天头条推出报道《"风雨无阻　坚定前行"坚持高质量发展调研行》第一集《一线调研：湖州"不可替代"的启示》。记者走访调研浙江湖州十多家企业，有从美进口的，也有对美出口的；有传统行业寻求自身脱困的，也有依托新项目亟须转型的，挖掘出湖州政府和企业在巨大的压力和困难下，用"三招"——不抽贷、开拓多元市场、内外倒逼企业苦练内功来应对中美贸易摩擦的典型案例。节目朴实流畅，采访同期声自然生动，画面精美并带有很强的纪实性，对调研中挖掘的亮点做了充分展示，坚定了人们战胜困难的信心，为中国经济迎难而上创造了良好的舆论氛围，引发全社会对高质量发展的深度思考。

【案例二】　《大河奔流——黄河流域生态保护和高质量发展》②

案例全文

新华网打造的这篇融知识性、沉浸式与交互性于一体的多媒体产品，体现了新闻媒体推动5G多媒体技术与新闻报道融合并向纵深发展的新尝试。该产品综合运用多媒体形态，通过"天下黄河""绿色屏障""岁岁安澜""大河息壤""流动史诗""因水制宜""专家解读"七个部分，全景式展示黄河流域生态保护、长治久安、水资源节约集约利用、高质量发展和弘扬黄河文化等多方面内容。该产品推出后，在新华社客户端和新华网新媒体平台上获得受众广泛好评。产品页面设计恢弘大气，专题内容丰厚、元素丰富，串起黄河沿岸独特的地理风貌和高质量发展的生动实践，在报道深度、专题厚度上下功夫，是网络设计技术与新闻报道深度融合的佳作。该产品全

---

① 作者：新闻中心集体创作；刊播平台：中央广播电视总台，2019年9月1日。
② 作者：田舒斌、刘娟、汤辉、黄洁心等；刊播平台：新华网，2020年9月18日。

网累计访问量超3000万次,获得第三十一届中国新闻奖一等奖。

图1 《大河奔流——黄河流域生态保护和高质量发展》截图(新华网 供图)

【案例三】　　　　《听！浦东每一种声音都让自己离世界更近》[1]

案例全文

这个广播专题节目以三个具体案例集中反映高质量发展。2020年是浦东开发开放30周年,如何直观且鲜活地展现浦东大地翻天覆地的变化是上海本地主流媒体需要思考的重大主题。上海广播电视台广播记者从诸多高质量发展案例中选出三个极具代表性的故事——第一家盒马鲜生是如何诞生的,张江科学城里的创新药是如何研发的,上海期货交易所是如何与世界经济从容对话的。

整篇报道以声音为主线,通过运用大量现场实况,诠释"创新""改革""开放"三大关键词,生动展现而立之年的浦东敢闯敢试、砥砺前行的奋斗历程。该报道音响运用充分,极具广播特色,结尾选用上海广播记者多年来记录下的浦东发展大事件,突出浦东的每一次突破和创新都让自己离世界更

[1] 作者：何周导、胡旻珏、赵宏辉等；刊播平台：上海广播电视台上海新闻广播,2020年11月12日。

近。这是浦东自身的不懈追求,也是高质量发展要求赋予的战略使命。

该报道在策划时就体现出全媒体传播理念,同步制作图、文、音频相结合的新媒体稿件,配以"倾听浦东"主题海报,于报道播出当日在"话匣子"客户端、微信公众号、微博等渠道同时发布,被数十家媒体转发。该报道独树一帜,颇具特色,取得良好传播效果,获得第三十一届中国新闻奖二等奖。

图2 《听!浦东每一种声音都让自己离世界更近》广播专题节目海报(上海广播电视台 供图)

二、专家评析

党的十九大报告强调,我国经济已由高速增长阶段转向高质量发展阶段,正处在转变发展方式、优化经济结构、转换增长动力的攻关期,建设现代化经济体系是跨越关口的迫切要求和我国发展的战略目标。推动高质量发展成为我国经济社会发展的主题,这为新闻媒体做好相关报道提出了新要求。本专题的典型案例,报道了高质量发展理念的生动实践,体现出主流媒体围绕中心、服务大局的担当与作为,值得细细阅读与体悟。

（一）选题策划着眼"顶天立地"

新闻采写的第一步是确定选题，"好的选题是成功的一半"。做好新闻报道，首要的一条就是先把选题确定好。推动高质量发展这样的主题不同于一般新闻报道，对于选题的要求更高，关键是要做好选题的顶层设计。在具体的新闻报道中，"顶层设计"是一个比喻的说法，指的就是精准领会党的中心工作的内涵和外延。中心工作通常来说都具有全局性、重要性、深刻性等特点，采编人员要在比较短的时间内把握中心工作的要旨不容易，需要认真研读文件、充分讨论，才能达到良好的效果。

中央广播电视总台的《"风雨无阻　坚定前行"坚持高质量发展调研行》是一组高屋建瓴、气势磅礴的报道。高质量发展是一个总体要求，中央广播电视总台在做这个报道的时候，将这一总体要求细化和具体化。9月1日，央视《新闻联播》头条推出了第一集《一线调研：湖州"不可替代"的启示》，聚焦湖州高质量发展的实践，突出重点，切中现实，用鲜活的事例、生动的故事回应贯彻新发展理念、推动高质量发展这一重大战略。

新闻报道不仅要"顶天"还要"立地"，用真人真事把故事讲好，用讲故事的方式把中心工作宣传好传播好，用通俗化的方式把中心工作的精神内核讲出来，这需要媒体记者做大量的具体工作。上海广播电视台刊播的关于浦东开发开放30周年的报道就是这方面的一个典型例证。上海广播电视台发挥自己在浦东新区采访资源丰富的优势，抓住"浦东开发开放30周年"这个小切口落地，选用上海广播记者多年来记录下的浦东发展大事件，讲述浦东高质量发展的三个小故事，推动高质量发展这个中心工作"落地生根"。

（二）深入调研寻找新闻由头

做好高质量发展报道，要立足我国经济社会发展的伟大实践，善于从发展成就中发现有代表性、典型性的生动鲜活事例，围绕这些新闻由头，经过深入调研采访，提炼主题，在遵循新闻传播规律的基础上，通过新闻报道展现我国高质量发展的巨大成就。

和政策法规比起来，新闻报道还有一个重要的特点，就是时效性。这是新闻之所以为新闻的一个必备要件。因此，在确定选题的过程中，一定要充分考虑时效的问题，特别是推动高质量发展这种相对来说比较静态的选题，更加需要找到合适的新闻由头，把整个报道带动起来。即使是一些比较旧的素材，因为有了新的新闻由头，给受众的感觉也会比较有动态感，传播效果能够更上一层楼。

上海广播电视台的广播报道《听！浦东每一种声音都让自己离世界更近》，在浦东开发开放30周年庆祝大会召开当天早晨在广播端和新媒体端同步推出，从小切口展现了浦东30年来勇担国家战略，坚持改革创新、扩大开放的重大主题。从这个时间节点的新闻由头，推出恰如其分的报道，就能做到选题立得住，报道效果好。新华网推出的《大河奔流——黄河流域生态保护和高质量发展》，正值中央召开黄河流域生态保护和高质量发展座谈会一周年，借助这个新闻由头，重磅推出多媒体融合产品，引发社会广泛关注。

（三）采访写作注重点面结合

新闻采访要注重点面结合，"点"指的是采访中要把握细节、场景、个案、引语等实实在在的内容，"面"指的是新闻背景、概述、资料、权威解读等相对抽象的内容。点面结合，相得益彰，才能推出优秀的新闻报道。在接下来的写作中，也要巧妙地把"点"和"面"结合起来。如果采访中的"点"过多"面"不够，报道就会流于琐碎和重复；如果采访中的"面"过多而"点"不够，报道读起来就会显得空洞和枯燥。优秀的新闻报道往往将"点"与"面"的比例很好地结合在一起。

本专题分析的三个案例都做到了点面结合，收到良好的传播效果。以中央广播电视总台的电视系列报道《"风雨无阻　坚定前行"坚持高质量发展调研行》第一集《一线调研：湖州"不可替代"的启示》为例，这一报道将湖州高质量发展具体的点，和我国宏观经济长期向好的基本面结合起来，回应公众对中美贸易摩擦背景下中国高质量发展的关切。节目播出后，获得中央有关部门的高度肯定，多家媒体纷纷跟进转载。总台随后陆续播出同主题报道予以呼应和深化，获得社会广泛关注，引发各方对高质量发展的深入思考。

新闻报道多以讲故事的方式向受众传播内容。要讲故事，就要有一个个具体事例，这些事例构成故事的细节。以《听！浦东每一种声音都让自己离世界更近》这篇报道为例，可以看到，作者在讲述关于浦东开发开放30周年宏观情况的同时，也叙述了三个"点"上的故事。

第一个是第一家盒马鲜生诞生的故事。一袋袋新鲜的食材和商品，在这里分拣、打包，送到千家万户，这样的商业模式就在浦东诞生。第二个是张江科学城里的创新药研发的故事。研发是生物医药企业最核心的竞争力。谁的研发速度快，谁的新药上市就领先，谁就能在"大浪淘沙"般的竞争中立于不败之地。在活力四射的上海张江,围绕"一粒药"的改革,生生不息。第三个是上海期货交易所与世界经济从容对话的故事。上海期货交易所的夜盘值班室,每天晚上9点到第二天凌晨2点半,值班人员都会在这里监控着全球期货市场的波动。交易大厅里,不断跃动的数字,彰显着这个市场的活力。

上述三个"点"上的故事,构成了新闻报道的事实支撑和骨架,让听众感受到30年来浦东的高质量发展。有了这些鲜活的故事,高质量发展就不再是触不可及的概念,而是一个个鲜活的实践。

新闻"点"很重要,但是一篇报道也不能全是"点"。"点"相当于一颗颗珍珠,虽然很漂亮,但如果串不起来,就不会给人留下深刻的印象。因此优秀的报道还要把这些珍珠串起来,掌握整篇报道的主线,使其贯穿始终。

仍以《听!浦东每一种声音都让自己离世界更近》这篇报道为例,可以在报道开头和结尾看到多处"面"上的介绍。比如报道开头就进行了"面"上的描述:30年波澜壮阔,30年不负韶华,从烂泥渡路到国际金融城,从阡陌农田到张江科学城,从芦苇荡边到"离世界最近的地方",一项项跨世纪的国家战略,在这里一步步化为现实。30年间,我们用声音记录过许许多多"浦东首创""中国第一",一个又一个敢闯敢试、先行先试的改革故事在电波中被娓娓道来,再度回听,浦东每一种声音都让自己离世界更近。在讲述完三个"点"上的故事之后,报道又在"面"上总结收尾,让听众对整个浦东开发开放的现状有了理性认知,对"创新""改革""开放"三大关键词有了宏观上的把握,从而也说明转变发展观念、推动高质量发展的重要现实意义。

三、采写手记

一次难忘的调研采访
——《一线调研:湖州"不可替代"的启示》采写手记

2019年9月1日晚,央视《新闻联播》以4分46秒的时长播出我们采访的《一线调研:湖州"不可替代"的启示》。这条新闻播出后产生广泛影响。

细心调研破难题

2019年8月下旬,我们出发去湖州采访,节目计划于9月1日的《新闻联播》里播出。我们想:离计划播出只有五六天的时间,路上还得耽误两天时间,这就意味着我们只能在两三天内完成采访任务。时间紧,任务重,我们对于湖州企业在中美贸易摩擦冲击下如何练好内功使经济增速不降反升,感到难以入手破题。多年的采访经验告诉我们,只要用心在实践中探究,再复杂的问题也会迎刃而解。

当天下午三点多一到湖州,我们马不停蹄地开展实际调研。当地有关部门把具有代表性的企业都召集过来了:有进口的,也有出口的;有传统行业寻求自身脱困的,也有依托新项目亟须转型的——在三个多小时面对面的座谈中,我们了解到几乎所有逆市提升的企业均属于外部压力催生内在动力,加上政府政策扶持,这就是企业积聚力量超越自身的内在规律。破了题,自然就好解题了。

第二天一早,我们便开始分头采访代表性企业。通过面对面了解和零距离采访,我们总结出应对中美贸易摩擦负面影响的"三招"——不抽贷、开拓多元市场、内外倒逼企业苦练内功。这番调研功夫,为我们破解难题,做好报道,打下坚实基础。

透过现象看本质

有了这个方向,我们在不到三天的时间里调研采访数十家企业。对每家企业,我们从订单到收款、从供货到出品、从研发到提质等各环节,把自己当成企业的一员,与他们同呼吸,共感受。在采访期间,我们了解到虽然企业找到"多元拓展"的路径,但是实现利润增长确实并非易事,其间既有太多"山重水复疑无路"的忧虑,又有不少"食之无味、弃之可惜"的彷徨。

报道中的调查研究要善于"由浅入深、由表及里"。透过这些表象,我们挖掘到一些中方及美方企业"在危机中寻找商机""在困境中砥砺前行"的典型案例。我们把中方企业和美方企业最真切的感受和最实际的做法,加上湖州政府各部门最真诚的服务,用镜头一一记录下来。很快,我们带的四张拍摄卡全满了。这四张拍摄卡,记录着我们夜以继日在湖州三县两区留下的所有足迹,更承载着湖州企业家们最真挚的心声和努力拼搏的身影。

这次一线调研行，让我们真切感悟到，在新闻调研中，只有善于"透过现象看本质"，才能获得他人难以得到的真相。这也是报道"一线调研行"得以成功的关键因素。

处处留心皆新闻

在近三天采访中，我们仔细观察与湖州企业健康发展相关的细节，包括在企业和政府部门看到的任何一份清单和台账。一天晚上，我们看到湖州新闻联播关于企业金融产品的公益广告。这成为政府为保障企业资金链不断而煞费苦心推出金融政策的佐证。正是这"不抽贷"政策让湖州经济发展在中美贸易摩擦的影响下依然迈出坚实的步子。步子实了，企业的神就稳了，心也定了。这一点，我们和企业感同身受。对于与企业目前艰难处境和对抗外力举措相关的每一句话甚至每一个词，我们总是打破砂锅问到底。企业感受到我们的诚意，与我们越聊越深，一点点打开心门。在深度探寻和倾听下，我们又了解到"美国的客户自愿承担大部分加征关税也希望继续合作"和"高附加值电动产品受到欧洲新客户的欢迎"等很多不为人知的细节。所有这些，使新闻有了血肉，洞察到中美贸易摩擦背后的真实全貌。我们真切地感知到，必须留心每一个关键性细节，加以深入挖掘。

在采访实践中，我们感知到，电视新闻的最大特点就在于，它比文字新闻能更真实地记录每一个人的语气和表情，这些是隐藏在文字背后的密码。而要想找到这些密码，唯有与采访对象设身处地地谈话，感同身受地倾听。在新闻采访中，处处留心、时时在意的基本功，会给予你最大的回馈。这是一线调研行得以成功的坚固基石。

本次调研，我们用更多的镜头对准诸多湖州企业家及他们所在的企业，生动形象地展现了他们"多元拓展、探索创新"的感人精神。

在回北京的火车上，新闻初稿写成了。深入实地采访到的大量素材，让这条新闻鲜活饱满起来。这是一次难忘且成功的采访实践。

（中央广播电视总台　王琰、陈思聪执笔）

四、延伸阅读

新华社于2015年10月16日刊发评论《政府敢啃"硬骨头" 市场才能有"肉"吃》。近年来，简政放权在为市场松绑、为企业添力方面持续发挥作用，极大激发市场活力、发展动力和社会创造力。这篇评论通过生动形象的语言，精准评述简政放权作为转变政府职能的"当头炮"，重申政府公共服务职能这一常识，尤其是在企业注册中顺应市场规律，简化手续，消除壁垒，释放经济发展的内在潜力。文章适时而出，深入浅出，条理清晰，明辨是非，有较强建设性。

工人日报于2019年11月14日刊发通讯《哈尔滨一场专为非公、小微企业量身定做的焊工比赛，却只有两家企业参加——一些私企为何不愿参加技能竞赛？》，针对小微企业参加职工技能大赛积极性不高的现象，聚焦高质量发展背后的人力问题。高水平的产业工人队伍是驱动创新发展的骨干力量，应该充分调动广大产业工人的积极性、主动性和创造性。该报道通过对一场技能大赛的观察和分析，得出了具有超越性的结论，现实意义显著，令人深思，社会反响强烈。

云南广播电视台于2019年7月21日播发广播消息《云南开出全国首张区块链电子冠名发票 智慧旅游继续领跑全国》，聚焦区块链技术的行业应用问题。消息报道了2019年首届"数字云南"区块链国际论坛在昆明举行，云南推出区块链电子冠名发票，推动智慧旅游发展。该报道生动活泼，现场感强。

延伸阅读

五、思考与讨论

1. 如何从宏观层面把握好高质量发展报道主题？
2. 结合案例谈谈在高质量发展报道中如何抓住新闻由头。
3. 结合本专题案例，谈谈如何做好点面结合。
4. 研读采写手记，思考如何通过深入调研提高经济报道质量。
5. 高质量发展报道如何增强贴近性和可读性？

深化拓展论改革
——经济改革报道评析

党的十八届三中全会正式开启全面深化改革的新航程，我国全面深化改革进入新的历史阶段。讲好新一轮改革的故事，说透新一轮改革的意义，要求新闻工作者主动做好党的政策主张的传播者、时代风云的记录者、社会进步的推动者。在不断增强脚力、眼力、脑力、笔力的前提下，精心策划，深入采访，真正做到俯下身、沉下心、察实情，努力推出有思想、有温度、有品质的作品，为深化改革提供有力的舆论支持，营造良好的社会氛围。

一、案例概述

本专题重点推荐三个报道案例，围绕深化经济改革进程的策略与规划、态势与观念、成就与意义展开深度采访调研，体现出创作者的高度责任心与使命感。

【案例一】　　　　　　　　　　《将改革进行到底》[①]

案例全文

为迎接中国共产党第十九次全国代表大会召开，深入反映党的十八大以来全面深化改革的重要成就，在中共中央宣传部、中央全面深化改革领导小

---

① 作者：集体创作；刊播平台：中央电视台，2017年7月17—26日。

组办公室组织指导下,中央电视台推出这部大型政论专题片。

该片体大思精,是一部有思想、有温度、有品质的鸿篇巨制,共10集:《时代之问》《引领经济发展新常态》《人民民主新境界》《维护社会公平正义》《延续中华文脉》《守住绿水青山》《强军之路(上)》《强军之路(下)》《党的自我革新》《人民的获得感》。该片充分反映十八大以来以习近平同志为核心的党中央统筹推进"五位一体"总体布局,协调推进"四个全面"战略布局,扎实推进全面深化改革的伟大实践。该片从2017年7月17日开始,连续10天在中央电视台综合频道隆重播出,引起全国广大观众的普遍关注,社会反响强烈,"将改革进行到底"成为国内主要新闻传播平台发出的时代最强音。该片获得第十四届精神文明建设"五个一工程"特别奖。

图1 政论专题片《将改革进行到底》海报(中央广播电视总台 供图)

【案例二】 《不畏浮云遮望眼——透视当前中国经济基本面》①

案例全文

新华社刊发的这篇新闻通稿通过广泛采访业界专家和企业家,深度研究当年经济运行的信息与数据,形成对国内年度经济发展的基本判断,有效回

---

① 作者:陈炜伟、安蓓、何雨欣;刊播平台:新华社,2018年7月6日。

应社会有关国内经济发展的模糊认识。在中美贸易摩擦的背景下，新华社记者采写了这篇报道，有很强的针对性、时效性。

这篇通稿针对现实中存在的忧虑及外界“唱空”中国经济的杂音，以严谨科学的视野冷静看待当年经济短期数据升降之“形”，精准把握经济长期向好之“势”。立足大国经济特质及规律，回答了走势如何看、底气哪里来、前景怎么样等关乎中国经济发展的重要问题，清晰勾勒出中国经济韧性强、潜力大、后劲足的基本面。该作品内容权威、数据丰富、见地深刻，在错综复杂的经济形势下，为社会大众判断形势、读懂大局提供了一个具有说服力的文本，凸显主流媒体独特的舆论引导力、影响力。

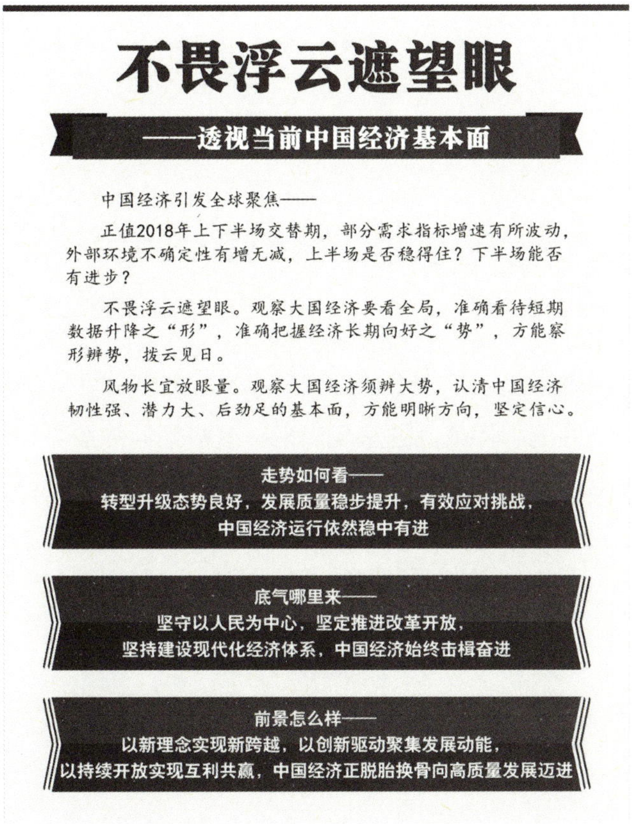
不畏浮云遮望眼

——透视当前中国经济基本面

中国经济引发全球聚焦——

正值2018年上下半场交替期，部分需求指标增速有所波动，外部环境不确定性有增无减，上半场是否稳得住？下半场能否有进步？

不畏浮云遮望眼。观察大国经济要看全局，准确看待短期数据升降之“形”，准确把握经济长期向好之“势”，方能察形辨势，拨云见日。

风物长宜放眼量。观察大国经济须辨大势，认清中国经济韧性强、潜力大、后劲足的基本面，方能明晰方向，坚定信心。

走势如何看——
转型升级态势良好，发展质量稳步提升，有效应对挑战，
中国经济运行依然稳中有进

底气哪里来——
坚守以人民为中心，坚定推进改革开放，
坚持建设现代化经济体系，中国经济始终击楫奋进

前景怎么样——
以新理念实现新跨越，以创新驱动聚集发展动能，
以持续开放实现互利共赢，中国经济正脱胎换骨向高质量发展迈进

图2 《不畏浮云遮望眼——透视当前中国经济基本面》截图（新华社　供图）

【案例三】 《对"私营经济离场论"这类蛊惑人心的奇谈怪论应高度警惕
——"两个毫不动摇"任何时候都不能偏废》[①]

案例全文

针对舆论场上质疑私营经济地位的杂音,经济日报及时推出这篇评论。40年前,党的十一届三中全会开启改革开放征程,逐步确立起公有制为主体、多种所有制经济共同发展的基本经济制度。党的十八大明确提出坚持"两个毫不动摇",即毫不动摇巩固和发展公有制经济,毫不动摇鼓励、支持、引导非公有制经济发展。这篇评论主要内容于2018年9月12日在新媒体平台先行发布,各大主流媒体和门户网站纷纷转发。随后,该报又相继刊发《坚定维护基本经济制度不动摇》《国企"接盘"民企并非"国进民退"》,对核心观点进行补充与强化。该系列报道有助于消弭"私营经济离场论"杂音的消极影响,产生了舆论引导的良好效果,获得第二十九届中国新闻奖一等奖。

二、专家评析

本专题的典型案例都是深入采访、精当选择、深度思考的新闻佳作,注重时度效,把经济社会中具有典型性与趋向性的事件或问题呈现出来。这些报道传播党和政府深化改革的思路与成就,营造有利于经济发展的舆论环境。

(一)记录时代风云,传播党的政策

1. 聚焦改革顶层设计

党的十八届三中全会通过《中共中央关于全面深化改革若干重大问题的决定》,涉及范围之广、力度之大,前所未有,是中国共产党改革理论与改革实践的又一重大突破。改革总目标是"完善和发展中国特色社会主义制度,推进国家治理体系和治理能力现代化",

---

① 作者:吕立勤;刊播平台:经济日报两微一端、中国经济网2018年9月12日,经济日报2018年9月13日。

新一轮改革丰富而深刻的含义集中凝聚在"全面"和"深化"四个字之中。大型政论专题片《将改革进行到底》正面触及这次深化改革的大擘画、大思路、大决策，发挥出电视政论节目的传播优势，逻辑清晰，思路通畅。具体而言，该作品调动电视片的叙述特点，将不同场景组接在一起，形成含蕴丰厚的语义场。

比如，在第一集《时代之问》中，场景一：（北京）2012年11月15日十八届中央政治局常委中外记者见面会，同期声给出习近平总书记的讲话："我们的责任，就是要团结带领全党、全国各族人民，接过历史的接力棒，继续为实现中华民族伟大复兴而努力奋斗。这个重大的责任，就是对人民的责任。人民对美好生活的向往，就是我们的奋斗目标。"接着引出解说词："这，是新一届中央最高领导层的首次公开集体亮相。这，是一份满载承诺的政治宣言。殷殷话语背后，一个惊艳世界的'中国故事'，正悄然萌动，徐徐开启……"在这里，电视片实际上阐述了新一轮全面改革的深层动因。场景二：（深圳莲花山公园）2012年12月8日，习近平刚刚就任中共中央总书记20多天，即前往深圳，开启了他履新后的第一次国内调研。在同期声中，习近平总书记说道："邓小平同志不愧为是中国改革开放的总设计师，不愧为是我们中国特色社会主义道路的开创者。"这就给出新一轮改革的思想渊源，生动形象地向广大观众喻示了新一轮改革的历史走向。

2. 紧扣改革关键元素

在展示深化改革取得的成就时，《将改革进行到底》始终紧扣改革进程中的关键元素。第二集《引领经济发展新常态》以"新常态"的全新理念贯穿全集，生动展现党中央带领全国人民，深化经济体制改革，回答对中国经济"怎么看""怎么干""干什么"等重大理论和现实问题，始终扣住处理好政府和市场关系这一核心，大力转变发展方式，奋力突破结构之困所取得的成效。其中以佛山陶瓷业为例，说明新理念带来了业态的显著变化。佛山陶瓷业曾一度占据全国60%以上的市场，但走的是高耗能、高污染、低价格、以量取胜的路子。在政府的引导下，佛山14家企业联合成立一家产业平台，集合业内顶级专家，为陶瓷生产制定108个原料标准和36个检测标准。标准推行几个月，产品优等率提高了三个百分点。在这一"点"转化的基础上，延展到"面"的巨变："不仅是佛山，220多种产品产量居世界第一的中国制造，正在这从'有'到'优'的供给侧大变革中，书写着转型升级的故事。"

该专题片还展现出经济新常态理念带来的光明前景。第六集《守住绿水青山》从"绿水青山就是金山银山"等重要论述出发，反映党中央全面推进生态文明体制改革以来取得的显著成就。其中提及青藏高原的三江源：39.5万平方公里的土地上，分布着众多的河流、湖泊、沼泽和冰川。它们是长江、黄河、澜沧江的发源地，每年向下游供应水资源达600亿立方米，被誉为"中华水塔"。随着环境污染治理的深入推进，三江源的环境得到显著改善，展现了"绿水青山"带来的社会和经济效益，给人以美好期待，新一轮改革的成效由此得到完满呈现。

（二）注重时度效，掌握主动权

1. 适时有度刊发评论，打好舆论主动仗

2018年9月，一篇网文宣称，私营经济已经初步完成了协助公有经济实现跨越式发展的重大阶段性历史重任。下一步，私营经济不宜继续盲目扩大，一种全新形态、更加集中、更加团结、更加规模化的公私混合制经济，将可能在社会主义市场经济的新发展中呈现越来越大的比重，理由是私营经济即非公有制经济"是没有纪律的，是没有深谋远虑的，是不足以面对日趋严峻的国际竞争的"。

针对这种错误观点，经济日报第一时间组织力量展开有力回应，时机把握精准。在中美贸易摩擦的背景下，外部环境发生明显变化，国内经济运行面临一些新问题新挑战，民营企业生存发展遇到不少阻力；中央各项扶持民营经济的政策在基层执行中还存在一些具体问题有待解决；网络舆论场上出现了似是而非的议论，在一定程度上扰乱了民营企业家对发展环境和发展预期的判断，甚至还出现了"国进民退"的担忧。正是在这种情境下，经济日报重磅评论及时传播权威声音，以正视听。

2. 援引权威证据，赢得舆论主导权

社会上的一些奇谈怪论之所以能蛊惑人心，是因为缺乏权威的声音。经济日报在论述过程中，引用具有指导性与权威性的材料予以回应。《对"私营经济离场论"这类蛊惑人心的奇谈怪论应高度警惕——"两个毫不动摇"任何时候都不能偏废》一文，结合近年来党和国家出台的保护、促进非公有制经济发展的一系列举措，指出：党和政府多次强调，要求将"两个毫不动摇"的方针体现到各项具体政策中，有力激发我国公有制经济和非公有制经济的活力，促进非公经济的健康发展。

《国企"接盘"民企并非"国进民退"》一文,则引用典型的事实与案例得出结论:"大量数据和事实都已充分表明,国有经济与民营经济之间并不存在此消彼长的相互排斥,更没有什么'国进民退'所谓'铁证',反而是更多民营企业充分利用资本市场并购重组,正在成为借势拓展的主角。"在权威表述与事实依据面前,"国进民退"的错误观点毫无立足之地。

(三)匡正认识误区,引导舆论走向

1. 以全局的视野,理性看待宏观经济运行

2018年中期,我国经济运行的部分指标出现了波动,加上国际环境不确定性增加,国外舆论场出现"唱空"中国经济发展的杂音、噪音。新华社有针对性地推出重磅报道《不畏浮云遮望眼——透视当前中国经济基本面》,从经济大省广东的平稳发展态势切入,对当时宏观经济状况作出有理有据的正确判断。2018年前5个月,广东省规模以上工业企业增加值同比增长6.9%,增幅同比提高0.1个百分点。电子信息业、电气机械和器材制造业、汽车制造业作为三大支柱产业,增加值增速均高于规模以上工业增加值增速。该报道依托真实可信的数据,阐述了2018年以来全国经济发展既有"稳"的局面,又有"进"的态势。"稳"的表现是:增长依然平稳、就业仍在扩大、通胀保持温和,"进"表现为结构更优、动能更新、效益更好。报道最后借助国家统计局新闻发言人之口,得出权威判断:"总的来看,国民经济运行继续保持稳中有进、稳中向好的发展态势",从而形成令人信服、不可撼动的结论。

2. 从发展的角度,阐述国内经济运行大势

新闻报道对事实的研判,不能拘泥于一时的状态,而应秉持发展的理念,也就是要准确把握报道对象的发展趋势,使整个新闻报道与事实的发展规律和发展趋势相吻合。《不畏浮云遮望眼——透视当前中国经济基本面》提出"观察大国经济须辨大势",从具体案例与整体趋向推导出我国经济发展的大势。记者首先选择温州眼镜行业的案例进行分析。2018年6月,温州眼镜行业欧美市场订单有下降的苗头,原因是国际贸易形势不确定性增大,进口商对欧美市场的消费预期开始下调。但是,温州眼镜行业对发展依然充满信心:一方面,国内眼镜行业正努力把握快时尚、平价化趋势,可以耕耘中国这个最大的市场;另一方面,国际金融危机爆发后,温州眼镜行业努力向中高端发展,现在行业质量升级已

经基本完成，下一步关键是实现品牌渠道升级。该案例有力说明了眼前挑战可以应对，未来可期。

关于经济发展的整体趋向，报道通过权威专家与职能部门的观察与推断予以揭示。PMI数据是观察经济运行的先行指标，2018年最新发布的6月份中国制造业PMI为51.5%，高于上半年均值0.2个百分点，并连续保持在荣枯线之上。国务院发展研究中心分析认为，中国经济平稳增长的态势不断巩固；国家发改委权威人士指出，年初以来我国经济稳定运行势头稳固，质量效益稳步提高，发展的稳定性、协调性、包容性、可持续性进一步增强。

这篇报道彰显出我国经济发展的底气来自党中央对经济工作的坚强领导，来自改革开放40年形成的坚实国力，来自党的十八大以来取得的历史性成就和变革，来自全国人民和各行各业的埋头苦干。这样的底气是保持经济发展良好势头的核心因素，报道提炼的观点具有很强的涵盖力与阐释力，成为点睛之笔，主题由此得到升华。

三、采写手记

做改革开放重要成果的坚定维护者
——《对"私营经济离场论"这类蛊惑人心的奇谈怪论应高度警惕
——"两个毫不动摇"任何时候都不能偏废》采写手记

回顾当时针对民营经济错误观点的舆论交锋，许多细节至今仍历历在目。

最初观察到的舆情变化，源于2018年9月12日一篇题为《私营经济已完成协助公有经济发展 应逐渐离场》的网文。它借助互联网迅速传播，导致舆情急剧发酵，引发网友疑惑猜忌。该文抛出的时间点非常敏感：从国际看，美国政府对中国关税施压步步紧逼，出口企业承受巨大压力；从国内看，有些部门和地方对党和国家鼓励、支持、引导民营企业发展的具体政策落实不到位，工作中存在一些偏差，令民营企业感到困惑。坚决反击针对民营经济的错误言论刻不容缓。查阅网上原文后，我们认定这种"奇葩"论调的实质，是逆改革开放潮流、开历史倒车的错误想法，违背中央重大决策部署和政策精神。报社编委会作出部署，开展舆论引导，以正视听。

当天傍晚，新媒体部率先以《经济日报批驳"私营经济离场论"：对这种蛊惑人心的奇葩论调应高度警惕！》为题在网上发起反击，以央媒角色亮明观点立场，引起网友强烈关注和热评。第二天，经济日报时评版头条又刊发了评论《对"私营经济离场论"这类蛊惑人心的奇谈怪论应高度警惕——"两个毫不动摇"任何时候都不能偏废》。经过网上和报纸传播，这篇评论赢得全社会广泛持续关注，引导人们看清党和政府坚定不移鼓励和支持非公经济发展的信心和决心。

针对与网文谬论遥相呼应、散布"新公私合营"论调的某些杂音，9月26日本报以《经济日报详解企业民主管理制度：别让网络"标题党"牵着鼻子走》和《经济日报："第二次公私合营"是某些"标题党"唯恐天下不乱》为题，再次通过新媒体部和中国经济网，在网上率先发声，形成舆论引导的合力。

10月14日，评论《国企在股市接盘民企能说明"国进民退"吗？》再度由新媒体部率先发到网上；10月18日，又以《国企"接盘"民企并非"国进民退"》为题在经济日报时评版头条刊发评论。文章从多个方面对资本市场有关动向作出有理有据的阐释和辨析，明确提出，当前既要及时有效解决好制约民营企业发展的突出矛盾，更要择机深化要素市场化配置改革，加快推进统一开放、竞争有序的市场体系建设，为广大民营企业提供更加宽松的政策环境，开辟更为广阔的市场空间。这些连续出击、步步深入的系列评论，有力回击错误言论，形成强大舆论声势，营造了良好的舆论环境。

作为经济领域的主流媒体，我们尽职尽责，及时有力引导社会舆论，为促进民营经济健康发展、维护改革开放重要成果发挥了应有的作用。

（经济日报　吕立勤）

四、延伸阅读

人民网和中国共产党新闻网共同推出的"'十三五'特别策划·总书记关心的这些事"，从2020年10月起，以图解形式刊发报道，包括《这五年，就业门路更宽广》《这五年，粮食安全更稳固》《这五年，扶贫产业更兴旺》等文章，从就业、粮食安全、教育、科技创新等方面，视觉化呈现"十三五"时期我国经济社会建设成就，传播效果良好。

经济日报于2021年1月中旬推出重磅报道《践行习近平新时代中国特色社会主义经济思想的典型——对广东佛山的调查与思考》，聚焦广东佛山市经济发展特别是制造业发展状况，策划周密、调研深入，前后历时两个多月，具有很强的理论性、指导性和针对性。该组报道还配发了《做好当前经济工作的根本遵循》《坚定守护壮大实体经济这个命脉》《怎样从讲政治的高度做经济工作》三篇评论员文章，从不同角度切入，抽丝剥茧，把"典型"背后的经验上升到方法论的高度，对于当前贯彻落实中央各项经济决策部署，具有针对性和示范作用。

光明日报于2017年5月10日推出"农业供给侧结构性改革湘赣调研行"系列报道，聚焦农村新产业新业态蓬勃发展。三篇报道分别从农业生产、农村非遗、农民收入等多个角度展开，对乡村振兴的产业发展、文化复兴等问题进行生动阐释。稿件有高度、有温度，既揭示农业供给侧改革的问题，也报道农村文化建设的风貌，引发较大社会反响。

延伸阅读

五、思考与讨论

1. 分析政论专题片《将改革进行到底》的创作特点。
2. 结合典型案例，谈谈经济改革报道如何把握和解读政策。
3. 经济报道需要怎样的专业素质和专业能力？
4. 结合采写手记，阐述如何有针对性地做好舆论引导。
5. 如何综合运用多种题材增强经济报道的吸引力、感染力？

以人民为中心篇

讲好人民民主的故事
—— 坚持执政为民理念报道评析

吹响攻坚克难号角
—— 决战脱贫攻坚系列报道评析

礼赞追求幸福的动人诗篇
—— 创造美好生活系列报道评析

讲好人民民主的故事
——坚持执政为民理念报道评析

密切联系群众是中国共产党的优良传统,执政为民是中国共产党初心不改的执政理念。中国共产党根基在人民,血脉在人民,力量在人民。新闻媒体作为党和人民的耳目喉舌,必须坚持以人民为中心,坚持人民至上的理念,将其贯穿到新闻工作的各个环节,作为检验工作成效的根本标准。在这一理念引领指导下,近年来各级各类媒体推出一大批鲜活生动的优秀新闻作品,反映人民根本利益、产生良好社会效果。

一、案例概述

本专题重点推荐四个报道案例,涵盖多种形态,体现出在贯彻执政为民理念的生动实践中新闻媒体把人民群众作为报道主体的探索与创新。

【案例一】 《和人民在一起》[①]

案例全文

这是中央广播电视总台推出的系列时政微视频作品,通过央视新闻客户端发布。该作品共分为四集,展现2020年以来习近平总书记在云南、湖北、广东、湖南实地考察时与老百姓的亲切互动,分别以"阿佤新歌""东湖春暖""粤来粤好""三湘育才"为主题,通过个体小切口反映民生建设大视角,将人民的红火日子娓娓道来。从群众中来,到群众中去,是中国共产党的基因本色。从革命年代一路走来,党和人民同呼吸共命运,开辟出幸福生活的康庄大道,支撑起中华民族的光明未来。作品通过回访的形式,展现了中国人民乐观向上的精神风貌、社会发展欣欣向荣的时代风采,是新时代建设扎实有力的影像注脚,充分阐释"江山就是人民,人民就是江山"的重要理念。

图1 总台记者回访广东(中央广播电视总台 供图)

[①] 作者:中央广播电视总台新闻新媒体中心集体创作;刊播平台:央视新闻客户端,2021年1月18—31日。

【案例二】 《"始终同人民想在一起、干在一起" ——中国共产党率领亿万人民实现中国梦的政治本色与力量源泉》①

案例全文

新华社2017年刊发的这篇重头稿件，紧紧围绕"中国共产党为什么能""中国特色社会主义为什么行""中国梦为什么一定能实现"三个主题展开，气势恢宏，立意高远，具有思想深度、历史跨度、时代高度。全篇以几十个生动鲜活的案例串联起近万字的报道，记录反腐、民生改善、刑事诉讼制度改革、精准扶贫等国家治理的伟大历史成就，以纵贯党史、对比中外的故事，生动表达了"人民"始终处于党中央治国理政的中心位置，始终贯穿于一系列重大战略举措、重大方针政策、重大工作中，展现出中国共产党与民同进的初心和使命。

【案例三】 《全过程人民民主的生动实践——走进基层立法联系点》②

案例全文

2022年全国两会前夕，人民日报刊发《全过程人民民主的生动实践——走进基层立法联系点》一文。采访过程中，记者赶赴浙江、江苏、上海等地基层一线，在半个多月的时间里，通过蹲点调研、广泛走访的方式，取得第一手和独家的新闻素材，使报道中的故事细致、生动、鲜活，具有代表性。

记者深入采访浙江义乌、江苏昆山、上海虹桥等数个全国人大常委会法工委基层立法联系点，报道普通群众参与国家立法的具体故事，展现国家立法机关听取基层群众原汁原味意见建议及汇聚民智、凝聚民心的完整过程，彰显立法由人民参与、法律由人民制定原则的生动实践。

---

① 作者：集体创作；刊播平台：新华社，2017年10月11日。
② 作者：金歆、楼晨皓；刊播平台：人民日报，2022年3月3日。

【案例四】《人民代表大会制度是实现我国全过程人民民主的重要制度载体》[①]

案例全文

　　人民日报于2021年11月15日发表的这篇文章，阐述了全过程人民民主的特点和优势、与人民代表大会制度的内在关系等人们关切的问题。文章从全过程人民民主的制度设计入手，夹叙夹议，深入浅出。从人民当家作主制度体系、民主渠道、政治权利自由等方面阐释社会主义民主"全过程"的鲜明特征；从选举到立法、监督，再到人大的日常工作，讲清楚人民代表大会制度在制度设计和实践运行中如何体现、保障全过程人民民主。文章提出，全过程人民民主是人民代表大会制度设计和安排的一条主线，生动阐明我国根本政治制度与全过程人民民主之间的内在关系，展示出我国社会主义民主的鲜明特点和显著优势。

二、专家评析

　　在我国新闻实践中，媒体作为党和人民的耳目喉舌，架起一道道社会沟通的桥梁，成为社会主义事业的重要推动者和建设者。讲好人民民主故事，要求媒体在新闻实践中坚持人民至上的报道理念，正确体现全过程人民民主的科学内涵与鲜明本色。具体来说，就是要把握执政为民理念阐释的准确性、展现执政为民实践过程的实效性、注重执政为民报道形式的生动性。

（一）把握执政为民理念阐释的准确性

　　人民民主是社会主义的生命。中国共产党把为中国人民谋幸福、为中华民族谋复兴作为初心使命，创造性地把马克思主义基本原理同中国具体实际相结合、同中华优秀传统文化相结合，对建立新型人民民主制度进行长期探索和实践，形成了具有科学内涵和深厚逻辑的中国特色社会主义民主理论。执政为民是党坚持为人民服务理念的必然要求，全过程

[①] 作者：信春鹰；刊播平台：人民日报，2021年11月15日。

人民民主是践行执政为民的具体形式。实践证明，全过程人民民主是维护人民根本利益的最广泛、最真实、最管用的民主。把握执政为民理论内涵的准确性，充分呈现人民民主的全面性、连贯性、科学性，是我国新闻实践的历史使命和时代担当。

坚持正确政治方向。新闻工作者要将新闻舆论工作视为国家治理与社会主义现代化建设的有机组成部分，通过科学、合理、有效的新闻实践促进社会良性沟通，畅通党群关系，将党执政为民的理念充分传达给群众。在这个过程中，新闻工作者要准确把握党和国家战略、方针、政策的精神实质，坚持以正面宣传为主的报道方针，做好答疑解惑，凝聚社会共识。人民日报的理论文章《人民代表大会制度是实现我国全过程人民民主的重要制度载体》，以事实准确、逻辑鲜明的笔触深入阐释社会主义民主"全过程"的鲜明特征，条分缕析梳理全过程人民民主的理论内涵，从现实制度出发，以平白易懂的文字回应人民群众关切的理论问题。

牢固树立以人民为中心的工作导向。新闻工作者要秉持"裤腿上沾满泥巴"的求真求实求深精神，深入基层了解民情民意，在新闻采写的过程中切实感受人民民主的精神内核和实践脉络，才能在新闻写作过程中发挥真实与真情的力量，写出有说服力的文章。人民日报刊发的《全过程人民民主的生动实践——走进基层立法联系点》，充分体现全过程人民民主在基层的落地落实。记者通过走访调研浙江义乌、江苏昆山、上海虹桥等数个全国人大常委会法工委基层立法联系点，以翔实的案例、具体的故事生动地阐释全过程人民民主的内涵，体现社会主义民主政治焕发的勃勃生机。

吃透党的理论、政策和精神，深入浅出向群众阐明中国特色社会主义民主制度的合理性、科学性和必然性。从理论体系发展的历史维度来看，中国特色社会主义已经在道路建设、理论建设、制度建设、文化建设等方面积累了丰硕成果，取得了显著成绩。传播中国特色社会主义理论体系，要将深刻、厚重的理论资源转化为简明易懂的语言与生动活泼的故事，让广大人民群众易于理解接受并转化为实践行动。新华社刊发的通稿《"始终同人民想在一起、干在一起"——中国共产党率领亿万人民实现中国梦的政治本色与力量源泉》，表现出作者深厚的理论功底和文化素养，通过几十个生动鲜活的案例，展示百年来在中国共产党带领下的革命、建设和改革历程，气势恢宏地阐明了"中国共产党为什么能""中国特色社会主义为什么行""中国梦为什么一定能实现"三大历史主题。

（二）展现执政为民实践过程的实效性

马克思强调，全部社会生活在本质上是实践的[①]，人应该在实践中证明自己思维的真理性[②]。执政为民要有实效才能证明其科学性，人民群众要看到执政为民的实效，才能信服党为人民服务的根本追求。在这个过程中，新闻媒体要在报道中把握技巧、突出重点，体现执政为民实践过程的实效性。新闻工作者要在新闻实践中体现人民意志、保障人民权益、激发人民创造活力，以人民为中心，抓好重点工作；要在新闻报道中以全过程人民民主的生动实践充分体现党的重大战略举措、重要方针政策和重点工作内容同人民群众的密切联系，以人民群众的获得感作为执政为民实践成效的重要标尺。

抓住社会共同关切的民生建设热点，展现民生建设成果。这要求新闻工作者"愿说、会说、敢说"。"愿说"指的是要围绕民生建设大局，将党和国家的政策及时、准确地传递给人民，充分回应群众关心的热点问题。"会说"指的是媒体能够在报道中全面、充分地展现民生建设成果，切实体现民生工作成效。"敢说"指的是当民生工作遭到质疑时，勇于担当，提出真知灼见，推动问题得到解决。新闻媒体要积极推动政务公开、回应现实关切。中央广播电视总台推出的系列时政微视频《和人民在一起》，展现了2020年以来习近平总书记在云南、湖北、广东、湖南等地考察时的情形，充分描绘人民的红火日子，展示基层民生建设成果。

通过具体举措充分展现社会主义民主的代表性和广泛性。在新闻报道中，要注重报道平衡，反映各地、各族人民对全过程人民民主的共识，增强中华民族的身份认同。《和人民在一起》的每一集微视频，取景地各具特色，很好地兼顾了地域性和民族性。报道分别以"阿佤新歌""东湖春暖""粤来粤好""三湘育才"为主题，展现佤族的风土人情、英雄城市武汉的精神风貌、悠久的侨批文化和湖南源远流长的教育历史；展示各族、各地人民在发扬社会主义民主过程中的充分参与和美好生活。

增强报道的现实感、感召力，以优秀的报道鼓舞人心、凝聚力量。《"始终同人民想在一起、干在一起"——中国共产党率领亿万人民实现中国梦的政治本色与力量源泉》一文，将国家治理中的伟大历史成就融入十余个现实情境之中，感染力说服力强，充分阐明执政为民的实践过程。这篇报道引导广大干部群众深入学习领会全过程人民民主的内涵和

[①]《马克思恩格斯文集》第1卷，人民出版社2009年版，第501页。
[②]《马克思恩格斯文集》第1卷，人民出版社2009年版，第500页。

要义,全面认识社会主义民主优越性,增强对中国特色社会主义制度的自信,坚定走中国特色社会主义发展道路的决心。这是一篇生动阐释全过程人民民主的力作。

（三）注重执政为民报道形式的生动性

传播效果是衡量党的新闻舆论工作的最终标尺,只有真正使群众入耳、入脑、入心,才能有效发挥正向的舆论引导作用。新闻工作不仅要有为人民服务的大局站位、以人民为中心的报道视角,更要把握群众的接受特点,利用多种方法提升新闻报道的生动性。具体来说,新闻报道应该具备平易近人的内容、令人喜闻乐见的形式,善于以群众之口说出群众心声。

在报道技巧上,媒体要采用平和的语言、亲和的内容,贴合群众兴趣。《和人民在一起》系列时政微视频,就是媒体融合过程中既有正确政治站位,又有优质新闻内容,兼顾良好传播形式的成功之作。该系列视频每集5~6分钟,通过央视新闻客户端发布,以老百姓的第一视角展开叙述,通过生活小切口展现国家大发展,体现出中国人民乐观向上的精神风貌和蓬勃奋发的时代风采。这种报道风格能增强报道的趣味性和可读性,吸引受众的注意力,入耳、入脑、入心,让人民真正体会执政为民的实效,使党的方针政策更加得到人民的拥护和支持。

在报道对象上,要善于把握群众视角、表达群众心声、呼应群众关切。在网络时代,互联网成为民意表达的重要平台。媒体要充分展示党政部门运用网络平台主动倾听群众呼声的成功经验。《全过程人民民主的生动实践——走进基层立法联系点》便展现了网络时代国家最高立法机关与基层群众的紧密联系:来自江苏昆山一所中等专业学校的老师,在网上为家庭教育促进法草案建言献策,最终被吸纳为正式条款;上海虹桥一场反垄断法修正草案的征询座谈会,通过"直播立法、联动立法"的形式,全国人大常委会法工委经济法室相关负责人直接回应与会代表发言,实现各方面代表的多级互动。

是否注重执政为民报道形式的生动性,是对新闻媒体报道理念、业务能力的实际考察,体现了新闻工作者能否创造性地实践马克思主义新闻观的要求,也体现了新闻媒体能否有效承担社会责任、畅通党群沟通渠道。新闻工作者要具备深厚的理论基础、过硬的业务素养和为人民服务的理想追求,才能在深入群众、深入实际、深入基层的过程中写出更多有内涵、有思想、有价值的新闻作品。

三、采写手记

用权威声音阐释好重大理念
——《人民代表大会制度是实现我国全过程人民民主的重要制度载体》编写手记

2021年10月,习近平总书记在中央人大工作会议上的重要讲话中,专门就全过程人民民主做了深入阐述,进一步丰富了社会主义民主理论的内涵,指明了发展中国特色社会主义民主的前进方向,引起全社会高度关注。

如何深入理解全过程人民民主,深入认识其特点和优势,及其与人民代表大会制度的关系,需要及时回应和解答;而且全过程人民民主作为一个重要的政治理念,最好由权威部门的权威作者来阐释。我们约请时任全国人大常委会副秘书长信春鹰撰写此文,编辑刊发后,成为了解全过程人民民主必读必看的文章。

文章撰写前,编辑就文章策划背景、要求等与作者进行充分沟通,把策划要求和作者思路有机结合起来。进入编辑流程后,责任编辑对文中的重要提法、事实、数据等一一进行认真核校,比如党的十八大以来向社会公开征求意见的法律草案数量等,在尊重文章本身逻辑架构基础上进行一些必要的补充。文中有不少民主政治领域的专业术语、法律条文等,涉及大量细节,比如"权利"与"权力"的区别,特定语境下用"人大"的简称还是用"人民代表大会"的全称,是用"原则"还是"理念"等,编辑查阅专业资料、仔细斟酌。文章完成编辑后,又请作者本人对文章再次审阅把关,确保文章的准确和权威。

全过程人民民主是内涵十分丰富的重大政治理念。作者信春鹰曾长期在中国社科院法学研究所工作,获得过"全国十大杰出中青年法学家"称号,曾在中央政治局集体学习上作讲解,是阐释这一问题的权威作者。

为把握宣传时效、增强传播效果,我们联合新媒体部门制作了政论微视频、图文产品等,于文章刊发前后推出。根据文章内容,制作推出《一个国家民主不民主,怎么看》的可视化图文产品,把习近平总书记提出的评价一个国家民主不民主"四个要看、四个更要看"标准,以简洁直观的形式表现出来，使广大网友能够"读图明理"；制作推出《为了人民当家作主》《刻度上的中国人大》《全过程人民民主是怎样的民主》微视频，把文章内容转化为鲜活的形象、丰富的素材、生动的故事，展现人民代表大会制度的发展历程，彰显全过程人民民主的实践伟力。这些微视频以新颖的形式、震撼的效果引发网友广泛好评，全网浏览量超1亿。

这篇文章论证有力、说服性强，具有鲜明的理论品格和现实关切，有助于推动全过程人民民主重要理念向深里走、向实里走、向心里走，为人民增强对我国全过程人民民主的认识理解，提供了权威的理论支撑和有力的舆论支持。

（人民日报 曹平、何民捷）

四、延伸阅读

中央广播电视总台于2019年3月3-14日推出11期《两会有啥事，我们帮你问》系列融媒体特别节目，呈现101个网友提问、95个自拍视频和84位代表委员的问题解答。节目聚焦"美好生活""生态文明""脱贫攻坚""为民办事"等方面，直接架起了网友民生问题征集与代表委员回答之间的桥梁，让广大群众更直接、方便地参与两会这一国家政治大事。例如3月4日，针对网友提出的"合肥幼儿园就近入园难"问题，视频连线正在做客《央广会客厅》的嘉宾——全国人大代表、安徽省合肥市市长为网友答疑解惑，提出解决方案，首次实现了央视央广双演播室同步直播，体现了新闻媒体在坚持执政为民理念报道过程中，注重报道实践的实效性和报道形式的生动性。

人民日报于2020年5月23日推出3D动画融媒体作品《当哪吒遇上民法典》，将中国神话人物哪吒作为主人公，以"独家招式泄密记""高空坠物伤人记""贷款购物被套记""离婚冷静和好记"四个小章节，生动呈现民法典的相关内容。作品将与人民群众生活息息相关的法律知识，以灵动有趣的形式传播和普及，体现了执政为民的报道理念。

山东广播电视台综合广播于2018年4月1日推出访谈节目《总书记点赞的两位村书记共话乡村振兴》，邀请到习近平总书记在参加十三届全国人大一次会议山东省代表团审议时点赞的两位村党委书记，由他们通过回忆亲身经历、总结经验，讲述乡村振兴的思考和心得，以基层视角展现了社会主义民主的生动实践。节目播出时，5万多受众参与在线直播，引发强烈反响。

羊城晚报于2019年12月24日发表文章《告别"同命不同价"！》，率先发布了广东省将在2020年元旦后试行人身损害赔偿统一按城镇居民标准计算的重大消息，意味着广东城乡"同命不同价"的现象走向终结。羊城晚报第一时间将消弭城乡差异的重大进展向全社会公布，体现出新闻媒体坚持执政为民报道理念的自觉担当。

延伸阅读

五、思考与讨论

1. 《和人民在一起》这一案例是如何体现执政为民理念的？
2. 围绕本专题案例，谈谈新闻报道如何准确阐释全过程人民民主理念。
3. 结合全过程人民民主的鲜活事例，谈谈如何做好相关新闻报道。
4. 阅读采写手记，谈谈你对全过程人民民主的理解。
5. 结合《民法典》的实施与宣传，设计一个报道策划方案。

吹响攻坚克难号角
——决战脱贫攻坚系列报道评析

　　脱贫攻坚事关全面建成小康社会，事关人民福祉，事关巩固党的执政基础，事关国家长治久安。打赢脱贫攻坚战，是体现中国特色社会主义制度优越性的重要标志。全面真实展现中国脱贫攻坚的历程，是媒体的责任与使命。在决战脱贫攻坚的伟大历程中，新闻媒体坚持正确舆论导向，全面宣传我国扶贫事业取得的辉煌成就，准确解读党和政府扶贫开发的决策部署、政策举措，生动报道各地区各部门精准扶贫、精准脱贫的丰富实践和先进典型，见证和记录贫困地区脱贫攻坚工作取得的重大成就，推出一大批有温度、有情怀的感人报道。

一、案例概述

　　本专题重点推荐的四个报道案例，记录一个个鲜活的脱贫故事，展现中国人民决战脱贫攻坚的艰苦努力和历史成就，是新闻从业者坚持以人民为中心工作导向的具体实践。

【案例一】 《"悬崖村"扶贫纪事》①

案例全文

四川省凉山彝族自治州阿土列尔村是一个位于悬崖上的村子。当年,要进村就只有攀爬800米高的悬崖,普通人来回一趟要走10个小时。为真实记录这里的变化,央视记者和驻村"第一书记"一起克服恐高,冒着生命危险在悬崖上跟踪拍摄,完整记录从"第一书记"第一次爬悬崖进村开始,面对语言和习俗隔阂等困难,反复讨论、研究扶贫之路,到最终带领彝族老乡们走上脱贫之路的生动故事。这里不仅是脱贫攻坚战中最难啃的硬骨头之一,也是全世界关注的中国扶贫焦点,央视记者选择"悬崖村"这样极具代表性的地方报道扶贫攻坚的生动实践,有着深刻的历史和现实意义。

图1 原央视四川记者站记者第一次爬藤梯进入"悬崖村"(中央广播电视总台 供图)

图2 原央视四川记者站党支部在刚建成的"悬崖村"钢梯上合影(中央广播电视总台 供图)

---

① 作者:朱兴建等;刊播平台:中央电视台,2016年5月25—27日。

【案例二】 《十八洞村这五年》①

案例全文

  2013年11月3日，习近平总书记考察湖南十八洞村时提出"精准扶贫"重要论述，在这之后的五年时间里，湖南卫视主创人员持续关注十八洞村在脱贫路上经历的各种探索、坎坷、思考、实践，用镜头记录十八洞村发生的点点滴滴变化，生动体现扶贫工作的酸甜苦辣、艰辛曲折。主创人员围绕十八洞村干部群众在扶贫工作队的带领下，凝聚人心、选定产业、破解资金难题，实现脱贫攻坚的实践，用时间长度换取观察深度，诠释十八洞村脱贫的典型意义，产生了良好的示范和带动作用。

【案例三】 《老郭脱贫记》②

案例全文

  2016年，人民日报采编人员从20多个贫困户线索中发现了河南省新乡农民郭祖彬的与众不同。有的贫困户为了"吃低保"争得面红耳赤，被称为"老郭"的郭祖彬却总想把机会让出去，他坚信脱贫靠劳动，拒绝躺在政策"温床"上。老郭原本不穷，但无奈因病致贫，国家精准扶贫为他兜底，他却主动辞去公益岗专心投入产业扶贫项目，最终实现自主致富。这篇报道以简练而接地气的笔触，呈现了一个鲜活的脱贫故事，展现在精准脱贫政策引领下，我国农民踏实勤奋、坚韧不拔的精神面貌。

---

① 作者：赵坤现等；刊播平台：湖南卫视，2018年11月3日。
② 作者：马跃峰；刊播平台：人民日报，2016年12月25日。

【案例四】 《我是188万分之一》[①]

案例全文

2019年12月23日,贵州省经济工作会议宣布188万人易地搬迁任务全面完成。贵州卫视随即推出《我是188万分之一》系列报道,选取青少年、老人、返乡创业者、基层干部中有代表性的人物跟踪拍摄,通过采访对象自述和现场报道,最大限度还原搬迁群众的真实生活,反映出易地搬迁中就业保障、扶贫兜底、产业扶持等各方面的工作成效,全方位展现让群众搬得出、稳得住、能致富的扶贫举措,真实感人。

二、专家评析

社会主义新闻事业的成功经验证明,好的新闻报道,要靠好的作风文风来完成,要靠"四力"——脚力、眼力、脑力、笔力得来。新闻工作者要深入基层,注重体验和调查,把实践和基层作为最好的课堂,培养自身的观察力、判断力、辨别力,能够见人之所未见;要勤学多思、勇于求索,既有判别形势的能力,又有通观大局、面向未来的视野;要紧跟新时代的步伐,创新传播方式和话语方式,以巧妙的叙事和接地气的语言写出有吸引力和感染力的新闻。做好脱贫攻坚报道,要在增强"四力"的基础上做到以小见大、以下见上、以情见理,有力展现脱贫攻坚工作的重大历史意义,突出人民群众的获得感、幸福感,引导全国人民投身于中华民族伟大复兴的具体实践。

(一)用鲜活案例展现时代变迁

从本专题优秀的脱贫攻坚报道作品可以看出,好新闻不是凭空想出来的,而是新闻记者用脚板"写"出来的,是新闻记者深入生活、深入群众发掘出来的。只有真正走到脱贫工作的现场,看到贫困群众的生活变化,听到贫困群众的呼声,才能写出真实、令人信服的报道。比如中央电视台制作的《"悬崖村"扶贫纪事》,就来自记者"明知山无路,偏向

[①] 作者:齐金蓉等;刊播平台:贵州卫视,2019年12月24日。

山上行"的亲身实践。阿土列尔村是一个位于悬崖上的贫困村庄,要进村就必须攀爬800米高的悬崖,普通人来回一趟要走10个小时。为了真实记录下这里发生的深刻变化,央视记者和驻村"第一书记"一起克服恐高,冒着生命危险在悬崖上跟踪拍摄,完整记录"第一书记"爬崖进村、打破隔阂、带领彝族老乡脱贫的故事。记者多次攀爬往返"悬崖村",与村民同吃同住,走访多个部门,从前期调研、拍摄,到节目最后播出,前后花了近6个月的时间,真实展现当地扶贫工作的困难和成就。再如湖南卫视《午间新闻》推出的特稿《十八洞村这五年》,主创人员无论酷暑严寒,5年来一直坚持用镜头记录十八洞村发生的点滴变化,用真实影像生动完整地讲述当地干部群众在扶贫工作队的带领下,凝聚人心、选定产业、破解资金难题、实现脱贫的曲折故事。

在基层,心里才有群众;在现场,心里才有感动。决战脱贫攻坚系列报道的主角都是普通百姓和基层干部,要做出有质感的新闻,写出有温情、打动人的好作品,就必须真正与他们密切接触,亲眼看到他们做的事,亲身体验他们的生活,把群众当作最好的老师,俯下身、沉下心、察实情、说实话、动真情,不能悬在半空、浮在表面。只有深入群众之中,才能密切联系群众、相信群众、尊重群众和依靠群众,切实走好新时代的群众路线。上述脱贫攻坚优秀报道充分说明,人民才是新闻的主角,依靠人民是新闻实践的基础,维护人民利益是新闻实践的最终目标。正是从一个个小人物的生活中,我们看到整个时代的面貌。

(二)用有温度的报道诠释发展道路

新闻工作者要坚持以正面宣传为主的基本原则,新闻报道要有面向未来的视野,不仅关注当下的事实,还要思考未来的发展趋势。新闻工作者要细致、真实地展示我国脱贫攻坚工作中遇到的实际困难和挑战,展示人民群众在党组织带领下积极探索、克服万难最终摆脱贫困的坚毅和智慧。通过脱贫攻坚的报道,展现中国发展道路的正确性。

易地搬迁是精准扶贫工作的重要组成部分,也是世界减贫史上的壮举。贵州卫视的《我是188万分之一》系列报道没有特意强调贵州扶贫搬迁的规模之大、难度之大和成就之大,而是将重点放在贫困群众搬迁之后的生活上。通过采访对象真情实感的自述,展现贫困群众搬迁后发生的可喜变化,并提出了一些新问题。如采访对象小学生文家秀搬到新家后,虽然生活条件得到显著改善,但还缺少常年在外地打工的父母的陪伴,这就引发人们探讨留守儿童和搬迁户的就业安置等问题。报道用事实真切展现让群众搬得出、稳得住、能致富的扶贫举措，不仅为全国各地解决易地扶贫搬迁现实问题提供了借鉴，也为做好易地扶贫搬迁"后半篇文章"营造了良好舆论氛围。湖南卫视《十八洞村这五年》记录十八洞村的脱贫历程和真实故事，有力证明十八洞村的脱贫不是"掺风景、造盆景"，而是用自己的智慧和劳动走出一条成功的脱贫道路，成为可复制、可推广的典型案例。

在中央电视台推出的《"悬崖村"扶贫纪事》中，"悬崖村"的行路难只是新闻的表象，扶贫攻坚才是新闻报道关注的焦点。从报道中可以看到，"悬崖村"行路艰险，已经严重影响到村民的出行安全。要修路，成本太高，短期内不现实；要搬迁，有比"悬崖村"海拔更高、种植条件更差的村子更为急迫。但是，村民脱贫的愿望等不起了，当地扶贫干部要探索更现实更快速的脱贫道路。扶贫干部们提出成立养羊合作社，耐心讲解后，这一倡导得到了村民的理解和接受。面对困难，扶贫干部从不逃避，而是积极探索解决困难的方法。央视记者通过客观报道，访真贫、问真苦，真实记录脱贫攻坚过程中基层党员干部与群众的艰辛和不易。

这些优秀的报道，让人们认识到，脱贫攻坚虽然面临各种挑战，但我们攻克难关的脚步从未停止。脱贫攻坚是党领导人民实现共同富裕的必经之路，是中国特色社会主义制度鲜明人民性的体现。在脱贫攻坚报道中，新闻工作者要自觉充当政府与群众之间沟通的桥梁，以正确而有效的方式引导舆论，用真实的力量引导人民群众正确认识脱贫攻坚的必要性和走实现共同富裕道路的正确性。

（三）用平实语言让群众喜闻乐见

会讲故事是记者的基本素质，挖掘新闻事实中的故事要素，探索新闻叙事模式的创新，应该成为记者的自觉追求。新闻工作者在实践中要坚持以人民为中心的工作导向，少一些结论和概念、多一些事实和分析，少一些空泛说教、多一些真情实感，少一些抽象道理、多一些鲜活事例，才能推出让人民喜闻乐见、有温度的新闻报道。

人民日报的《老郭脱贫记》以简洁明快的节奏展现了贫困户老郭"原来不穷—因病致贫—国家扶贫—自主致富—最终脱贫"的鲜活故事，可读性强，感人至深。这篇报道不回避矛盾，写到村支书呼吁铲麦子种药材，老郭第一个报名，但老郭的老伴儿着急："万一出不来苗，地黄收不着，麦子也毁了。"村支书也担心："万一种不成，咋有脸见乡亲？"

报道中，老郭的坚持与老伴儿担心失败的冲突、村支书的倡导与贫困户观望的矛盾，真实可信。

记者不仅要报道群众关注的问题和事实，还要善于用群众语言进行报道。空话套话不但不能吸引读者，还会引起舆论反感，损害媒体公信力。《老郭脱贫记》在叙事过程中非常注重语言的口语化、生活化、趣味化。比如，乡邻们忧心地说："老郭脱贫——猴年马月的事！"老郭说："村支书一心为咱，能把你带到沟里？"这些语言带着浓厚的泥土味儿，是真正的老百姓语言。新闻语言应当是群众能够理解并喜爱的，充满亲和力、感染力，这是新闻报道走群众路线的直接表现。新闻工作者要掌握和运用群众的丰富语言，就要下基层，同百姓唠嗑，听百姓说说家常话，感受普通百姓的生活，使自己的思想情感与百姓相融。在新闻工作中，记者还要善于把文件语言和学术概念转换成易读易懂的群众语言，善于捕捉富有个性、特色鲜明的词汇，以简洁平实、通俗明白的话语风格写出人民群众喜闻乐见的报道。

三、采写手记

明知山无路　偏向山上行
——《"悬崖村"扶贫纪事》采写手记

从第一次爬上悬崖的那一刻开始，"悬崖村"就有让我抑制不住的采访冲动。从2015年12月前期踩点、调研到2016年5月节目播出，前后经历近半年时间，我们在村里和村民同吃同住拍摄的时间近20天，6个人的前方拍摄团队多次上下"悬崖村"，在四川省昭觉县采访时间近50天。在此期间，我们还走访国务院扶贫办、四川省扶贫移民局、四川省发改委、凉山彝族自治州政府等多个政府机关、部门，采访了大量干部、专家、学者，深入调研贫困的原因、暴露出的问题、解决的办法和未来的规划。

经过前期三个月的踩点、调研、拍摄，然后是三个月组稿、编辑和节目后期制作，我们三易其稿。近些年国内外很多媒体都关注过四川大凉山的贫困现象，我们也希望有更多的人来关注贫困人口、关注脱贫攻坚，提出更多意见来助力脱贫。记者的情怀决定报道的视角和眼界，媒体做几篇报道容易，基层干部带领村民脱贫却不易。

节目在央视新闻频道《朝闻天下》栏目首播后受到广泛关注。就如同我给这组报道开篇取的标题一样，"明知山无路，偏向山上行"，这也是我们的职责所在。其实屏幕上播出的内容仅仅是我们全部拍摄的一部分，由于受时段和时长的限制，还有一些镜头和情节并未能完全展示出来。比如"悬崖村"群众把自己的银行卡交给驻村干部去取钱买羊，驻村干部拿着上百张银行卡连夜下山，由于担心去柜台办理时间太长影响其他客户，县公安局专门派出民警，跟随驻村干部一个提款机一个提款机地挨个取钱。取了钱的当晚，驻村干部和民警七八个人互相监督，睡在一间屋里，由驻村干部紧紧抱着近百万现钞睡觉，确保扶贫款的安全。诸如此类的故事我们还记录了很多。"悬崖村"的路是表象，扶贫才是内涵。如果除了路之外其他的信息观众都看不着，如果镜头里只有苦与难，却看不到困境中基层干部群众的勇气与努力，就不是一篇全面客观的报道。

最令我难忘的是在2021年3月，四川省凉山彝族自治州昭觉县完成了乡镇村区划调整，原昭觉县支尔莫乡和甘多洛古乡、龙沟乡、且莫乡合并为昭觉县古里镇，原支尔莫乡阿土列尔村、说注村和来洛村的来洛社、古则社合并成立昭觉县古里镇"悬崖村"，把"悬崖村"作为一个品牌来使用，助力乡村振兴。曾经的阿土列尔村，进村没有一条像样的路，4公里山路上有13处几乎垂直的峭壁，老乡们用藤条和木头编成梯子，就成了路。2017年，村里修通了2556级钢梯，进出村的路安全稳固了。2020年5月，84户贫困户告别世代居住的悬崖，搬进县城安置点开启新生活。乡镇村区划调整后，"悬崖村"将整合资源，继续发展旅游业和种养殖业，向乡村振兴迈进。

"悬崖村"，一个普通得不能再普通的彝族小山村，我们在这里生动记录了村民们脱贫攻坚的历程。小山村最终还引用了我们的报道来命名，这对于一个记者来说，是此生莫大的荣幸。

（中央广播电视总台　朱兴建）

四、延伸阅读

新华社于2017年8月13日推出《中国反贫困斗争的伟大决战》重磅稿件，全景展示、讴歌脱贫攻坚伟大斗争取得的胜利，具有强烈的历史方位感、全局视野和时代特色。主创人员在长达一年的时间内深度调研包括14个特困连片区在内的贫困地区，全景式描述党中央带领全国各族人民进行反贫困斗争的伟大决战，主题重大、立意高远，形成了强大舆论声势。稿件被超过500家媒体采用，获得第二十八届中国新闻奖特别奖。

新华社新媒体平台于2021年2月28日推出智库报告《中国减贫学——政治经济学视野下的中国减贫理论与实践》，以中国脱贫攻坚全面胜利的伟大实践为学理基础，阐释中国减贫学的丰富内涵，揭示中国减贫学在我国脱贫攻坚中的理论逻辑和世界意义。该报告用多语种系列消息、全媒头条、评论、重磅纪录片、动画动漫、专栏访谈节目等多种形式，同步向全球发布，引发强烈反响。

中央广播电视总台从2021年2月起多平台推出八集脱贫攻坚政论专题片《摆脱贫困》，每集52分钟，在黄金时段播出。该片全景呈现党中央带领全国各族人民精准扶贫、精准脱贫，全面建成小康社会的恢宏进程和伟大成就，精彩讲述摆脱贫困的先进典型故事。片中引用大量同期声，首次披露我国脱贫攻坚事业中的关键决策过程。中国国际电视台（CGTN）五个外语频道播出该片译制版，总台44个语种海外社交媒体平台账号推送相关内容，实现全媒体覆盖，持续形成热点，产生广泛社会影响。

中国新闻网从2020年6月起策划推出的《吾乡|生身处 心安处 是吾乡》系列直播，选取一大批在决战脱贫攻坚、决胜全面小康、实施乡村振兴战略中有突出表现的地方乡镇，既从宏观上展现农村经济发展、人居环境整治等方面的建树，又从微观上凸显普通农民在时代变革浪潮中的新面貌。该直播还在海外社交平台同步推出，向海外受众讲述中国脱贫攻坚取得的重大历史成就，分享中国减贫实践经验。

延伸阅读

五、思考与讨论

1. 如何理解我国实施脱贫攻坚战略的历史意义和现实意义？
2. 脱贫攻坚报道应如何体现以人民为中心？
3. 结合采写手记，谈谈如何在新闻工作中践行"四力"。
4. 研读专家评析，简述脱贫攻坚主题报道的角度选择。
5. 结合新闻报道实践，策划一个深入基层、深入群众的调研采访方案。

礼赞追求幸福的动人诗篇
——创造美好生活系列报道评析

我国社会主要矛盾已经转化为人民日益增长的美好生活需要和不平衡不充分的发展之间的矛盾。面对我国社会主要矛盾发生的历史性变化，新闻媒体更好地报道人民群众创造美好生活的奋斗历程，全面报道、生动反映、鲜活呈现人民群众的生产生活实践，是具有时代意义的重大命题。改革开放以来，我国人民的生活取得巨大进步，小到个人、家庭、社区，大到国家和社会，我国社会面貌发生翻天覆地的变化。在我国全面建成小康社会的进程中，人们日常生活中的点滴故事，人们勤劳奋斗的感人事迹，人们对美好生活的不断追求，成为值得新闻媒体关注和报道的主题，涌现出一批脍炙人口的精品佳作和反映历史巨变的时代篇章。

一、案例概述

本专题重点推荐四个报道案例，这些作品坚持以人民为中心的工作导向，聚焦普通人的美好生活故事，生动展现时代进步和家国情怀，视角多样，内容丰富，立意深刻。

【案例一】 "四十年·四十家——穿越时空看我家"专题报道[1]

案例全文

这是2018年新华社推出的专题报道,通过40个家庭的照片对比故事,展现改革开放40年来中国人生活的巨大进步。新华社38名摄影记者一共征集49个家庭的262张照片、55段视频和35段音频,利用这些报道素材,制作出互动式的融合报道作品,获得第二十九届中国新闻奖二等奖。

在内容策划上,摄影记者在征集家庭老照片时,还拍摄一张同角度的新照片,通过跨越时空的新旧照片对比,反映美好生活的来之不易。在内容形式上,作品支持通过滑动手指或鼠标翻看叠加新老照片,在传统图片报道基础上有所创新,增强交互性和沉浸感,用钢琴名曲《家庭》(Family)作为背景音乐,体现可互动、可分享、可体验的融合报道特点,在新华社客户端和新华网收获700万+浏览量。

图1 "四十年·四十家——穿越时空看我家"专题报道之《还是我们哥四个》(新华社 供图)

【案例二】 《相约在零点37分》[2]

案例全文

2019年春节期间中央广播电视总台在"新春走基层"活动中推出这个作品,讲述一对异地铁路恋人在除夕夜短暂见面的故事。这对恋人一位是货运列车司机,一位是客运乘务员,他们热爱自己的工作,坚守岗位,常年聚少

---

[1] 作者:王建华、薛东梅、林繁晶;刊播平台:新华社,2018年11月14日。
[2] 作者:王新宇、晏琴、谭海梅、许辉等;刊播平台:中央广播电视总台,2019年2月10日。

离多。除夕当天，他们在站台上只相聚了1分52秒，温暖人心的爱情故事和他们对美好生活的奋进追求感动了很多人。节目播出后，这个小故事成为网络传播"爆款"，#1分52秒，神仙爱情故事#话题微博阅读量超过2.3亿次，留言讨论7万多条。

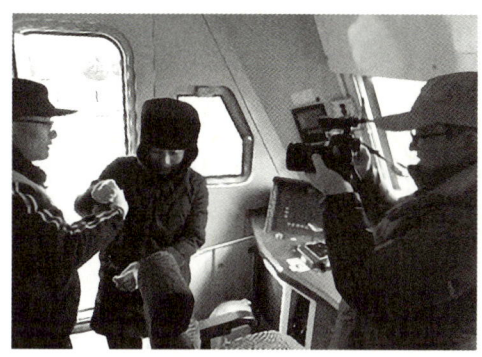

图2 主创团队采访拍摄工作照（中央广播电视总台 供图）

【案例三】 "关注社区体育设施""关注健身广场舞"系列报道[①]

案例全文

人民日报2019年7月2日至9日推出系列报道，通过聚焦全民健身主题，反映"健康中国"建设。该系列报道共有四篇，分别是《办法多　场地就会多——关注社区体育设施（上）》《向外迈两步　选择多几分——关注社区体育设施（下）》《为生活添点色彩——关注健身广场舞（上）》《跳出健康生活 舞出文明风貌——关注健身广场舞（下）》。报道围绕全民健身中群众健身场地和设施不足等较为突出的问题，既反映了"健康中国"建设的整体状况，也充分表达了人们对美好生活的向往。

---

① 作者：陈晨曦、李硕、刘硕阳、孙龙飞等；刊播平台：人民日报，2019年7月2—9日。

【案例四】 《阿佤新歌——践行习近平新时代中国特色社会主义经济思想调研记》①

案例全文

经济日报头版头条刊发的这篇长篇通讯报道，全文共1万余字，聚焦云南省临沧市加快高质量发展的思路理念和经验成效。记者通过深入调研临沧市的各个县区，采访当地各行各业的代表，反映民众生活变迁的细节。该报道生动书写了少数民族地区在全面建设小康社会的道路上发展进步的时代篇章。报道刊出后引发社会各界的关注，当地群众受到很大鼓舞。2021年6月8日，临沧市沧源佤族自治县3位佤族老人给报社联名来信，就报道畅谈感想。

习近平总书记8月19日给云南省沧源县边境村的老支书们回信，勉励他们发挥模范带头作用，引领乡亲们建设好美丽家园，维护好民族团结，守护好神圣国土，唱响新时代阿佤人民的幸福之歌。②

二、专家评析

创造美好生活是近年来我国社会发展中的关键词，也是新闻媒体报道中的高频词。新闻媒体在报道人民群众追求美好生活主题时，总体上把握了三个方面的内涵：第一，人民的美好生活是中国共产党不断追求并为之努力的宏伟目标，蕴含党带领全国各族人民创造美好生活的发展理念。在中国共产党领导下，经过几代人的不懈努力，中国人终于摆脱贫穷落后的面貌，全面建成小康社会，实现了百年来的美好夙愿。第二，人民群众是创造美好生活的主体，美好生活是奋斗、拼搏出来的，是一代一代人不断接力前行的伟大事业。新的时代条件下，人民群众对美好生活的新向往、新期待，更是我国新闻媒体需要长期关注和持续报道的内容。第三，美好生活是全体中国人的奋斗目标，共创、共享美好生活，是实现中华民族伟大复兴的题中之义。围绕创造美好生活这一主题，新闻媒体推出的一批深刻反映人民群众所思所想所盼的新闻作品，奏响了亿万人民群众为追求美好生活不懈奋斗的交响曲。

---

① 作者：赵子忠、周斌、乔金亮、韩秉志等；刊播平台：经济日报，2021年6月7日。
② 《习近平回信勉励云南省沧源县边境村的老支书们：引领乡亲们永远听党话跟党走 唱响新时代阿佤人民的幸福之歌》，人民日报，2021年8月21日。

（一）坚持以人为本的报道理念

1. 人民群众是新闻报道的主角

坚持以人民为中心的工作导向，坚持为人民服务，是社会主义新闻事业的根本宗旨。新闻媒体及时报道人民群众不断创造美好生活的实践，就要做到报道人民群众、服务人民群众、引导人民群众。

在本专题中，新闻报道的主角都是平凡的普通人。其中有感动众多网友的铁路工人情侣，有挣钱为父亲治病的河南女孩，有驻守在新疆阿勒泰边境的边防连战士，也有贵州六盘水喜欢摇滚乐的小学生……数十个人物的故事，通过文字报道、电视新闻专题、纪录片、摄影报道等多种形式传播出来，构成一组丰富的人物群像，凸显人民群众的主体地位。基层是最大的课堂，群众是最好的老师，新闻工作者只有扎根基层，才能够发掘出丰富多彩的生活故事，立体展现人民群众生活中最真实、最质朴、最动人的故事。

2. 生动反映人民群众对美好生活的向往

"新春走基层"是主流媒体坚持多年的一项重点报道活动，也是新闻工作者增强脚力、脑力、眼力、笔力的生动实践，积累丰富经验，推出精品之作，在社会上产生较大反响。"新春走基层"系列报道不断推陈出新，《相约在零点37分》这则案例就是其中的代表之作。

从选题上看，这则报道是记者从基层调研中、从众多的选题线索中挑选出来的。记者在与采访对象深入交流中发现该选题的报道价值：一方面，这是一个能够引发普通人共鸣的爱情故事；另一方面，这个感人的故事能够揭示中国人对美好生活的向往和对工作兢兢业业的付出。报道团队在确定选题后，踏踏实实下功夫，认认真真找素材，真实记录这对铁路情侣的见面之行。从叙事的角度看，这是一个看似平凡的爱情故事，其可贵之处恰恰在于，爱情、家庭、生活、事业这些日常生活主题，蕴含着人民群众对创造美好生活的追求和向往。记者只有与人民群众感同身受，才能够充分反映他们的实践创造、精神面貌、火热生活，才能把报道的版面、时段、页面更多地留给人民群众，在老话题上做出"爆款"新闻。

3. 为创造美好生活提供新方案

新闻报道要贴近实际、贴近生活、贴近群众，既要为人民群众提供更多更好的信息服务，也要直面社会发展中出现的问题，聚焦人民群众生活中的急难愁盼，为解决这些问题提供建设性方案。新闻报道要坚持把人民群众的呼声作为第一信号，把人民群众的需要作为第一选择，及时反映人民群众生产生活中遇到的困难，促进问题解决。

在全面建设小康社会、创造美好生活的过程中，我国城镇化建设取得历史性发展，已经从一个农业国转变为工业国，迈入信息化发展的新阶段。然而应当看到，"三农"问题依然十分重要，农村群众的生产生活同样值得关注、报道。2018年7月国务院印发《打赢蓝天保卫战三年行动计划》，提出"宜电则电、宜气则气、宜煤则煤、宜热则热"，明确"宜"字当头是推进农村清洁取暖的基本原则，但许多地方在推进过程中，由于时间紧任务重，导致"宜"字难落实，一些地方甚至发生农户取暖难现象。2019年5月，农民日报刊发深度报道《农村清洁取暖之痛：层层任务重，"宜"字难落实》，回应这一难点问题，客观报道政府、企业以及农民的诉求，分析问题症结所在，探讨解决问题的路径，提出建设性方案，对改进方法、推进工作具有较强的指导意义。

（二）讲好创造美好生活的精彩故事

1. 全面呈现创造美好生活的奋斗历程

我国全面建成小康社会，实现第一个百年奋斗目标，这在中国历史乃至在人类历史上都是具有重大意义的标志性事件。从整体上看，我国经济实力、科技实力、综合国力、人民生活水平等各项指标都实现了历史性飞跃。全面建成小康社会的要点在于"全面"二字，也意味着要全方位提高人民生活水平。

新闻工作者需要全面地、辩证地看待问题。在报道全面建成小康社会的历史成就时，要具备全局意识，不能片面、单一地选取报道对象。经济日报推出的《阿佤新歌——践行习近平新时代中国特色社会主义经济思想调研记》，对准祖国西南的云南临沧地区。"村村寨寨哎，打起鼓敲起锣，阿佤唱新歌"，该地20世纪60年代因这首《阿佤人民唱新歌》的广泛传颂而为人所知，但也是典型的边疆多民族欠发达地区。经过接续奋斗，临沧成为云南省率先实现整市脱贫的州市之一，千百年来困扰当地人民的绝对贫困问题得到历史性解决，实现了人民安居、生活垃圾全收集、自然村路灯全覆盖。2019年5月，国务院批复同意临沧市建设国家可持续发展议程创新示范区，为边疆地区、高原山区、民族地区实现可持续发展提供了样板。经济日报的这篇长篇调研报道从交通设施、产业特色、精准扶贫、对外开放、绿色发展、生态治理、乡村振兴等各个方面，全景式展现以临沧为代表的边疆少数民族地区实现全面小康的生动画卷。

2. 立体反映日常生活的巨大变迁

在新闻报道中，通过对比来揭示事物变化发展的情况，是描述新闻事实的一般方法。中国共产党成立100余年来，尤其是改革开放40多年来，中国人民的生活发生了翻天覆地的变化。新闻报道一方面可以从宏观层面对国家、社会展开历史对比分析；另一方面则可以从微观层面聚焦大时代背景下个人和家庭生活的变迁，以小见大，透视社会巨变。

新华社的专题报道"四十年·四十家——穿越时空看我家"正是采用了对比的思路，将不同年代的影像放在一起，配上一段简要的文字说明，对比呈现个人、家庭和时代的变迁，用影像唤起受众的记忆、引发受众的共鸣。在这一专题中，大量的旧照片都是黑白的，把受众拉回到数十年前，新旧照片的对比中浓缩了个人的成长、家庭的变化和社会的进步。如果说影像是一个时代的记忆，那么当我们把不同时代的影像组合起来、对比起来观察时，会发现经过数代人的奋斗和努力，中国人民全面建成小康社会、创造美好生活的梦想正在变成光辉现实。该专题刊发后，不少网友留言，"期待下一个40年更好的变化"，"改革开放顺应了人民追求美好生活的历史要求"。

3. 积极回应美好生活新期待

随着全面建成小康社会目标的实现，我国迈入新的发展阶段，新闻媒体要聚焦社会生活中出现的新问题，关注人民群众的新需求，积极回应群众对美好生活的新期待。

民生报道是我国新闻工作的重要组成部分。2019年7月，人民日报推出两组系列报道——"关注社区体育设施""关注健身广场舞"，刊发4篇深度报道，回应当下人民群众对全民健身问题的关切。该系列报道首先直面问题：既有小区公共空间不足、健身器材难以满足居民多元化健身需求等问题，又有社会普遍关注的健身广场舞扰民问题。针对这两大问题，记者一方面深入社区和广场实地探访，找准全民健身问题的难点和痛点；另一方面也报道相关部门和社区积极抓落实、敢作为的举动。如青岛城阳区将一块全长仅200米的简易操场改建成400米跑道的标准塑胶场地，配有足球场、篮球场和乒乓球台，满足周边10余个社区2万多居民的健身需求。在"健康中国"建设的大背景下，发展是解决全民健身问题的关键，新闻报道要具备发展的眼光，回应人民群众对美好生活的新期待。

（三）传递追求美好生活的情感力量

1. 通过扎实的采访报道真实的故事

创造美好生活系列报道既要讲好生活中的寻常故事，用情感的力量打动人、感染人，又要遵循新闻传播规律，做到真实、可信，这就要求新闻记者深入基层、扎实采访，实现二者的统一。

《相约在零点37分》这个主旋律报道之所以能够打动人心感染受众，就在于该报道是记者"下笨功夫"从采访中获得的真实故事。真实是最有力量的，也是最能打动人的。正如主创团队所言，面对几百个选题，他们没有蜻蜓点水、浅尝辄止，也没有满足于"差不多就得了"的心理，而是逐一反复推敲、比较、研讨、判断，最终从众多选题中挑出这个故事。确定选题后，两路记者一直跟拍采访对象，最终获得大量的鲜活素材。报道中两位主人公的相遇，看起来是偶然的，但如果没有扎实深入的采访，就不可能捕捉到这一鲜活感人的精彩瞬间。

2. 以人文关怀引发情感共鸣

本专题的几篇报道，体现出人文关怀的精神，既遵循新闻的真实客观原则，又在报道中传达真情实感，引发读者、观众、网民的情感共鸣。中央广播电视总台推出的《这五年》系列纪录片，用平实的叙事讲述采访对象的人生经历变化，在多个传播平台获得用户的积极反馈，比如"夫妇在戈壁滩种梭梭树近20年"这个故事在微博热搜榜阅读量达4404.6万。中国日报的短视频专题报道《老外看小康中国》同样从微观的小故事切入，讲疫情期间甘肃陇南山村学生在山顶上网课并得到帮助的故事，不仅向中外读者讲清楚小康社会"全面"的含义，也在社交媒体上成功"破圈"，迅速传遍了互联网，引发网友的情感共振。美好生活主题报道，聚焦的往往是"小人物"，是普通人，人文关怀、人文精神更是不可或缺。讲好生活中的故事，需要做到与报道对象共情，才能引发受众的共鸣。

3. 通过融媒体手段吸引人打动人感染人

在媒体深度融合的背景下，主流媒体讲述人民群众创造美好生活故事时，需要更好地采用融媒体的手段和方法。"酒香也怕巷子深"，好的作品只有打通全媒体传播平台与渠道，才能与用户建立更好的连接，获得更好的传播效果。

"四十年·四十家——穿越时空看我家"摄影专题报道将与用户互动的理念融入作品设计中。传统的图片报道以静态呈现为主,是典型的"点对面"的大众传播方式。而这组作品则设计互动元素,不管是在网页端还是在手机端,用户通过鼠标或滑动手指,可以查看新老照片的叠加效果,再配合精心选配的背景音乐,用户的参与感和互动性大大增强。

《老外看小康中国》纪录片不同于传统的纪实影像,而是采用融媒体的思维进行创作。第一,报道形式上融合多种元素,将现场实拍、动画、人物采访三种形式整合在一起。第二,采用问题导入。通过故事化叙事来回答问题,将全面建设小康社会的理念通俗地传播开来,让中西方观众都容易理解。第三,多平台、碎片化传播。该纪录片在国内外社交媒体上广泛传播,除通过官方账号进行推送,还将话题内容拆条实现二次传播,调动网络情绪热点,引发用户积极讨论。

三、采写手记

爆款没捷径,只有笨功夫
—— 《相约在零点37分》采写手记

怎样才能沙里淘金,把好故事找出来?不仅要有一双善于发现的眼睛,也要有一颗贴近基层、贴近群众、能感受世间冷暖的真心。要把自己放在普通观众的位置上思考:什么是普通人的情感,什么东西能够击中人们心中最柔软的部分。要想感动别人,首先得打动自己,做到沉得下心,下得起笨功夫。

《相约在零点37分》这个选题,是从西安铁路局提供的44个选题中挑出来的。当时打动我们的有三点:一是90后,二是异地恋,三是除夕夜里的约会。为什么大家会把他们的故事称作"神仙爱情"?因为他们的故事真实生动,既温暖又略带心酸,这种年轻的、热烈的、纯粹的感情人人向往,直击人的内心,引发网友的强烈情感共鸣。

在每次拍摄之前,我们团队的基本要求都是两点:一是不要摆拍,二是注意抓取细节。两位采访对象郝康、雷杰并不善于表达,都很朴实,性格有点内向、羞涩。为了真实记录两个人的故事,向观众展示最动人的细节,采访团队沉下心来和采访对象接触。

记者先是通过电话和微信与他们沟通，然后又提前到雷杰的工作地点见面交流。记者把自己和丈夫也曾经异地分居8年的亲身经历告诉雷杰，她们很快就成了朋友，以至于郝康见到记者的第一句话就是："姐，我知道你，雷雷都跟我说了，你也不容易！"就这样，采访更像是朋友之间的聊天，有时候甚至忘记了镜头的存在。

按照规定，乘务员值乘期间不能带手机，为了追求最真实的拍摄效果，负责跟拍雷杰的记者也没有带手机。当车到榆林的时候，郝康像没头苍蝇一样满站台到处找雷杰时，记者的心也揪着。乘客上下检票工作结束时还没有看到郝康，雷杰眼里已经有了泪花。那会儿，记者甚至已经开始担心：要是车开走了，该怎么采访雷杰？没见上面片子该怎么结尾？所幸最后两个人还是见上了，虽然匆忙得只有1分52秒。

这种完全按照拍摄对象的工作生活状态来跟拍的做法，是真正的带着真情走基层。记者用的是"笨"办法，恰恰也是他们最聪明最可贵的地方。只有老老实实，才能撷取到水灵灵、带露珠的生活片段。真实，才是新闻打动人心的最大力量。只有真正深入基层，放下架子跟老百姓倾心交谈，才会看到真正的人间百态，采集到真实的感人故事。只有愿意投入时间和精力，踏踏实实努力跟拍，不懈采访，才能得到最生动、最鲜活的内容，成就优秀作品。

在节目里，我们抓住一段同期声，就是两个人都在说对方喜欢这个工作，说明他俩真的能互相理解、互相支持、互相体谅。这一段同期声虽然不长，却是点睛之笔，不仅表现两个年轻人对爱情的执着，更反映他们对事业的坚守，爱岗敬业的社会主义核心价值观就自然而然地凸显出来。正因为如此，这个故事才收获众多网友点赞："最感人的新闻！向那些默默工作而不能团聚的工作者致敬！""向所有为了万家团圆而坚守岗位的铁路人真诚地说声，你们辛苦了！"

相对于其他媒体来说，电视生产的环节非常烦琐。电视是团队作战的媒体，前方记者努力拍摄到的素材传回台里，后期编辑的"剪辑手"有如"一把刀"，"一刀"下去，对了，片子就"活"；错了，片子就"死"。我们的要求就是，对节目必须精益求精。记者的粗编传回台里以后，后期编辑对着画面,重新改写解说词,根据新的稿子重新编辑画面,并反复审看,哪儿不合适再重新调整。比如,片中有一句解说词"相聚这么短、列车那么长,郝康跑过一节又一节车厢",这句话被有的网友称作"神仙文案",认为是戳中泪点的点睛之笔。而这句解说在原片里是没有的,我和编辑看了画面以后反复琢磨,才加上了这一句。

《相约在零点37分》成为"爆款",完全出乎我们的意料。每一个报道,我们都老老实实采、认认真真编,精益求精,才能尽善尽美;用心去做,才能推出精品。

(中央广播电视总台 晏琴)

四、延伸阅读

中央广播电视总台从2021年4月起推出《这五年》系列纪录片,共5集,每集46分钟。该系列纪录片通过记录"十三五"期间留下时代印记的人物,讲述他们五年里人生经历的变化,以故事反映时代发展和"十三五"巨变这一宏大主题,令人耳目一新。《这五年》播出后,微博话题阅读量超1.1亿。

上海广播电视台于2018年8月至12月陆续推出《上海老式里弄试点"抽户"改造》系列报道。在繁华的上海中心城区,也有年代久远、设施简陋的里弄,上海在改善旧区居民居住条件工作中,因地制宜、分类施策,试点"抽户"改造。半年时间里,记者在黄浦区的石库门里弄承兴里"蹲点"记录拍摄,体现政府一心一意为民办实事、谋福利的初衷,记录群众的心路历程,彰显主流媒体的责任与担当。

农民日报在2019年5月推出通讯报道《农村清洁取暖之痛:层层任务重,"宜"字难落实》,聚焦农村清洁取暖问题,具体反映了广大农民群众的急难愁盼。这篇报道围绕推进农村清洁取暖工作中的诸多问题,从政府的压力、企业的难处、农民的怨言、专家的建议等方面分析问题存在的原因,寻找解决问题的路径。

2020年8月至10月中国日报推出《老外看小康中国》纪录片,分为三集,通过三个典型故事,类比阐明"全面小康是什么""为什么要兼顾不同领域及地区的协调发展""从总体小康到全面小康发展有什么差别"等问题。该纪录片旨在向全球受众讲好中国全面小康建设之路,通过知名外国政要和专家学者的视角和观点,展现中国全面小康的世界意义,揭示中国发展之路对全人类发展模式的重要启示。作品总传播量累计破亿,海外社交平台浏览量超1000万次。

延伸阅读

五、思考与讨论

1. 创造美好生活主题报道应把握哪些基本要求?
2. 结合典型案例,谈谈如何讲好人民群众创造美好生活的生动故事。
3. 在新媒体时代,民生新闻报道如何成为网络爆款?
4. 结合新闻实践,阐述新闻报道如何坚持以人为本的报道理念。
5. 结合采写手记,谈谈如何将情感有机融入新闻报道。

典型宣传篇

伟大出自平凡 平凡造就伟大
——新时代典型人物报道评析

彰显大国重器的强大力量
——重大建设工程系列报道评析

浓墨重彩展现国家强盛之基
——国家战略科技成就报道评析

伟大出自平凡　平凡造就伟大
——新时代典型人物报道评析

　　典型报道，通常是指对能够体现时代精神、具有代表性和引领性的事物和人物所作的重点报道。典型人物报道是典型报道的重要组成部分，媒体通过对典型模范人物及其事迹进行宣传，在全社会产生鼓舞人心、学习先进、争做模范的舆论氛围。近年来，新闻媒体在典型人物报道上守正创新，加大典型宣传力度，报道了一大批闪耀着时代光芒的典型人物。他们有的是鞠躬尽瘁死而后已的党员干部，有的是深藏功与名的战斗英雄，有的是奔赴抗疫一线的白衣天使，有的是默默耕耘、精益求精的大国工匠。"崇尚英雄才会产生英雄，争做英雄才能英雄辈出"[1]，立体、全面、生动地报道典型人物，发挥示范、激励、引导作用，有助于在全社会弘扬主旋律、传播正能量。

一、案例概述

　　本专题重点推荐四个报道案例，分别是：人民日报廖俊波系列融媒体作品，新华社关于95岁老党员张富清事迹的主题报道，中央广播电视总台播出的《大国工匠》系列报道，新华社推出的报道《"绿化将军"张连印：青山写忠诚》。

---

[1] 习近平：《在国家勋章和国家荣誉称号颁授仪式上的讲话》，人民日报，2019年9月30日。

【案例一】　　　　　　　　　廖俊波系列融媒体作品①

案例全文

　　这是人民日报于2017年6月7日至22日推出的系列短视频作品，每个短视频3分钟左右，共10个短视频。廖俊波生前荣获"全国优秀县委书记"称号，2017年3月18日晚不幸因公殉职，年仅48岁。廖俊波是新时代共产党人的楷模，是用生命践行"忠诚、干净、担当"要求的好干部，是"两学一做"学习教育中涌现出的先进典型。

　　2017年3月31日，习近平总书记对廖俊波先进事迹作出重要指示，强调广大党员、干部要向廖俊波学习，不忘初心、扎实工作、廉洁奉公，身体力行把党的方针政策落实到基层和群众中去，真心实意为人民造福。2017年6月20日，中宣部追授廖俊波"时代楷模"荣誉称号。

　　廖俊波系列融媒体作品包括三个主题，分别是："看，他们画出了心中的廖俊波""廖俊波，见字如面"和"廖俊波的人生路"。通过简笔画打比方、写信读信、画出廖俊波人生路等方式，向受众介绍廖俊波的感人事迹。该作品经人民日报两微一端首发，创新了典型人物的报道形式，产生强烈的社会反响。

图1　"廖俊波的人生路"融媒体作品截图（人民日报　供图）

---

① 作者：温红彦、姜洁、赵兵、吴储岐等；刊播平台：人民日报两微一端，2017年6月7—22日。

【案例二】　《英雄无言——95岁老党员张富清的本色人生》[1]

案例全文

新华社这篇报道是近年来典型人物报道中的代表作，获得第三十届中国新闻奖一等奖。稿件率先精准提炼出张富清的初心本色这一精神内核，主题重大，思想深刻，情感充沛，细节饱满，逻辑清晰，精炼平实，立体式呈现了老英雄的事迹和品质，凝聚起磅礴的社会正能量。

张富清事迹在全社会引发积极反响。中共中央授予他"全国优秀共产党员"称号，要求各级党组织把学习张富清先进事迹作为"不忘初心、牢记使命"主题教育重要内容。中宣部授予张富清"时代楷模"称号。新中国成立70周年之际，张富清被授予"共和国勋章"。

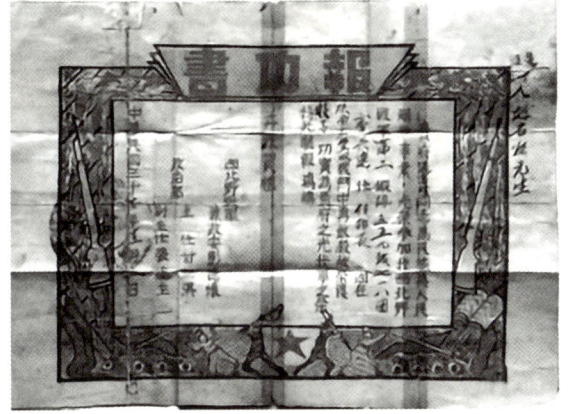

图2　左腿截肢的张富清依靠支撑架在家里活动（新华社　供图）　　图3　张富清当年的报功书（新华社　供图）

---

[1] 作者：唐卫彬、杨依军、谭元斌；刊播平台：新华社，2019年4月8日。

【案例三】　　　　　　　　　　《大国工匠》①

案例全文

　　这个系列报道是中央广播电视总台连续6年推出的精品力作。报道聚焦各行业的技术工人，反映"工匠精神"，在全社会形成崇尚"工匠精神"的热潮。近年来，相关报道直接推动国家发展和改革委员会、人力资源和社会保障部出台提高高技能人才待遇、拓展发展空间的文件，"大国工匠"已成为高技能人才的代名词。

　　2015年，《大国工匠》第一季在《新闻联播》摘播，聚焦17位行业顶级技工的典型故事，歌颂劳动者，提倡"辛勤劳动、诚实劳动、创造性劳动"，体现"中国制造"的高品质形象。报道播出后，"工匠精神""大国工匠"成为社会热议词汇，#大国工匠#话题阅读量高达1.3亿次。

【案例四】　　　　　《"绿化将军"张连印：青山写忠诚》②

案例全文

　　新华社播发的这篇通讯报道生动讲述了"时代楷模"张连印的故事。2021年10月，主流媒体集中宣传报道原河北省军区副司令员张连印将军退休不褪色、18年如一日义务植树造林的事迹，合力奏响一曲坚守初心、为民造福、奋斗不息的赞歌。这篇通讯是其中的代表之作，采写精良，站位高远，磅礴大气。报道从张连印老将军的三个"身份"破题，以"共产党员的人生底色""冲锋陷阵的军人本色"和"心系群众的'公仆'角色"三个维度展开，人物塑造立体丰满、真实感人。稿件播发当天就被350余家媒体转载，数以百万计网民为老将军点赞留言。

---

① 作者：新闻中心集体创作；刊播平台：中央广播电视总台，2015年4月30日—5月7日播出第一季。
② 作者：黄明、吴晶、贾启龙、王菲菲；刊播平台：新华社，2021年10月17日。

二、专家评析

新闻媒体通过报道典型人物、典型事迹、典型经验、典型成就，引发人民群众的关注和讨论，进而通过塑造典型起到宣传示范、凝聚共识和推动工作的作用。中国共产党一贯十分重视典型报道的意义。抗日战争时期，党的报刊就大力宣传抗日英雄、边区生产建设模范。新中国成立以来，通过媒体的报道，邱少云、黄继光、王进喜、雷锋、焦裕禄、邓稼先、孔繁森等英雄人物、典型模范影响了几代中国人。这些典型报道，既是鼓舞人心、催人奋进的时代符号，也是时代精神的缩影和中国人的集体记忆。近年来，新闻媒体采用多种形式，创新报道手段，提升传播效果，推出一系列引发社会共鸣的新时代典型人物报道。

（一）发现典型人物：平凡造就伟大

1. 从平凡生活中发掘典型人物

"英雄模范们用行动再次证明，伟大出自平凡，平凡造就伟大。"[①]新闻工作者要多宣传报道人民群众的伟大奋斗和火热生活，多宣传报道人民群众中涌现的先进典型和感人事迹。如何在新闻工作中发现典型人物与典型事迹？有四点值得注意。首先，记者要深入基层一线调查研究，用脚力去寻找典型人物。其次，要增强眼力，善于在众多线索中发现典型人物。再次，在与典型人物及相关人物的深度交流、对话中不断提升脑力，发掘典型人物故事背后的时代价值。最后，记者还要采用"贴近实际、贴近生活、贴近群众"的报道风格和方式，用真实、平实、生动的报道语言，把典型人物的事迹传播开来，这就是对笔力的要求。

本专题中的典型人物，不管是个人还是集体，几乎都是记者在深入基层调研、采访的过程中发现的。新华社湖北分社记者获悉张富清60多年来深藏功名的事迹线索后，立即进行调查核实，为后来形成报道打下坚实基础。新华社解放军分社记者通过"入深山、到现场、查档案、访群众"的扎实采访，运用大量的事实和数据支撑，深入挖掘"绿化将军"张连印身上冲锋陷阵的军人本色，彰显了一名革命军人迎难而上、无私奉献的价值

---

① 习近平：《在国家勋章和国家荣誉称号颁授仪式上的讲话》，人民日报，2019年9月30日。

追求。光明日报记者在2014年第一次登上位于黄海前哨的国防战略岛开山岛，和守岛的王继才、王仕花夫妇相处5天，深入了解夫妻两人28年坚守小岛的情况，后来记者又多次上岛采访，与采访对象零距离接触交流，掌握了丰富的素材和故事。

2. 通过实地采访找出典型意义

典型报道一般具有两个显著特征：一是具有时代性、先进性，二是对全局具有普遍意义和推广价值。总的来说，典型人物的事迹和经历要有"典型性"，要反映某个工作领域或社会活动中的突出现象，是从群众中来、到群众中去的先进故事，典型人物要有身先示范、心系家国的情怀和担当。在采访张富清的过程中，记者面对的难题之一是如何确认这一人物事迹的真实、可靠。记者在采访过程中，一方面根据军史、战史，结合张富清的立功证书，对他的事迹进行反复推敲、考证，对其中一些疑点给出了合理解释；另一方面，通过实地探访，尽力寻找亲历者、见证人，完成了确认张富清先进事迹的最后一环。

3. 在典型报道中呈现时代精神

在中国特色社会主义进入新时代、全国人民为实现"两个一百年"奋斗目标而不懈努力奋斗的历史语境下，人民需要英雄的激励和鼓舞，国家和社会需要通过宣传、报道英雄产生强大的精神力量。在本专题中，张富清是国家级勋章获得者，王继才是国家荣誉称号获得者，廖俊波、张连印、黄大年都被授予"时代楷模"荣誉称号，他们在各自的工作中兢兢业业，展现了忠诚、执着、朴实的鲜明品格，是新时代的英雄人物、杰出榜样、模范典型。从新闻报道的角度来看，浓墨重彩地报道这些新时代的英雄人物，正是大力弘扬社会正能量和主流价值观的集中体现。

（二）写好典型人物：遵循新闻规律

1. 坚持真实性原则，避免拔高夸大

事实是新闻的本源，真实是新闻的生命，这是马克思主义新闻观的基本立场和观点。要根据事实来描写事实，而不能根据希望来描写事实。典型人物报道具有一定难度：一方面，关于典型人物先进事迹的叙述要避免"结论先行"的说教意味；另一方面，典型人物事迹常常先感动记者，因此在报道时要避免过于强烈的主观色彩。

通过直接叙述事实自然而然地呈现典型人物，是做好典型人物报道、发挥正面宣传效果的关键。新华社的《英雄无言——95岁老党员张富清的本色人生》，采访了数十人、获得了大量扎实的事实信息，并独家与老英雄张富清进行深度"对话"，还原了英雄的一生。这篇报道中，既有西北野战军的报功书，也有老英雄对陕西蒲城永丰之战的回忆；既有珍藏几十年、补了又补的搪瓷缸，又有这位95岁老人回忆战友们牺牲时潸然泪下的场景。这篇报道坚持新闻真实性原则，不回避张富清被国民党抓壮丁的经历，让英雄更加真实、立体。

2. 报道内容丰富生动，全面呈现典型人物

典型人物的报道要立体呈现人物的全貌，目的是令人信服地展现出先进人物的人格、人性、人品的真善美。在报道内容上，不要将典型人物塑造为"高大全"式的人物，也要避免标签化、单一化。

在本专题案例中，报道内容鲜活、饱满，人物形象鲜明、立体。比如，新华社关于海归战略科学家黄大年的典型报道中，黄大年不是一个不苟言笑的科学家，而是一个性格十分鲜明的人。黄大年说，"中国要由大国变成强国，必须要有一批'科研疯子'，这其中能有我，余愿足矣！"在学生们心中，黄大年从来不是一个高高在上的学术权威，而是一个严师慈父的长辈、一个推心置腹的朋友。同样，张富清、王继才等典型人物的报道也是立体鲜活的，让读者觉得这些新时代的典型人物，不仅令人肃然起敬，而且在生活中是有血有肉、可触可感的普通人。

3. 深入挖掘人物事迹，发挥典型示范效应

典型人物作为"标杆"，其典型事迹一旦报道出来，将在全社会产生广泛影响。因此，报道典型人物时还应站在第三方的视角，客观平实地陈述，不要将典型事迹强加于受众。

人民日报推出的廖俊波系列报道，采用第三人称视角，勾勒出廖俊波的典型事迹，展现作为"全国优秀县委书记"的廖俊波为政一方勤勉工作，造福当地百姓的感人故事。在报道中，石圳村的支部书记动情回忆了该村由垃圾村变成3A级景区的故事。"郡县治则天下安"，党的基层干部在治国理政的大局中扮演了十分重要的角色，是党联系人民群众的重要纽带和桥梁，当年的经典报道《县委书记的榜样——焦裕禄》，至今仍激励着广大干部群众。廖俊波系列报道，充分体现新时代共产党人践行"忠诚、干净、担当"的精神品格，在党员干部和广大群众中产生学习示范效应。

（三）传播典型人物：创新报道形态

1. 报道方式要兼顾网络传播特点

随着媒介技术的迭代和媒介环境的变化，典型人物报道面临新的挑战：一是传播渠道多元化、多样化，报道要尽可能采用融合传播的方式；二是受众的注意力比较分散，要设法快速吸引受众的关注，形成互动和转发；三是互联网传播场域圈层化，报道要突破圈层限制，制造跨圈层的话题和热点。

中央广播电视总台推出的《大国工匠》系列报道，聚焦各行业顶级技术工匠，他们中有为歼15舰载机加工高精度零件的顶尖高手，也有因残疾仅靠右手练就一身电焊绝活的焊接工人。报道用镜头记录他们精湛的技艺，彰显工匠精神，观众既能够看到他们的工作场景，又能看到他们精益求精的工作态度。该报道契合了互联网传播的特征，每个人物的故事尽管不长，但"话题感"十足，而且不同行业中鲜为人知的内容也引发了观众的兴趣。各大平台关于"工匠精神"的讨论层出不穷，比如#大国工匠#的微博话题阅读量达3.6亿次，在豆瓣平台上《大国工匠》评分达到9.1分，"大国工匠"的典型报道取得了跨平台、跨圈层的传播效果。

2. 报道体裁要适应移动传播需求

典型宣传能否发挥作用，关键在于是否为群众所认可和接受。这就要求根据群众兴趣、需求的变化不断创新报道内容和报道方式。[①] 在内容体裁上，典型人物报道一般以长篇通讯、新闻专题报道为主，近年来主流媒体也不断创新，采用特稿、人物访谈、纪录片、短视频等多种形式，立体化呈现新时代典型人物。在廖俊波去世两个月后，他曾帮助过的五位普通群众和三位家人，分别给廖俊波写了一封信。人民日报就采用读信的方式制作短视频，用生动的第三人称叙事，将廖俊波的感人事迹报道出来。这一创意采用近年来流行的"见字如面"形式，受到用户欢迎。同时，"廖俊波的人生路"H5作品，也很好地融合了漫画、文字与声音等元素，短短几分钟勾勒出廖俊波对党忠诚、心系群众、忘我工作、无私奉献的优秀品质，方便用户通过移动端阅读和分享。在报纸版面上，人民日报的文字报道配发这些短视频的二维码，覆盖更广泛的受众群体。据新华智库提供的数据，廖

[①] 本书编写组：《新闻学概论》（第二版），高等教育出版社、人民出版社2020年版，第137页。

俊波先进事迹的传播力指数创下2017年以来全国典型人物报道最高值。

3. 报道语态要契合青年群体特征

典型人物报道中，通过创新话语形态将典型人物的事迹传播出去，产生更好的传播效果，形成热点话题，引起全社会的关注、讨论和学习热潮，尤其是引发年轻人的关注和讨论，是十分重要的。

一代人有一代人的长征，一代人有一代人的使命。我们迈入全面建设社会主义现代化国家的新时期，80后、90后甚至00后正在成长起来，逐渐成为社会的中坚力量，在面对诸如新冠肺炎疫情这样的突发事件时，青年人敢于冲锋在前、担当使命，涌现出不少典型模范。与传统典型人物不同的是，新一代典型模范常常以群体面貌出现，即使被媒体报道出来，他们大多仍默默无闻，呈现出来的是一个"群像"，体现出中国青年人蓬勃向上的青春力量。

中央广播电视总台推出的《天使日记》，一开始以广播的形式播出，在抗击疫情最艰难的时刻陪伴听众，后来采用"广播+电视+新媒体"的传播矩阵，通过电视新闻、微信公众号、央视新闻客户端、微博等多种渠道传播《天使日记》的内容。349篇日记翔实记录了战疫一线的局势变化，描述了医护人员与患者生死与共的患难深情，记录了他们与死神赛跑的每一天。343名医护人员的讲述让受众感受到信心、力量和希望，一时间成为激励群众抗击疫情的正能量，在青年群体中起到表率和示范作用。

三、采写手记

一个纯粹共产党员的情怀与担当
——《"绿化将军"张连印：青山写忠诚》采写手记

在我近20年的记者生涯中，宣传过一大批先进典型，采访张连印的事迹却让我终身难忘。第一次知道张连印是在2008年，当时他被中宣部确定为"时代先锋"重大典型，新华社和人民日报记者联合采写了反映他先进事迹的长篇通讯《将军愚公张连印》，而我正是这篇稿件的责任编辑。

13年后的2021年国庆节,我接到通知,要赶赴山西省左云县,采访被中宣部授予"时代楷模"称号的老将军张连印。那一刻,我在心中发问:已经七八十岁高龄的老将军身体还好吗?他当年曾立下要将造林面积扩大到5000亩的"小目标"实现了吗?时隔多年再次宣传他的时代意义又是什么?

这一次采访,让我再次感受到了一个纯粹共产党员绿化家乡、造福百姓的情怀与担当。

我们出发的时候还是中秋时节,但左云气温已降到零度左右。出发前,同事们还相互提醒,带上防寒衣物。到了左云,自以为已经做足功课的我们才发现,携带的衣物依然难以御寒。第二天去育苗基地采访时,每个人身上又多了一件借来的军大衣。可当我们见到张连印老将军时,已是78岁高龄的他,竟然只穿了一件单薄的夏季迷彩服和一双发旧的解放鞋,连手套都没有戴,神情自如地给我们讲述着植树造林的往事。在场的几名记者担心他冻感冒,脱下军大衣往老将军身上披,他却连连摆手,微笑着说:"不冷,习惯了。"

"不冷,习惯了。"就是这看似简单平常的短短5个字,经老将军的口中说出,深深地震撼了在场的每一个人。如果不是把日复一日、年复一年地在这塞外荒山辛勤劳作当成了习惯,我们这一群比他小几十岁的人都冻得瑟瑟发抖,一个耄耋老人如何能够适应得了这样的恶劣环境?如果不是把改变家乡面貌、为百姓造福的初心当成了习惯,就连当地年轻人都要走出去谋生,一个退休将军为何偏偏要选择回到家乡、绿化荒山这条艰辛漫长的路?如果不是把对这片土地和人民深沉的爱当成了习惯,他为何十几年如一日深深地扎根于此、奉献于此、奋斗于此,即使身患重病依然不离不弃、无怨无悔?

采访期间,更让我感到震撼的是,我们去参观老将军位于张家场村那座早已坍塌、破败不堪的老宅子,这座老宅留下了他从呱呱坠地到参军入伍的成长记忆。19年前,老将军带着几十万元的积蓄回村种树时,本族老人就多次劝他,你是村里走出去最大的官,你家的宅基地风水好,不如把种树的钱用在翻修老宅子上。张连印却说,这些钱是用来改变家乡面貌的,不是用来改变家族风水的,风水风水,有树就能生风,有林就能生水,绿水青山就是最好的"风水"。后来,他坚持把全部资金都用在了绿化荒山上。

这些年,老将军吃住行从不讲排场,育苗基地其他宿舍都翻修了,只有他住的那间屋子依然保留着红砖地、木房梁。一日三餐经常是白菜、土豆、豆腐"老三样",他总是说:"有口吃的、有个窝住就行了,省下钱还能多种几棵树。"老将军有一辆"专车",是他花5万块钱买来的二手国产面包车。他不追求住得好、吃得好、车子好,他最大的心愿就是让栽下的树长好、让家乡的环境变好、让百姓的日子过好!采访的那几天,每一个受访者谈起张连印老将军的故事都如数家珍,每一个媒体人都在倾听和记录中接受心灵的洗礼。

随着中央和军队新闻媒体的集中宣传,老将军的事迹不仅传遍了中国,更感动了中国。"共和国勋章"获得者李延年看完报道后留下感言:"当年我们出生入死是为了让劳苦大众过上好日子,今天张连印将军植树造林、改善生态,是为了让新时代的百姓过上好日子。"

回顾我们党的百年奋斗历程,每逢危难关头,为了人民群众的利益冲锋在最前面的,永远是共产党员。

张连印,就是这样一位纯粹的共产党员。

(新华社解放军分社 黄明)

四、延伸阅读

中央广播电视总台于2020年1月29日至3月22日在中国之声推出《天使日记》。2020年1月25日正月初一,中央广播电视总台中国之声第一批报道组成员启程赴武汉。1月29日清晨,《天使日记》在中国之声《新闻纵横》栏目首播,成为抗疫报道中的现象级产品。医护人员用口述的形式自我介绍,没有提问,没有旁白,以直观、原始的状态和真实的力量打动人心。《天使日记》共播出54期节目,日记总数为349篇,343名各地的医护人员讲述了他们的抗疫故事。

新华社推出的《生命,为祖国澎湃——追记海归战略科学家黄大年》报道了黄大年这位新时代爱国科学家和知识分子的感人事迹。2017年2月,黄大年因病逝世。新华社立刻展开采访,采访对象涉及30多人,形成近30万字的笔记,挖掘出很多不为人知的独家细节。报道将人物与时代背景相融合,反映科学家的初心、爱国者的情怀,对于净化科研环境、激发社会正能量起到积极引领和带动作用。

光明日报推出的《坚守32年　王继才永远留在了开山岛》反映了王继才夫妇守岛爱国的先进事迹。2018年7月27日，"时代楷模"、开山岛守岛英雄王继才在执勤期间突发疾病离世，生命定格在58岁。第二天，光明日报记者冒着瓢泼大雨，登上江苏开山岛，含泪写下情深意切的悼念文章。7月30日，光明日报刊发该篇报道，获得广泛关注。稿件满含深情地讲述了记者与王继才相识、相处的经历，饱含深情，有厚度、有深度、有温度。自2014年起，记者就一直跟踪报道王继才的守岛故事，相继发表《两个人的五星红旗》《开山岛上的团圆饭》等多篇文章，引起积极社会反响。

延伸阅读

五、思考与讨论

1. 结合本专题案例，阐述新时代典型人物报道的特征。
2. 如何发掘典型人物事迹，做好典型人物报道？
3. 在互联网传播环境下，典型人物报道可以从哪些方面创新？
4. 结合采写手记，分析《"绿化将军"张连印：青山写忠诚》的报道特点。
5. 本专题收录的典型人物报道中，哪些细节给你留下深刻印象，为什么？

彰显大国重器的强大力量
——重大建设工程系列报道评析

重大建设工程报道是新闻媒体对事关政治、经济、社会、科技发展、环境保护、公众健康与国家安全等各类重大工程建设项目所进行的报道活动。《中华人民共和国国民经济和社会发展第十四个五年规划和2035年远景目标纲要》明确,"十四五"时期,将推进一系列重大工程建设。对重大建设工程进行宣传报道,是传播工程意义、深化建设价值、激发奋进力量、推动实际工作的重要途径。这需要新闻媒体切实增强脚力、眼力、脑力、笔力,主动借助新媒体传播优势,把握好时度效,科学专业、通俗易懂地再现工程建设过程,彰显大国重器的强大力量,增强报道的吸引力和感染力,让群众爱听爱看、产生共鸣,充分发挥正面宣传鼓舞人、激励人的作用。

一、案例概述

本专题重点推荐四个报道案例,其中有站在改革开放40年国家发展进步的历史高度和"一国两制"伟大实践的国家治理高度,回顾港珠澳大桥从梦想变为现实的不平凡历程的全媒体报道;有以高铁为线索,讲述高铁沿线各地城市乡村的故事,全景式展示"十三五"期间的规划建设成就和中国之美的全平台直播系列报道;有为庆祝新中国成立70周年特别策划、反映我国重大工程建设的非凡成就、展示重大工程建设筑牢基础和惠及民生重要作用的广播系列报道;还有体现记者新闻敏感,另辟蹊径聚焦脆弱生态环境下绿色施工的文字报道。

【案例一】 《一桥越沧海——写在港珠澳大桥开通之际》①

案例全文

这是新华社的全媒体报道。它对港珠澳大桥开通仪式进行了视角独特、视野宏大的呈现，以深刻的思想内涵、生动的故事表达和大气的全景呈现，展现党和国家关心支持香港、澳门融入国家发展大局，全面推进内地同香港、澳门互利合作的决策部署；反映出建设港珠澳大桥是中央支持香港、澳门和珠三角区域更好发展的一项重大举措，是"一国两制"下粤港澳密切合作的重大成果。

为掌握一手素材，新华社港台部派记者与新华社广东分社、亚太总分社记者组成全媒体报道团队，提前赴珠海深入展开调研采访，同时在北京走访了国家发改委、国务院港澳办等主管部门。在此基础上，报道团队进行深度梳理、谋篇布局，高质量完成文字通讯稿和短视频产品以及相关配图，在开通仪式当天推出这一具有独家视角和战略高度的重磅全媒体报道作品。

图1 港珠澳大桥航拍图（新华社 供图）

---

① 作者：集体创作；刊播平台：新华社，2018年10月23日。

【案例二】　《坐着高铁看中国》系列报道[①]

案例全文

这是中央广播电视总台央视新闻全平台直播系列报道。它在2020年国庆中秋长假的8天时间内，每天直播一条高铁线路（包括：京广高铁、京沪高铁、哈大高铁、合福和杭黄高铁、青藏铁路、贵广高铁、成昆铁路、京张高铁），采用"景观镜头+记者跟车直播+各地探访+人物故事"的方式，生动呈现我国高铁的飞速发展和高铁辐射区域的变化与成就，累计直播时长近53小时。

图2　《坐着高铁看中国》海报（中央广播电视总台　供图）

【案例三】　《共和国超级工程》系列报道[②]

案例全文

这是中央广播电视总台中国之声为庆祝新中国成立70周年特别策划的广播系列报道，旨在呈现筑基础、惠民生的大国巨制，凸显新中国震撼世界的力量。这组报道选择了三峡工程、北斗卫星、高速公路、中国高铁、南水北

---

① 作者：集体创作；刊播平台：中央广播电视总台，2020年10月1—8日。
② 作者：集体创作；刊播平台：中央广播电视总台中国之声，2019年8月1—10日。

调、西电东送、港珠澳大桥等10个具有典型意义的共和国超级工程。

这组报道在工程场景中采访施工者、建设者，向听众生动阐释这些工程目前的建设情况、运营情况和前景展望，让受益于工程的普通人感受到超级工程原来与"我"紧密相连，也让他们切身体会到在中国共产党的领导下我国国家实力迅速增长。通过对我国超级工程有血肉、有共鸣的呈现，报道在微博、微信等社交媒体和新闻网站等渠道都获得了良好的传播效果。网友纷纷留言："世界奇迹，中国建造！""且看中国巨变，惊叹巨龙腾飞！"

【案例四】 《新疆最长铁路桥合龙贯通　台特玛湖特大桥建设不留一点垃圾在湖区》[①]

案例全文

新疆日报的这篇报道，从生态保护角度切入，报道新疆台特玛湖特大桥的生态施工情况。从格尔木到库尔勒的铁路，是新疆"东联西出"三大铁路通道的南通道，具有重要的战略意义。在规划和建设中，格库铁路选择对生态影响最小的方案，以铁路桥的方式横跨台特玛湖，由此建成新疆最长铁路桥，实现经济发展和环境保护的统一。记者赶赴若羌，本来是为了采访台特玛湖特大桥贯通工程，但看到施工现场竟然没有一点垃圾，由此了解到施工单位为保护台特玛湖生态环境，设计时几易其稿、施工时环保优先的事实。报道以生态治理为切入点，重点展现该工程的生态保护意义。

二、专家评析

重大建设工程报道是典型宣传的重要组成部分。做好重大工程建设报道，新闻媒体要树立大局意识、典型意识、引导意识，从翔实的采访中汲取养料、寻找线索、提炼主题，

[①] 作者：陈蔷薇；刊播平台：新疆日报，2018年8月18日。

通过理念、内容、形式、方法、手段等创新，挖掘新题材、使用新表述、探索新手法、创造新风格，丰富传播内容和形态，实现平台联动，深化媒体融合，扩大了重大建设工程报道的影响力。本专题所选案例报道形式多元、报道角度各异，都体现了重大建设工程报道的价值与优势。从这些案例中，我们可以看出成功的重大建设工程报道所具有的鲜明特点。

（一）策划：聚焦主题，引导舆论，创新思路

策划是新闻媒体在进行报道前重要的准备。在进行重大建设工程报道的相关策划时，记者可从选择典型案例、明确报道主题、聚焦舆论热点、回应社会关切等方面，确定报道角度与深入挖掘的路径。

1. 着眼全局，以小见大

在策划重大建设工程报道时，新闻媒体要着眼全局，以小报道见大格局。案例的典型性至关重要，新闻媒体应争取通过报道树立典型。经济建设、社会发展、民生改善是重大建设工程的永恒主题，因此，新闻媒体在进行报道时应着重将视角聚焦于此。在《共和国超级工程》系列报道中，记者回顾新中国成立70周年风雨历程，选择最具代表性的数个工程进行实地走访，选题精准，气势磅礴。聚焦的对象既体现了创新、绿色等新发展理念，又具有很高的知名度和很强的代表性，始终为世人所关注；既有历史上的重大工程，如三峡工程、密云水库，也有十八大以来的重大成就，如港珠澳大桥、塞罕坝生态建设等，大部分重大工程建设从无到有，是新中国经济建设最真实的写照。报道通过反映工程建设难度、攻坚力度，以小见大、以点带面，集中反映新中国成立70年来的建设成就给人民生产生活带来翻天覆地的变化，成为新中国民生改善的真实记录。

2. 凸显价值，注重引领

重大建设工程报道的策划，要注重案例的典型性，通过报道引领主流价值。《一桥越沧海——写在港珠澳大桥开通之际》展现了较强的价值引领意识，以讲好大桥故事就是讲好中国故事为出发点，从"中国道路""中国力量"和"中国智慧"三个层面，生动反映港珠澳大桥是"国家工程、国之重器"，是"一座圆梦桥、同心桥、自信桥、复兴桥"，在潜移默化中引导受众从国家战略高度来理解港珠澳大桥建成的重要意义。《新疆最长铁路

桥合龙贯通　台特玛湖特大桥建设不留一点垃圾在湖区》，从生态保护视角出发，讲述台特玛湖特大桥的环保施工，唤起读者的生态保护意识，在全社会营造出保护生态环境的良好氛围。

3. 聚焦问题，加强创新

重大建设工程报道要注重案例所体现的现实问题，努力通过报道推动实践。《新疆最长铁路桥合龙贯通　台特玛湖大桥建设不留一点垃圾在湖区》选取台特玛湖特大桥环保施工为报道对象，反映处理经济发展与生态环保关系的新疆实践，生动体现"绿水青山就是金山银山"的生态保护理念。在大多数媒体关注台特玛湖特大桥合龙贯通本身时，这篇报道视角独特、另辟蹊径，反映出作者将问题意识、创新精神内化于心。在《共和国超级工程——南水北调》报道中，记者从"缺水，从哪里借""南水如何送到北方"等问题出发，搭建起文章架构，再现南水北调工程实施过程中对缺水问题的关注和思考。

（二）采编：挖掘细节，以人为本，深入浅出

在重大工程建设报道的采编阶段，记者应坚持深入实践、以人为本，以深入浅出的语言使重大工程"可见""可感"。

1. 要讲有细节的好故事

重大建设工程报道的采写，要挖掘细节信息、讲好工程故事，做到以真实为灵魂、以细节为抓手、以故事为载体。以真实为灵魂，即通过搜集采访素材描绘重大建设工程的一线场景。在《一桥越沧海——写在港珠澳大桥开通之际》报道中，新华社记者提前赴珠海展开深入的调研采访，同时在北京走访了国家发改委、国务院港澳办等主管部门，积累了大量一手资料。以细节为抓手，即善于利用素材中看似不起眼的"枝节"。中国之声播出的报道《共和国超级工程——高速公路》选取跑西宁玉树一线的货车司机从跑"砂路"到跑"高速公路"的细节，将通车前后的情形进行对比，让听众直观地感受到高速公路建设工程带给百姓生活的切实变化。以故事为载体，即运用故事讲述工程建设。《共和国超级工程——中国高铁》报道中，记者提到1978年邓小平访问日本，乘坐新干线列车的故事，由此唤起听众的情感共鸣，使报道入脑入心。

2. 要见事更要见人

重大建设工程报道应饱含人文关怀、胸怀家国民生，既要见事更要见人，多维度立体化地进行报道。见事见人、饱含人文关怀，即媒体不应仅报道作为硬件的工程，更应看到工程的建设者和受益者。《共和国超级工程》系列报道对这些超级工程和普通人、普通家庭的关系做了生动的故事化解读。一方面，选取工程建设者的经历，变专业为通俗，让报道有据可依、可读可感；另一方面，展现工程受益者的故事，使得报道落在实处，借助普通人的切身体会和感受，提升报道的贴近性。多维立体、胸怀家国民生，即报道不应仅停留在工程基础建设层面，更应凸显工程在社会价值层面的意义。《共和国超级工程——三峡工程》报道，考虑到与工程建设同步进行的移民搬迁同样是新中国历史上波澜壮阔的一页，采用双线叙事，分别从三峡移民人和三峡工程人的视角，对三峡工程的建造过程、意义影响进行介绍，取得良好的传播效果。

3. 要通俗易懂贴近民生

新闻媒体应科学通俗地解读工程意义，做到会转译、可呈现、有意味。《共和国超级工程——北斗导航》报道中，记者在介绍北斗工程原理时，并未采用科学深奥的语言，而是另辟蹊径，讲述一位利用北斗星通给家人报平安的出海渔民的故事；在介绍北斗工程运用时，记者借采访对象之口，解析北斗卫星技术对农业领域的具体影响；在介绍北斗工程影响时，记者用故事化的场景描述北斗卫星技术之于农业、农村、农民的意义。在转译过程中，记者可以通过打比方、列数据、作类比、用排比等写作手法提升报道的可读性和趣味性。以《共和国超级工程——大兴机场》为例，记者为使听众直观感受到航站楼穹顶的重量，使用"相当于半个鸟巢的重量"的说法，通过"量化"工程建设的难度，降低听众的理解门槛；面对挑战，记者将工程师的解决方案比作"药方"，使得报道颇具趣味性，提升了报道的传播效果。在《共和国超级工程——南水北调》报道中，记者为展现南水北调工程建设难度，选取数十年间丹江口水库加高工程的进展，通过数字记录忠实勾勒出水库不断修建的历史画卷。

（三）播发：形态多样，平台联动，全媒融合

做好重大工程建设报道，媒体应不断完善新闻产品形态，打通渠道壁垒、发挥各平台

优势，推动新闻报道的矩阵化传播。

1. 做到形态多样

新媒体时代，媒体形态愈发多元，单一媒体形态在传播效果上往往不及多媒体联动传播，应实现新闻信息的可视化、互动化、个性化。《坐着高铁看中国》系列报道采用多种传播方式：在每期节目开篇，以"实景拍摄＋后期虚拟植入"的方式推出八大高铁线路看中国的总概念，通过AR实景虚拟特效小片，展现八横八纵的大格局，介绍当天直播的重点；在直播过程中，央视新闻会对直播中的精彩内容及时切条进行碎片化传播，《坐着高铁看中国 这段Rap给你听》《萌化！近距离看给小藏羚羊喂奶！戳视频来"吸羊"》《首次曝光！走！跟体育名嘴张斌和"雪如意"总设计师爬个"山"》等切条的独家内容在网络刷屏。在直播中各条线还紧跟热点，特别设计互动环节，增强直播的趣味性和互动性。如《贵广高铁3分钟能穿越多少个隧道？坐着"过山车"一起数！》点燃网友参与热情，形成线上线下互动。

2. 实现平台共享

重大建设工程报道应当统筹处理好传统媒体和新兴媒体、中央媒体和地方媒体、主流媒体和商业平台、大众化媒体和专业性媒体的关系。《共和国超级工程》系列报道以广播形式为主，兼顾新媒体端，既充分挖掘历史声音、利用广播特点强化可听性与鲜活性；又注重图片、画面的展示，将珍贵的历史照片、摄影资料等呈现在新媒体端，实现报道的可视性与贴近性；传统媒体端和新兴媒体端联动，传播效果倍增。《坐着高铁看中国》系列报道在央视新闻矩阵各平台并发，直播第一天便实现"开门红"，全平台单日阅读量突破5900万人次。

3. 深化媒体融合

2020年6月30日，中央全面深化改革委员会第十四次会议通过了《关于加快推进媒体深度融合发展的指导意见》，把建立全媒体传播体系作为深度融合的目标，强调形成资源集约、结构合理、差异发展、协同高效的全媒体传播体系。全媒体传播体系不是单一的内容或介质体系。本专题推荐的重大建设工程报道案例在形态多样、平台联动的基础上，树立产品思维、用户思维，培养服务意识，向优化建设全媒体传播体系目标靠拢以实现媒体深度融合，发挥不同媒体机构相对优势，形成多维度多层次复合传播。

三、采写手记

乘坐风驰电掣的高铁　喜看行稳致远的中国
——《坐着高铁看中国》采写手记

2020年，新冠疫情肆虐全球，它震惊了世界，也搅乱了世界。

2020年国庆中秋假期，是疫情以来的第一个长假。突如其来的新冠肺炎疫情，打乱了很多人的春节安排，令人更珍惜来之不易的安定与团圆。因此，大家对这个"双节"假期的期待，胜似过年。对于国庆"文化大餐"的期待，也格外不一般。10月1日至8日，央视新闻全平台推出大型主题报道《坐着高铁看中国》，全景式展示"十三五"规划成就和中国之美。8天8条主线，带着观众走遍大好河山、聆听中国故事。直播线路辐射"八横八纵"、累计直播时长53小时、观看量超1.33亿人次、话题阅读量突破7亿次。

我国是世界上高速铁路运营里程最长、在建规模最大、商业运营速度最高、高铁技术最全面、运营场景和管理经验最丰富的国家。高铁不仅改变了中国人的出行方式，也渗透到了中国人生活的方方面面。它像一条银线，串起了中国经济版图上的一颗颗珍珠。

《坐着高铁看中国》大型直播报道展现的是一个时代性的内容——中国高铁从无到有、从制造到创造、从追赶到领先。报道背后体现的正是汇聚亿万人民奋斗的时代精神——在直播镜头里，有几代铁路人艰苦奋斗传承的精神，有为铁路事业不断创新的新时代匠人精神，有各行各业的无私奉献精神，还有沿线各地人民积极向上的乐观精神。

在开往武汉的高铁上，抗疫志愿者、医护人员实现了中秋团圆，一幕幕感人至深。在哈大高铁上，"探亲团"一路欢歌笑语、快乐出发。直播节目通过小切口、小故事，展现大主题、时代性，在主动设置议题的同时，更有效发挥舆论引领作用。

从京沪线到青藏线,"中国号"列车跑出了新速度,也跑出了新高度。疫情过后,人们坐着高铁看中国,看到了春回大地,看到了全国上下化危为机的欣欣向荣,更看到了"中国号"列车复苏领跑,在时代的浪潮中行稳致远。

坐着高铁看中国,本质上是一次宏大的成就性主题报道。如何让群众有身临其境的感受,如何调动网友参与的积极性,在这次直播报道的策划、执行和传播环节,我们时时刻刻都在强调和突出参与性和互动性。

在直播节目中,央视新闻首次同步播出了驾驶室的独家视角,司机主观视角镜头、记者镜头与景观镜头同步呈现,使直播富有创意和行进感,也让大家对高铁的速度有了更加直观、真实的感受。一系列的独家镜头将不同场景中的实时画面进行过渡组接,既增强了画面的表现力,也契合了本次直播的主题。内容上有创意,能够提供独家资源,这是报道抓住受众、形成现象级传播的根本保障。

如今,信息无处不在,传播格局发生着深刻的变化。在全媒体时代,"全"字既体现的是时间上的全程,还体现了人人都参与的多向互动。《坐着高铁看中国》系列直播充分调动受众的积极性,在短时间达到亿级的传播量。在直播节目中,各条线还紧跟热点,特别设计了互动环节,增强了直播的趣味性和互动性。其中,《贵广高铁3分钟能穿越多少个隧道?坐着"过山车"一起数!》点燃网友参与热情,形成线上线下互动,引发刷屏。央视新闻微博邀请网友一起读秒数隧道,点赞数超过3万。从反响来看,网友们通过直播体会到的,不仅仅是互动的乐趣,更有我们想要表达的主题思想。在留言中,网友纷纷表示"感受中国速度,感受中国科技飞速发展""了不起的中国,了不起的建设者"。

在快节奏的信息时代,重大主题报道的传播效果如何做到最大化,从"重"到"轻"的拆解非常重要。报道重大而不繁重,轻巧而不轻微。报道拥有丰富多样的层次,推出多种多样的产品,打出立体化的组合拳,才能营造浓厚的氛围,引发用户的共鸣和认同。

央视新闻对《坐着高铁看中国》中的精彩内容及时切条,进行碎片化传播,《坐着高铁看中国 这段Rap给你听》《萌化!近距离看给小藏羚羊喂奶!戳视频来"吸羊"》《首次曝光!走!跟体育名嘴张斌和"雪如意"总设计师爬个"山"》等切条的独家内容在网络刷屏。此外，相关节目在央视新闻矩阵各平台并发，实现了很好的传播效果。直播第一天实现开门红，全平台单日阅读数突破5900万人次。直播平均每天的收视量都在1000万人次左右。不仅如此，节目还实现了大屏和小屏有效互动，小屏精品反哺大屏。AR实景虚拟小片、精品视频均在新闻频道滚动播出，并被多家媒体转载，形成了良好的舆论氛围，达到了传播效果最大化。

在这次风驰电掣的直播中，我们不仅感受到中国高铁的速度，更感悟到中国发展的速度，一个行稳致远的中国展现在世界面前。

（中央广播电视总台 文雅）

四、延伸阅读

经济日报"壮丽70年　奋斗新时代·共和国的故事"专栏于2019年9月16日至21日发表6篇报道：《治水记》《架桥记》《筑路记》《飞天记》《驯火记》《兴林记》。该系列报道力求把六大重点工程领域的内容做实、做透、做精，用重点工程故事串起新中国经济发展脉络，让读者入眼、入脑、入心。一版连续推出的六篇综述展现了新中国成立以来在兴修水利、桥梁建设、公路铁路、航空航天、能源发展、绿化造林等方面重点工程的重大成就和深远影响，也体现了记者深入一线调研和专业报道的采访写作功力。

大众日报于2019年11月27日发表《沂蒙老区驶出首班"复兴号"》。报道前一日鲁南高铁日照至曲阜段正式开通，沂蒙老区临沂正式迈入高铁时代，并入全国高铁网的重要消息。文章紧扣社会热点，可读性强，内涵丰富，体现出鲁南高铁的开通对于临沂经济发展与人民幸福的里程碑意义，让大众感受到沂蒙老区在新时代的新面貌与未来腾飞的新希望。

黑龙江新闻广播于2019年5月31日播出《中俄首座公路跨境大桥成功合龙》，报道中俄合建首座公路跨境大桥——黑河—布拉戈维申斯克黑龙江（阿穆尔河）大桥合龙这一重大事件。自1988年中俄双方达成共建意向到2019年正式合龙，中俄首座公路跨境大桥项目历经31年。多年来，记者持续追踪跟进，采访多名中俄双方建设人员、政府官员与权威专家，于大桥合龙当天现场发回最新报道。报道通过多场景、多角度交叉切换，完整呈现了黑龙江大桥建设的深远影响，同期声采访典型精准、说服力强，整体报道内容凝练、立意悠远。

延伸阅读

五、思考与讨论

1. 重大建设工程报道的难点与要点是什么？
2. 如何增强重大建设工程报道的贴近性？
3. 重大建设工程报道如何做到"见事更见人"？
4. 结合采写手记，分析《坐着高铁看中国》的报道特点。
5. 本专题案例中哪些人物和细节给你留下深刻印象，为什么？

浓墨重彩展现国家强盛之基
——国家战略科技成就报道评析

科技新闻报道是新闻媒体立足科技强国战略，对科技成果、科技政策和科技相关人物进行的新闻报道活动。国家战略科技成就报道是科技新闻报道的重中之重，具有弘扬科技创新实力、彰显国家科技自信的重要功能。党的十八大以来，党和国家坚持把科技创新摆在国家发展全局的核心位置，以前所未有的力度强化国家战略科技力量，战略科技任务实施取得重大突破，这就要求新闻媒体高度重视、精心做好国家战略科技发展和成就报道。

一、案例概述

本专题重点推荐三个报道案例，其中有来自"太空记者"发回的现场报道，有人类历史上首次实现万米深潜的视频直播，也有对发射任务失利的深刻反思。

【案例一】　　　　"新华社特约记者太空日记"系列报道①

案例全文

这是新华社关于天宫二号和神舟十一号载人飞行任务的系列报道。围绕这次历时两个多月的任务，新华社策划实施了以"特约记者太空日记"为主

---

① 作者：景海鹏、陈冬、李柯勇、郑晓奕等；刊播平台：中国新华新闻电视网中文台，2016年10月19日－11月18日。

题的全媒体融合报道，呈现出立体多元的传播效果。该报道不仅有传统的文字、图片、音视频报道，还专门组织"两微一端"的融合报道，创意新颖、内容独家、融合互动，全方位展示我国载人航天事业的成就，大力宣传载人航天精神，引发广泛积极的社会反响。

"太空日记"系列报道以执行任务的航天员为出发点，开创"天地结合"的全新报道形式：景海鹏、陈冬两位航天员以"新华社太空特约记者"的全新称谓，开世界新闻史上记者从地球之外发回报道的先河，有效吸引受众关注。总共9期的"天地结合"全媒体报道，新闻性与科普性、思想性与可读性、传播力与影响力兼具，新媒体端阅读量累计超过2亿人次。

图1 "新华社特约记者太空日记"海报（新华社 供图）

【案例二】 《下潜万米深海 中国"奋斗者"号载人潜水器万米级海试》[①]

案例全文

这是中央广播电视总台的电视报道。2020年11月，中国"奋斗者"号载人潜水器在全球海洋最深处——太平洋马里亚纳海沟成功突破10909米下潜新纪录，中央广播电视总台面向全球独家直播报道这一壮举。这场直播也是人类历史上首次实现万米深海的视频直播。中国潜水器探底马沟的瞬间、潜航员探出观察窗口的面部特写、潜航员第一次成功与北京演播室实现视频对

---

① 作者：新闻中心集体创作；刊播平台：中央广播电视总台，2020年11月10日、13日、16日、19日。

话连线等经典画面和段落，震撼了亿万观众。

中央广播电视总台在太平洋上的"探索一号""探索二号"科考船以及海面和万米洋底架设了10个机位，形成空中、海面、水下（潜水员机位）和万米海底全方位、立体化的直播系统，同时在"探索二号"上设置太平洋演播室，通过直播连线的方式发回前方动态。新闻频道、CGTN、央视新闻客户端、央视频、中国之声、环球资讯等各频道、平台结合前方内容，推出多样态的直播报道。

图2 "奋斗者"号下潜过程截图（中央广播电视总台 供图）

【案例三】 《长五YF-77，如何走出至暗时刻？》①

案例全文

这是中国航天报关于长征五号YF-77发动机从失利走向成功的深度报道。长征五号是我国当前推力最大的运载火箭，肩负发射火星探测器、嫦娥五号月球采样返回探测器等重任。2017年7月2日长征五号遥二任务发射失利后，航天科技工作者们立即针对这型发动机启动"归零"——这是航天领域解决质量问题的特有方法。记者采访了事件的核心人物，还原YF-77发动机归零的908天。

这篇报道以专业的视角，直击问题要害，文章故事性强且能透过现象看

---

① 作者：赵聪；刊播平台：中国航天报，2019年12月27日。

本质，写出了一群走出"至暗时刻"航天人的心声。报道通过大量场景再现，展现航天人的担当与责任，这是一篇可读性较强的揭秘式深度报道，受到航天专业人士的认可，有助于大众理解航天人高风险、高压力的工作状态。

二、专家评析

国家战略科技力量作为科技事业发展的关键环节，直接关系我国综合国力和国际竞争力的提升。国家战略科技成就报道，不仅彰显了我国当前的科技实力和发展进程，也为深化科技体制改革提供了精神动力，有利于激发全社会的创新创造活力。党的十九届五中全会提出，要坚持创新在我国现代化建设全局中的核心地位，把科技自立自强作为国家发展的战略支撑。这要求新闻媒体强化科技创新报道意识，全面跟进国家重大战略科技成就，将科技创新过程中的专业化内容转化为贴近受众需求的新闻作品。本专题所选案例采用多元视角和丰富形式呈现我国科技发展成就，通过学习领会这些优秀报道，可以进一步把握科技新闻的写作方式与报道规律。

（一）立足全局，站在国家战略高度弘扬科技创新

国家战略科技力量代表了国家科技创新的最高水平。国家科技成就报道要站在党和国家全局的高度，把握好党的科技战略部署、战略决策、政策策略，落实好党的宣传方针、宣传口径，全面揭示我国科技创新的成就，在国内国际有效发挥舆论引领作用。

1. 立足国家科技战略彰显民族精神

科技兴则民族兴，科技强则国家强，科技成就报道必须站在国家发展战略高度，凸显科技创新在实现中华民族伟大复兴中的关键作用，从中华民族伟大复兴的视角出发阐述科技成果的战略内涵。新闻媒体一方面要展现科技成就蕴含的创新精神和中国贡献，另一方面要肩负起国家使命，在国家全局战略的背景下凸显民族精神。2020年12月18日人民日报刊发的《探月精神激荡奋斗豪情》，立足嫦娥五号任务的现实情况，用饱满的情绪和丰富的细节生动呈现了我国探月精神的内涵，以激荡人心的话语将科技成就升华为民族精

神,站在国家和民族的视角激发读者的民族认同,将中华民族精神与党和国家的不懈奋斗融于科技成就中,展示出中国实现科技自立自强的决心和勇气。

2. 面向全球讲好中国科技创新故事

科学技术是世界性、时代性的,发展科学技术必须具有全球视野,把握时代脉搏。国家战略科技报道不仅应该秉持人类命运共同体的立场,弘扬我国科技成就,也要从时代发展这一维度出发,凸显我国科技成就为世界发展带来的进步意义。

中央广播电视总台刊播的《中国"奋斗者"号载人潜水器万米级海试现场直播》和《下潜万米深海 中国"奋斗者"号载人潜水器万米级海试》,首次通过电视直播镜头报道"奋斗者"号探底万米洋底的历史性时刻。潜航员在与万里之外的主持人进行实时视频通话时回答了"万米海底景象""'沧海'号海底的模样"等问题,为人类深入探索海底提供了有价值的参考资料。直播中呈现出的重量级科技前沿新闻内容,得到了众多海外媒体的引用转载。这些报道突破以往观众对直播的认知,使他们关注到中国科技成就对于全世界和全人类科技创新发展的意义,彰显中国正在通过科技进步推动人类探索未知的步伐,为全球科技发展作出中国贡献。

(二)创新形式,采用新技术增强报道可读性

新时代的新闻报道要积极适应新媒体的发展,对于科技成就类报道来说,能否顺应新的趋势是一个巨大的考验。由于科技新闻具有一定的专业理解门槛,在报道中若是平铺直叙,可能会有枯燥无味之感,难以让受众对科技成就产生共鸣。因此,科技成就报道要从受众视角出发,采用多元呈现形式,增强报道可读性,由此达到更好传播效果。

1. 采用多元形式呈现科技成就

新闻舆论工作必须创新理念、内容、体裁、形式、方法、手段、业态、体制、机制,增强针对性和实效性。科技成就报道涉及相关技术创新的展示、解读和应用,更需要全媒体协作、多形式创新,通过不同形式全面展现我国科技发展新面貌。

2017年5月7日至10日,中央广播电视总台播发《C919首飞全记录》,以新闻纪实和直播的方式,对国产新一代大型客机首飞任务进行长达半年的全程跟踪拍摄,采用运动摄像机、

固定云台等特种拍摄器材，独家展示C919首飞的重要历史时刻，用纪录报道的形式展现了中国大飞机首飞历程的艰辛和中国对大飞机梦想追寻的执着。首飞当天，更是在全球范围内首次独家尝试在3600米高空由伴飞飞机进行实时直播。这些新闻报道综合使用图片、视频、直播等手段，全景式呈现国家战略科技成就，直观清晰回应外界质疑，彰显大国自信。

2. 借助新媒体技术创新科技成就报道

科技创新成果的发布往往伴随着新技术的采用，这对相关新闻报道也提出了更高的要求。对于部分航空航天或深海探测的科技成就报道来说，想要实现创新突破，呈现出更佳的报道效果，就要借助新媒体技术加持。

《下潜万米深海　中国"奋斗者"号载人潜水器万米级海试》在创新报道技术方面的经验有可借鉴之处。该报道能在人类历史上首次实现万米深海视频直播，源于中央广播电视总台前瞻性地深度参与国家"十三五规划"深海专项，历时5年成功研发全海深4K高清视频直播装备，布局全方位、立体化的先进直播系统。这一技术的开发使得此次海试直播在技术层面上实现突破创新，为未来的深海报道提供了更多可供探索的路径。通过新技术直播报道重大事件，逐渐成为媒体一种常态化的手段，总台在创新报道技术方面获得的成功为其他媒体开展直播报道树立了标杆。今后，媒体在科技报道中要加强对新技术的应用，并不断完善专业化的技术操作流程，培养既懂新闻又懂技术的专业人才。

3. 利用参与者、体验者视角讲述科技故事

科技成就报道天然具备向社会公众进行科学普及的功能，报道作品能否实现科普的效果，很大程度上取决于科普讲述者的叙事功力。科技报道在传达知识内容以外，还应积极关注报道视角的转换。报道要从参与者、体验者的视角出发，以亲历者的视角和生活方式为依托，发掘科学技术中的趣味，不仅增加科技成就报道的可信度和感染力，还能够使受众产生身份共鸣，更好地理解我国科技成就给微观个体生活带来的切身影响。

"新华社特约记者太空日记"系列报道运用互联网思维构建新型报道视角。两位航天员在报道中转换身份，成为"新华社太空特约记者"。该系列报道从两位航天员自述的第一人称视角出发，以"天宫二号"为实景，集结全媒体报道形式和新媒体互动方式，讲述航天员在太空的工作生活日常。这种视角不仅打破了"航天员"与"普通受众"之间的身份藩篱，拉近受众与"特约记者"的心理距离，也为媒体提供大量独家采访素材，实现科

技成就报道模式的创新。

（三）情理交融，兼具科技报道的专业性和人文性

国家战略科技成就报道内容多为科学技术方面，带有一定的专业门槛。媒体报道时应注意融合科技的"理"与人本的"情"，兼具科技内容的专业性和新闻报道的人文性。

1. 用背后故事打动人心

科技成就不是一蹴而就的，不管是成功还是失败，其背后都凝聚着一代又一代科研人员为此付出的艰辛和汗水。媒体对科技成就进行报道时，不仅要客观记录科技成就的研发过程，也要深入挖掘，看到科技成就背后所凝结的智慧、情感与关怀。

长征五号遥二任务发射失利后，航天科技工作者立即启动"归零"，该事件引发外界对于中国火箭研发的担忧：中国大火箭怎么了？发动机出了什么问题？会不会影响火星探测和月球采样返回任务？中国航天报及时采写深度报道《长五YF-77，如何走出至暗时刻？》，发挥该报在航天专业领域的独特优势，主动回应社会关切，深入探寻问题本质。

在报道中，记者直接引用采访对象的原话，如"心像被撞了一下""要做到故障复现，太难了""他们这些人，为长五耗尽了心血""难道是我们的设计方案先天不足？"作为小标题，通过场景回溯还原"归零"期间科研工作者们的心声，通过人物对话刻画发射失利后航天科研人的心路历程，用大量背后的故事还原出他们从失利到成功的这一过程中不为人知的细节，展现航天人的艰辛与坚守，引发社会正面反响。

2. 让科技报道更有温度

新闻媒体是科学传播的重要主体，承担着向社会普及科学技术发展成就的重任。媒体在报道科技成就时，应避免采用晦涩难懂的术语，力争让科技报道散发出暖心的人文色彩，让广大受众切实体会到报道中的温度。

"新华社特约记者太空日记"系列报道将人文关怀作为重点，特意征集了海内外小朋友对航天员景海鹏的生日祝福，景海鹏也在日记报道里鼓励小朋友们践行梦想。其终结篇《世界航天史上第一堂"天地联讲科普课"上线播出》，采用天地航天员联手讲课的方式，由两名航天员与地面航天员王亚平一起客串"太空科普老师"，通过航天员在轨讲解

及演示、地面航天员解说补充等环节的组合穿插，以故事化的报道形式完成了一堂太空科普课，以生动直观的呈现方式让孩子们能够更详细地了解太空知识。2018年6月8日，吉林广播电视台发布《"地壳一号"万米钻机：伸向地球的望远镜》，记者与操作该项目的科学家面对面交流，取得第一手翔实资料和素材，配合专家的阐释解读，运用广播报道为听众提供通俗易懂的科技信息，向听众深度展现"地壳一号"万米钻机研发所彰显的重要意义，再现了世界瞩目的"中国制造"辉煌时刻。

三、采写手记

一步精彩　步步艰辛
——《下潜万米深海　中国"奋斗者"号载人潜水器万米级海试》采写手记

2020年11月，中国"奋斗者"号载人潜水器在全球海洋最深处——太平洋马里亚纳海沟成功突破10909米下潜新纪录，中央广播电视总台面向全世界独家直播报道这一壮举。这场直播也是人类历史上首次实现万米深海的视频直播。

此次报道，中央广播电视总台实现了电视直播领域多项重大创新突破。潜水器探底马沟的瞬间、潜航员探出观察窗口的面部特写、潜航员第一次成功与北京演播室实现视频对话连线等经典画面和段落，真实、震撼地呈现给了亿万观众。

在万米深海，"奋斗者"号经受住了极限考验。对于总台报道团队来说，从项目长期跟踪策划、技术创新保障，到穿越4个台风的连击、不远万里奔赴深海，又何尝不是一次极限挑战。

2020年10月，总台组成11人的前方报道团队，乘坐两艘科考船，先后从海南三亚出发。11月8日，在海上航行12天后，两条船终于会合，此时距离首场直播，只有不到两天时间。

第一个挑战是海上安全作业。前方团队成员分住在两条船上，二号船上的记者每天都要坐小艇去一号船"上班"。戴上安全帽，套上救生服，在茫茫大海上每天乘小艇来回,当小艇靠上巨轮的船帮,在上下起伏的大浪中,每位记者,无论男女,都要找准时机一把揪住软梯的两根长绳。随着船身一起一落,渺小的人如同一片树叶,海浪忽地一跃,鞋内浸满了水;船身再一沉,水线没过了腰线。初闯大洋的新闻人,此刻要变身成为一个个彪悍的水手,一步步登上城楼般高大的船舷,像摧城拔寨的士兵那样,翻身跳上甲板。为了和时间赛跑,凌晨五点,天刚有一丝亮光,一号船的水手就来接我们。晚上收工,我们还要搭小艇再回二号船,大海一片漆黑,一号船的探照灯为我们指路,二号船接应的人也举着手电为我们照明,生怕有个闪失。要知道我们距离最近的陆地,都需要航行将近16个小时。

第二个挑战是海上直播不确定因素多。为了把这个"直播间"搬到远海,"探索二号"船还在造船厂的时候,总台技术团队就同步推进基础直播的网络布线。为了让不远万里的直播更靠谱,两艘船上都装了直播系统,并通过水面微波传输系统使得两船的信号互联互通,互为备份。在沙盘推演中,三套方案充分考虑水面、水下、海底、卫星和微波等问题,这每一路千钧一发的信号如果中断,如何排列组合仅有的信号资源,补救一场不容许稍有差池的直播。

直播设备有备份,可记者不光没备份,还要身兼数职。由于出海极其苛刻的条件限制,前方报道团队这11个人不仅要完成新闻采编、纪录片拍摄、直播潜水拍摄、航拍、出镜、技术协调保障等海量工作,还有各种交叉的大小屏技术系统的搭建和信号保障工作。走位、拉线、测试、排雷,在时间紧迫和高难度压力下,总台技术系统的精锐力量集结,完成了在陆地上需要几十人完成的工作,把不可能变成可能。

穷尽脚力,艰辛地抵达,只是考验眼力、脑力、笔力的起点。以11月13日的这场万米下潜为例,当天独家报道的最大亮点,就是"双船双潜"。"探索一号"船上搭载"奋斗者"号全海深载人潜水器,"探索二号"船上搭载"沧海"号万米深海4K高清视频直播着陆器。两艘船、两套深海装备,要在万米深海中会合、握手、开展联合作业,这在全球海洋科研记录中,尚无前例。新闻频道策划在当天采取两船接力、十几个小时的融媒体直播。弓已拉满,箭在弦上。

然而科学探索充满未知，美国的深海科研团队曾多次尝试万米洋底视频直播，都以失败告终。当天在一片漆黑的万米海底，被大家寄予厚望的"沧海"号开启14盏LED+HMI大灯，被打得通明透亮的万米洋底画面，史上第一次直播呈现在屏幕上，我们已经创造了历史！

但是，前方导演却迟迟不能把画面切回北京，因为"奋斗者"号报告：未能找到"沧海"号……此刻，总台前后方团队的神经都快绷断了，每个人都要做好准备，如何面对并妥善处理一场技术上可能要被判定为"失败"的大型直播特别节目。

大家都在做着努力。前方导演与科学家团队反复沟通，不到最后一刻不放弃当天直播的可能。后方演播室上百人的团队调集十几条应急预案，延迟直播窗口时间，在屏幕上呈现有条不紊的新闻跟进、专家解读和信息调整，提前预示科学探索的困难与风险。总台前后方的所有决策给科学家团队及时传递了明确信号：客观报道当天试验进展，无论成败，不干扰正常科考作业，充分释放压力，理性分析试验出现多种结果的可能性。科学家团队不断切换多套寻找方案，调整海底定位技术。终于"奋斗者"号的远光灯划破亘古不变的黑暗，闯入"沧海"号视野！

历时20天，中央广播电视总台对"奋斗者"号4次下潜任务进行了全程直播，总时长约31小时。10个机位，形成空中、海面、水下（潜水员机位）和万米海底等全方位、立体化的直播系统，同时在"探索二号"上设置太平洋演播室，通过直播连线的方式发回前方动态。新闻频道、CGTN、央视新闻客户端、央视频、中国之声、环球资讯等各频道、平台结合前方内容，根据自身媒体特性制作成不同样态的直播内容。

复盘万米深潜直播这盘棋。为了最后落子这一步，前面不为外界所知的每一步艰辛布局，才是奠定胜局的关键招数。2012年中国"蛟龙"号载人潜水器结束海试后，总台新闻中心团队就开始谋划。突破点，就是要实现世界最深海底的高清视频电视直播。

多年来，虽然我国早已实现航天发射、天宫连线等外太空电视直播的技术突破。但深海之下的视频直播创新一直处在零起步阶段。万米深海，需要克服高达100兆帕的水压，信号传输需要突破海水介质的阻碍。总台将万米载人深潜报道纳入跨年度重大报道规划，提前五年介入科研项目。总台新闻中心相关领导牵头国家"十三五"规划国家重点研发计划《全海深视频采集传输处理系统集成及示范性应用》项目，总台技术局为直播系统精心设计双备份，联合全国十几家科研院所长年攻关，共同研发代表总台出战的"沧海"号万米深海4K超高清视频直播系统。最终，我们实现全球首次万米洋底视频直播+无线光通讯舱内视频通话，创造全球电视直播历史。

放眼全球，人类没有探索过的陆地已经所剩无几，但是仍有超过80%的海底属于科学盲区。"沧海"横流方显英雄本色，未来，"奋斗者"们还将勇往直"潜"。

星辰大海，我们后会有期！

（中央广播电视总台　周旋、丛威娜执笔）

四、延伸阅读

新华社于2021年6月16日至17日刊发"神舟十二号载人飞船发射"系列摄影报道，共播发稿件30篇。报道运用海报、图表、漫画等多种形式，记录神舟十二号载人飞行任务的全部关键节点，包括从航天员与记者见面、出征到神舟十二号载人飞船与天和核心舱交会对接成功、航天员顺利进驻天和核心舱等。稿件中海报设计颇具亮点，选用大气深邃的蓝紫色为主色调，配以星球、星空等剪影为点缀。稿件将照片主体强调突出，描述文字内容精炼、信息明确，增强了神舟十二号发射任务报道的视觉冲击力及速读时效性，更好地宣传了神舟十二号发射前期准备工作全过程、发射升空精彩瞬间集锦等。

中央广播电视总台于2020年6月23日播出的《北斗三号全球卫星导航系统星座部署收官发射》电视直播报道，应用媒体融合手段精心策划，进行了全方位、多角度、立体式集中报道。在演播厅，北斗专家与主持人开启特别节目，用一条条背景链接、一段段动态回顾，向全世界展示中国北斗建设的傲人成就，长达两小时的直播节目对北斗三号"收官卫星"的原理、研发过程、应用场景等进行全面介绍。在发射现场，四个点位的连线记者以四联屏形式出现在演播厅大屏幕上，依次分享发射成功后的喜悦心情。

吉林广播电视台于2018年6月8日刊播的广播报道《"地壳一号"万米钻机：伸向地

球的望远镜》在发布后也广受好评。"地壳一号"万米钻机的成功研发，创造了亚洲钻探世界纪录，成功填补了我国在深部大陆科学钻探装备领域的空白，加快了我国进入国际深部探测大国行列的步伐。为了保证报道的科学与严谨，记者与操作该项目的科学家面对面交流，取得第一手翔实资料和素材，展示了当代科技工作者"科技报国"的理想信念、敢为人先的敬业精神和甘于奉献的高尚情操，运用丰富的广播特色手法再现世界瞩目的"中国制造"辉煌时刻。

延伸阅读

五、思考与讨论

1. 如何理解国家战略科技成就报道的重要性？
2. 结合典型案例，简述科技报道如何平衡专业性与人文性。
3. 科技成就报道如何更好地发挥科普功能？
4. 阅读采写手记，谈谈对做好国家战略科技成就报道的感悟。
5. 结合时事热点，阐释如何创新国家战略科技成就报道。

舆论监督篇

让权力在阳光下运行
——反腐倡廉报道评析

给"四风"问题画上休止符
——反对"四风"监督报道评析

为人民利益鼓与呼
——社会问题舆论监督报道评析

让权力在阳光下运行
——反腐倡廉报道评析

党的十九大报告指出,要健全人民当家作主制度体系,积极发展社会主义民主政治,保障人民知情权、参与权、表达权、监督权。没有监督的权力必然导致腐败,创造一个不敢腐、不能腐、不想腐的清朗的政治环境,做好反腐倡廉的大文章,舆论监督大有可为。"新闻媒体是人民群众实行舆论监督的重要载体。通过新闻媒体形成公众舆论,监督法律的实施,监督党和政府方针政策的贯彻情况,监督领导干部的权力使用情况,这是党和人民群众的根本利益所在。"[①]

一、案例概述

本专题重点推荐三个报道案例,以调查性报道、广播连续报道和评论等不同形式展现反腐倡廉这一报道主题。

---

① 本书编写组:《新闻学概论》(第二版),高等教育出版社、人民出版社2020年版,第176页。

【案例一】 《万亩沙漠防护林被毁　敦煌防沙最后屏障几近失守》[①]

案例全文

2021年1月20日，经济参考报刊发报道《万亩沙漠防护林被毁　敦煌防沙最后屏障几近失守》。报道反映了十多年来，敦煌阳关林场持续遭遇大面积"剃光头"式砍伐，万亩公益防护林在刀砍锯伐中所剩无几，人为撕开一道宽约5公里的库姆塔格沙漠直通敦煌的通道。文章对地方有关部门落实生态文明理念不到位进行反思，以建设性视角批评当地以牺牲生态环境为代价换取一时经济发展的短视行为。

报道刊发后引起中央媒体的关注与国家有关部门的重视。3月19日，自然资源部、生态环境部、国家林草局调查组公布关于甘肃省敦煌阳关林场防护林被毁有关问题的调查情况。调查发现，阳关林场在西南片区存在防护林减少、葡萄园增加、毁林开垦、防护林质量下降等问题。这证明，经济参考

图1　遭到砍伐后的沙漠防护林（新华社　供图）

[①] 作者：李金红、王文志；刊播平台：经济参考报，2021年1月20日。

报关于敦煌防护林被毁的报道是准确的，报道对古城敦煌及河西走廊西部生态的保护起到重要的舆论监督作用。

【案例二】　　　　　　　　　　《神秘"曹园"》①

案例全文

2019年3月，央广新闻热线收到一封实名举报材料，反映黑龙江省牡丹江市的国有林地里，有一个叫"曹园"的地方违法占地、毁林，面积惊人。记者赶到当地调查采访，观察园子里的布局和场景，并借助无人机近距离拍摄"曹园"占地规模和建筑布局。"曹园"的主人是谁？数千亩的国有林地为何成了"私人庄园"？在"曹园"建设的十余年间，相关部门作出的三份违法处罚为何都沦为"一纸空文"？通过6集广播连续报道，记者围绕"曹园"涉嫌毁林、削山、挖湖三大问题，逐一求证，一层层地揭开了"曹园"的神秘面纱。

图2 《神秘"曹园"》报道合成图片（中央广播电视总台　供图）

---

① 作者：管永超、迟嵩等；刊播平台：中央广播电视总台中国之声，2019年3月19—28日。

中国之声对该事件的独家公开报道持续引发舆论关注，全国各大媒体对此事件进行了转载评论，央视《新闻1+1》连续三天关注此事。"曹园"成了大规模违建的代名词。报道播出后，相关部门首先拆除了"曹园"内16栋违法建筑。之后经过法律程序，"曹园"内剩余违法建筑被牡丹江市自然资源和规划局、牡丹江市爱民区法院等相关部门全部强制拆除。随后，"曹园"主人及相关负责人因涉嫌刑事犯罪被提起公诉，其他党政相关责任人受到党纪政纪处理。

【案例三】 "让廉洁成为一种觉悟"系列评论①

案例全文

廉洁，一个引人深思的话题。对各级干部来说，廉不廉，贪不贪，是一种考验，更是一种选择。没有人生活在真空中，将心比心，干部也有欲望的冲撞，也有心理的纠结。人民日报系列评论"让廉洁成为一种觉悟"从理智和欲望、如何正确看待权力、家风和子女教育等角度切入，紧贴干部生活和工作现实，解开了一些干部的心结，廓清他们心中的迷雾。

系列评论共有6篇，分别是：《让理智战胜贪欲》《"权力"的滋味怎样品尝》《真的是"身不由己"吗》《如何才算爱子女》《清廉是对家人的最好馈赠》《平和心态才有平稳人生》，阐述了如何正确对待欲望、正确看待权力、认识"被动腐败"、真正爱护子女家人、在面对诱惑和挫折时保持平和心态等方面，对廉洁问题进行了全面系统的论述。

系列评论最大的特点是以谈心的方式进行论证，文字生动、论据丰富，从古到今、从正面到反面，娓娓道来，如春风化雨，充满了围炉夜话、促膝谈心的意味。文章论点清晰、论证严密、层层深入，引导党员干部直面人性、审视人生，看清利与弊，掂量得与失，讲人性、讲人情、讲人生、讲人心，可读性强，入脑入心，具有很强的说服力。

---

① 作者：人民日报评论部；刊播平台：人民日报，2014年7月30日、31日，8月5日、7日、11日、13日。

二、专家评析

腐败是社会的肌瘤。舆论监督要通过舆论的力量，让权力在阳光下运行，制止危害党和国家、给人民利益带来重大损失的事件发生和扩大，起到防患于未然的作用，也使受众从中得到警示。

虽然腐败让人深恶痛绝，但反腐倡廉报道不能感情用事，要通过客观、准确的报道和严谨扎实的分析，充分揭示腐败现象的危害，展现其背后原因的复杂性，从而使报道起到良好的效果。

（一）在服务大局中确立反腐倡廉报道主题

反腐倡廉报道是舆论监督中的重头戏。反腐倡廉报道要做得好，就必须从党和国家的中心工作着眼，围绕工作大局展开，把形形色色的腐败现象揭发出来，曝光在公众视野中。

"工作大局，就是党和政府一定时期工作的总体布局、战略布局、中心任务，事关顺利推进党和国家各项事业，事关实现人民根本利益，具有鲜明的方向性、时代性、整体性。"[1]围绕中心、服务大局是新闻工作的职责使命和重心所在。通过反腐倡廉报道揪出若干个"蛀虫"固然重要，但更重要的是通过个案性的报道，能在更大范围内起到警示作用，在更大程度上配合党和政府的中心工作。

《万亩沙漠防护林被毁 敦煌防沙最后屏障几近失守》就围绕中央反复强调的生态环保问题发力，把守护好绿水青山作为报道出发点。绿水青山就是金山银山。习近平总书记多次强调，"要像保护眼睛一样保护生态环境，像对待生命一样对待生态环境，多谋打基础、利长远的善事，多干保护自然、修复生态的实事，多做治山理水、显山露水的好事"[2]。然而，记者在调查中发现的却是触目惊心的"剃光头式砍伐"和"万亩防护林变身'绿色荒漠'"的现象，以及地方政府和相关部门刻意淡化公益林"身份"，一再掩盖毁灭性砍伐的突出问题。

《神秘"曹园"》独家曝光了国有林区内"曹园"违法建筑群，通过6集广播连续报

---
[1] 本书编写组：《新闻学概论》（第二版），高等教育出版社、人民出版社2020年版，第123页。
[2] 《习近平谈治国理政》（第三卷），外文出版社2020年版，第361页。

道,揭开了"曹园"神秘面纱。报道播出后,神秘"曹园"迅速引起公众持续关注,黑龙江省委省政府成立的督导组经过深入调查后很快发出权威通报,决定将"曹园"违章建筑全部拆除。"曹园"事件从曝光到处理,中央主流媒体有力监督,推动地方政府采取措施,最终使违法违规行为得到严惩,形成了正面的传播效果。

可以说,无论是地方政府企图"以牺牲生态环境为代价换取一时经济发展"的错误行为,还是某些个人肆意妄为、毁林占地的违法违规现象,都与中央的要求背道而驰,是对中央要求视而不见甚至阳奉阴违的典型案例。这些报道有充分的代表性,不仅能够揭露已经发生的毁林行为,有效止损,还可以通过报道引发舆论关注,给其他地方的类似行为敲响警钟,起到警示和教育作用,报道的价值和意义在这一过程中也不断得到放大和彰显。

(二)用准确客观事实保障报道科学严谨

腐败背后往往是各种盘根错节的利益关系,而涉及腐败的当事人会想方设法掩盖罪行,通过各种方式维护自身利益,甚至不惜寻找报道的各种漏洞来为自己辩护或脱罪。与此同时,"新闻舆论监督所反映的问题往往比较复杂,因此,事实调查一定要全面,兼顾各方,把事件的重点和主线突出出来,以利于被监督者知错、改错,易于受众从事实中把握本质,明辨是非"[①]。用准确客观的事实说话,是做好反腐倡廉报道的重要前提和坚实保障。

要通过细致调查,准确掌握事实证据。经济参考报刊发的《万亩沙漠防护林被毁 敦煌防沙最后屏障几近失守》一文的作者提到:这次报道用时三个多月,整理成稿时,资料已有五个文件夹,照片四五百张,还有大量现场视频、采访录音、专家外围评估以及敦煌周边地区毁林证据。为获取有效有用的原始材料,记者几乎踏遍整个林场,对所到之处所见之景尽皆拍照留存,还在垃圾桶中发现被丢弃的红头文件,找到了林场的林权证等原始文件。记者除了在林场展开现场调查之外,还采访了从事遥感分析的专业机构、公益组织及部分专家学者,对稿件涉及的大量数据进行分析研判,力求确凿无误。2021年3月19日,自然资源部、生态环境部、国家林草局调查组公布关于甘肃省敦煌阳关林场防护林被毁有关问题的调查情况,阳关林场在西南片区存在防护林减少、葡萄园增加、毁林开垦、防护林质量下降等严重问题,与报道所反映的问题基本吻合,有力说明了报道扎实准确。

---

① 本书编写组:《新闻学概论》(第二版),高等教育出版社、人民出版社2020年版,第179页。

要通过系统分析，客观呈现事件全貌。在广播报道《神秘"曹园"》中，虽然记者起初并没有采访到"曹园"方面的说法，但经过努力，仍然在首篇报道中客观呈现了"曹园"的初步回应。随后经过深入调查，掌握了"曹园"三个核心违法事实：违法毁林，涉嫌刑事犯罪，森林公安对其所属公司法定代表人进行立案侦查；违法占地，自然资源部门作出多次处罚；非旅游项目，未经旅游部门审批。这些违法事实互为支撑、相互印证，从不同侧面反映了"曹园"涉嫌违法毁林占地的基本事实。

舆论监督报道的准确客观还体现在善于从各种现象中找到具有代表意义和普遍价值的典型事例，使报道不仅能够反映个别事实，还能从整体上对同类现象起到警示作用。以《万亩沙漠防护林被毁　敦煌防沙最后屏障几近失守》一文为例，作者着力的并非只是阳关林场大面积毁林这一个案，也不在于多砍或少砍几棵树木，而是阳关林场大面积毁林背后的长远账、综合账。该报道回顾敦煌阳关林场毁林问题，本质上已不仅仅是面积之争，而更关乎能否坚持实事求是的思想作风，能否对生态文明建设担当负责的政治判断力、政治领悟力和政治执行力。

（三）入情入理提升报道的说服力

反腐倡廉，反和倡互为支撑。如果说调查采访要抓住问题、揭露事实，重在"反"，那么评论说理在于入情入理、做思想引导工作，重在"倡"。反腐败，有一个从"不敢腐"到"不能腐"，再到"不想腐"的过程。从不敢到不能再到不想，体现的是外在约束转化为内在规范的过程，也体现出官员在思想层面的观念转变。

新闻报道要善于从思想上做工作，在"不想"上做文章，通过娓娓道来和循循善诱，在和风细雨中让受众明白，廉洁才是官员最大的幸福，清白提供人生最大的保障。

大道至简，真正的大道理往往蕴含在日常生活中。用大白话讲出大道理，需要改变语态，把官员"还原"为有血有肉、有正当利益诉求的活生生的"人"，说话论理才能入脑入心，令人信服。

在系列评论"让廉洁成为一种觉悟"中，作者用"老话说，良田万顷，日食三餐；大厦千间，夜眠八尺"来表达"人的客观需要总是有限的"这一朴素道理。"即便贪得许多钱财，现在管得这么严，上上下下都有眼睛盯着，一乱花就'露馅''犯事'，哪有地方和胆量去搞奢侈，还不像捧着一堆烫手山芋？"这些非常口语化的表达，直戳那些游走在腐败边缘的官员的内心。作者用"你以为自己有多优美的背影,其实别人看重的只是你的背景",提醒官员们面对诱饵,千万不能"着了他们的道"。作者还引用"对于不知足的人,没有一把椅子是舒服的"这一俗语告诫人们:"一切为家人谋求额外好处的想法,都十分危险。"

直抵人心还需要将心比心。"让廉洁成为一种觉悟"系列评论充分考虑到"干部也有欲望的冲撞,也有心理的纠结"这一客观事实,没有非黑即白的简单划界,而是引导人们进行辩证思考。作者写道:"有时候,有些干部自己倒也谈不上多么骄奢贪婪,但为了自己的孩子,便顾不上那么多原则和是非,恨不得把天上的星星都摘下来。"作者从接受和认可官员们也有"可怜天下父母心的一面"出发,说服人们明白父母之爱子要"为之计深远"。

平和的语态并不意味着削弱评论针砭时弊、激浊扬清的斗争精神。针对社会上一些似是而非的观点、态度进行清晰有力的深刻辨析,通过逻辑和理性的力量让人们得出正确的结论,才能全面发挥反腐倡廉类评论的重要价值。"让廉洁成为一种觉悟"系列评论直面社会上的一些模糊认识,单刀直入、抽丝剥茧、环环相扣、说理透彻。如第三篇评论《真的是"身不由己"吗》,从腐败官员"身不由己"的潜台词说起,尖锐地指出这一说法的背后"更多的是对随波逐流行为的自我开解",不过是开脱责任的"挡箭牌"。作者一针见血地指出"热衷于小圈子、搞人身依附,到头来拔出萝卜带出泥,栽跟头的还是自己",进而有力地说明了所谓身不由己的"被动腐败",归根结底还是缺乏自我约束的"情不自禁"。可以说,澄清模糊认识,同样是新闻媒体发挥明辨是非、正确引导作用的内在要求。

三、采写手记

润物无声　点拨人心
——"让廉洁成为一种觉悟"系列评论采写手记

反腐倡廉,是党的十八大以来,中国最引人注目的大事之一。反腐打掉"大老虎",对干部的心理震慑作用强,容易给人惊涛骇浪、暗流汹涌的戏剧感、史诗感,相关评论上热搜不意外。相比之下,要想写好从正向着力的倡廉评论，得到广大读者的认可，就没有那么容易。毕竟，对于政治逻辑、道德逻辑、利益逻辑，干部们都比较熟悉。文章若是戴理想信念的帽子、打道德品质的棒子、用高不可攀的例子，他们难免会起逆反心理。怎么避免生硬呆板的说教，让读者能够欣然接受？

"让廉洁成为一种觉悟"系列评论，着眼于和干部们谈心，基调平和，娓娓道来，着力攻心，而非空讲道理。6篇评论陆续刊出后，读者反响热烈，第六篇《平和心态才有平稳人生》在人民网的点击量就超过27万。回顾这组倡廉系列评论的写作过程，无论是选题策划、观点凝练，还是结构布局、论据使用，参与其中的几位评论员，都有不少创作心得。大家的普遍感受是，写作时调整了言说姿态，使得系列评论既有言语温度，也有论述锐度，更有思想深度。

评论是有温度的。如果一味站在旁观者的角度说空话，站在道德制高点说大话，文字就失去了掷地有声、温暖人心的力量。过去有些评论，不太重视读者的阅读感受，行文引导的痕迹太重，精神灌输的色彩太浓，常常是说过头话、扣大帽子，使人敬而远之。和风细雨、春风化雨，是这组系列评论的一大亮点。一口气读下来，整体感觉就是摆脱了讲大道理、提高要求的写作套路，充满了围炉夜话、促膝谈心的交流意味。恰如编者按所说，干部也有欲望的冲撞，也有心理的纠结，因而党报来与干部们谈谈心。

从整体上看，这组评论的基调不是说教，更不是震慑，而是帮助干部廓清心中的迷雾。这种兼顾评论对象感受、客观分析问题的行文方式，一方面拉近了和干部之间的心理距离，促其消除对反腐倡廉的顾虑；另一方面也让他们进一步认同保持廉洁才是正确选择的观念。面对自身问题，不爱听家长式的数落责骂，能接受朋友式的温言规劝，是不少人的共同感受。体现在评论中，对论者而言就是要注意话语方式、风格的转换。很多时候，相比理直气壮，刚柔并济更能令人心悦诚服；除了响鼓重锤，润物无声也能点拨人心。

文章合为时而著。评论着眼于广大干部群众的思想关切、现实关切，而人的思想动向、现实考虑，往往会被各种因素影响甚至改变。因此，能否找准评论对象的思想关切，剖析思想"拐弯"的关键，进而对症开出治疗"药方"，颇能体现论者功力，彰显论述锐度。

人性幽微复杂。一个看到坐在地上割麦子的老人感动得慷慨解囊的好干部，也会因为没有抵御住金钱和权力的诱惑，走上难以回头的贪腐之路。对此，参与此次写作的评论员有一个共同认识，那就是，同腐败做斗争，本质上就是同人性中的劣根性做斗争。因此，这组评论没有从理想信念、党性操守切入，而是从人性与生活的角度出发，当干部的"心理医生"，做他们的思想工作，在党性理性的基础上，展现了不少人性人情。同时选取古今案例，从正反两方面加以引证，引导干部正确看待工作、生活状况，摆正他们和亲友、上下级的相处心态，力图让迷途者在夜深人静时扪心自问，是不是值得，能不能收手。

人生天地间，难免会有七情六欲，正常的欲望无可厚非。评论所针对的是，为何要切除合理范围以外的"冗余"欲望，以及如何守护好自己的心灵港湾。这是那些贪腐干部不想面对或者不敢面对的现实问题。事实证明，腐败的根源不是诱惑太大，而是"自己扳倒了自己"。相信干部们看完评论，亦会将心比心，在震动中得到感悟。

党报评论关乎世道人心、国计民生、社会进步。除了选题独到、表达生动、论述精当，见解是否深刻、能否启人心智也是决定评论品质的重要因素。每个时代都有自己的价值观念，反腐很大程度上是不同价值观的较量，倡廉其实也是一种价值观的引领。保持和增进全社会对廉洁自律的认同，对于打赢反腐这场"无硝烟的战斗"非常重要。而纠正在反腐倡廉上的错误想法，关键是要树立正确价值观。

正因此，这组评论既和各级干部谈心，也为他们提供了远离贪腐的清醒剂和良心帖。"一步很短，一生很长，有时一步即是一生"，评论将廉洁放在人生这个更长的时间段来审视。从"选择了廉洁，也就选择了幸福""畏法度者最快活"，到"把握自己最重要""爱之越深，越需教之有方"，再到"清廉是对家人的最好馈赠""平和心态才有平稳人生"，评论通过在回应思想疑虑中辨析是非利害，在"更进一步""更深一层"的见解开掘中汇聚共识，让更多干部认识到，只有解开心结、选择廉洁，脚下的路才会有更明确的方向。

思想是评论的灵魂。评论的意义不仅仅在于分析、解释问题，更在于提供建设性见解，开拓读者视野，端正其是非观，帮助他们把认识提升到一个新的境界。评论润物无声、点拨人心的作用正在于此。

（人民日报 吕晓勋）

四、延伸阅读

新华社于2018年10月11日刊发报道《整治动真格！秦岭北麓600多栋违建别墅被拆》，在全国媒体中率先完整、清晰、深入报道"秦岭违建别墅整治"。报道通过暗访，披露整治乱象及其造成的生态破坏，指出乱象的症结所在；并走访群众，跟进拆除进度，反映群众的呼声，点明了保护秦岭生态的重要意义。稿件被全国183家媒体采用，在新华社客户端的阅读量超过212万次，许多读者纷纷点赞称"拆得好，大快人心""还老百姓一片净土"。该报道通过在反腐倡廉重大热点问题上主动发声，积极引导舆论，在对秦岭别墅整而不治、禁而不绝现象的查处上发挥重要推动作用。

人民日报于2018年10月9日刊发的《修复河床何以变成大肆采砂——关于河南鲁山县沙河、荡泽河清障疏浚工程的调查》，是一篇从群众留言中发现线索，记者深入实地采访调查而来的力作。河道肆意采砂，是一段时期以来在多地存在、群众反映强烈的突出问题。为了解真实情况，记者赶赴河南鲁山实地探访。调查发现，该县的沙河、荡泽河等河流河道被挖得满目疮痍、惨不忍睹，造成这一现象的主要原因是，当地政府未经环评而拍卖采砂权，借清障之名行采砂之实。即便工程被叫停，仍有人偷偷采砂，暴露出政府监管部门失察失职。记者遍访河道两岸，与采砂企业负责人、村干部、群众等深入交流，搜集了大量一手资料。报道主题抓得好，调查实打实，监督立得住，做到了有声势、有力度、有回音，是加强和改进舆论监督的一次成功尝试。该报道获得第二十九届中国新闻奖二等奖。

广东广播电视台于2018年6月23日播发的广播评论《治污必须要治官》则来自中央环保督察组在广东汕头的一次"回头看"。督察组发现，当地河流污染治理存在弄虚作假问题。生态环境部相关报告公布后，记者抓住这一线索，确定评论主题，采访权威专家，推出重磅评论。作品的优点在于：一是题材重大，污染治理弄虚作假、阳奉阴违，是漠视中央环保督察的典型案例。二是论点鲜明，指出污染治理弄虚作假是严重的形式主义、官僚主义，提出"治污必须要治官"的论点，体现媒体的舆论监督力。三是剖析深刻，从政治高度阐述了阳奉阴违、欺瞒督察的行为祸及中央政令落实的危害性。四是具有建设性，提出改革官员政绩考核机制、加大环保考核权重等观点。五是广播特点突出，专家观点和作者点评并行，夹叙夹议，结构严谨，录音清晰，可听性强。该报道获第二十九届中国新闻奖二等奖。

延伸阅读

五、思考与讨论

1. 反腐倡廉报道如何做到科学监督和建设性监督相结合？
2. 结合本专题案例，谈谈反腐倡廉报道如何用事实说话。
3. 阅读采写手记，思考反腐倡廉评论如何做到入情入理。
4. 阐述如何围绕大局确定反腐倡廉报道主题。
5. 结合《神秘"曹园"》，谈谈如何做好调查性报道。

给"四风"问题画上休止符
——反对"四风"监督报道评析

　　形式主义、官僚主义、享乐主义和奢靡之风即"四风"问题，违背党的性质和宗旨，是群众深恶痛绝、反映强烈的社会问题，也是损害党群干群关系的重要根源。反对"四风"监督报道紧紧扣住作风这根时代的敏感之弦，抓住人民群众反映强烈的突出问题，发挥成风化人、激浊扬清的重要作用，通过舆论的力量弘扬正气，引人向善，推动社会风气持续好转，使之成为干事创业的保障、善作善成的法宝。

一、案例概述

　　本专题重点推荐三个报道案例，这些案例曝光疫情之下一问三不知的地方疾控中心负责人，以动漫形式嘲讽基层形式主义、官僚主义现象，鞭挞有些地方对"厕所革命"的不担当不作为、应付敷衍。

【案例一】 《中央指导组派出督查组赴黄冈市督查核查》①

案例全文

2020年1月29日，中央广播电视总台记者跟随中央指导组督查组深入湖北黄冈市，前往医院发热门诊、定点收治医院、隔离点实地了解情况，发现当地医疗卫生系统硬件条件无法达到防控要求。中央指导组督查组对当地卫健委进行约谈，针对"床位数""核酸检测能力""收治病人数量"等关键问题反复追问，但相关负责人支支吾吾、含糊其词。记者第一时间开机，完整记录约谈全过程。

记者用专业化的拍摄手法，真实表现约谈场景，注重现场细节捕捉。1月30日，节目在总台"战疫情"特别栏目播出，立即引发社会强烈反响。播出当天，相关话题成为微博热搜，累计点击率超过10亿，主流媒体、商业网站、自媒体竞相转载评论。

【案例二】 《反对形式主义三十讲》系列动漫微视频②

案例全文

该系列动漫微视频是半月谈杂志策划制作的一组大胆创新传播形式的舆论监督作品。微视频紧扣中央整治形式主义、官僚主义的最新精神，瞄准基层干部的痛点、难点，采用动漫形式制作系列微型剧，剖析讽刺基层形式主义、官僚主义现象。

系列动漫视频设计了两个主角"贾局长"和"小郑"，人物定位精准，故事情节有趣，对话接地气，贴近现实生活，以诙谐幽默的方式生动剖析基层存在的形式主义问题。30集动漫作品引发年轻网民积极评价，形成"追剧"效应，有效宣传了中央整治形式主义、官僚主义的决心和举措。

---

① 作者：新闻中心集体创作；刊播平台：中央广播电视总台，2020年1月30日。
② 作者：半月谈杂志社、新华社辽宁分社集体创作；刊播平台：半月谈杂志，2020年12月15日—2021年3月12日。

图1 《反对形式主义三十讲》系列动漫微视频截图（新华社 供图）

【案例三】 《人民直击：村民期盼"方便"事能够更方便》[①]

案例全文

厕所，是文明的尺度，"厕所革命"小事不小。2020年9月3日—11月30日，人民网记者深入走访山西临汾、河南登封和四川成都等地，调查农村改厕问题。

报道从"冲厕不便""清污频繁""二次污染""统筹不够"等方面全面报道和讨论农村厕所改造过程中遇到的种种难题。调查采访扎实，客观真实呈现厕所革命的进展和暴露的问题，从专业角度追问农村改厕短板如何补齐，展现了媒体对群众生活和公共利益的关注守护。报道在人民网刊发后，对有关工作起到了积极推动作用。

[①] 作者：周世玲、唐佳；刊播平台：人民网，2020年12月2日。

二、专家评析

实现第二个百年奋斗目标、全面建成社会主义现代化强国，离不开优良作风提供坚实保障。新闻媒体要发挥舆论监督力量，在扫除作风之弊、根治"四风"顽疾斗争中，唱响主旋律、弘扬正能量，营造健康向上、风清气正的社会氛围，为完成党和国家确立的目标提供有力的舆论支持。

（一）时刻把人民放在心中最高位置，坚守人民立场

人民群众是舆论监督的主体，舆论监督是社会主义民主的重要形式，是人民的知情权、参与权、表达权、监督权得以落实的渠道和手段。反"四风"报道要坚定站在人民立场，从人民反映强烈的事情出发，寻找好报道的聚焦点。

1. 树立以人民为中心的工作导向，为人民利益鼓与呼

"四风"问题的形成源于人民立场的缺失。反"四风"报道首先要聚焦"四风"背后的立场问题，时刻把人民放在心中最高位置。2020年初，新冠肺炎疫情在湖北肆虐，中央广播电视总台报道团队跟随中央指导组督查组深入黄冈市，实地了解情况。《中央指导组派出督查组赴黄冈市督查核查》反映的就是相关调查和约谈实况。节目暴露出黄冈有关部门对重要疫情数据"一问三不知"，不了解具体数据，也就意味着部分确诊患者医疗有可能得不到保证，医护人员的安全无法得到全面防护，部分疑似病例没有得到及时核酸检验等诸多问题。可以说，节目敏锐捕捉到基层应对疫情的突出问题，挖掘出影响疫情防控的潜在风险，在关键时刻为疫情防控敲响警钟，有力维护了人民群众的根本利益，为国家凝聚了人心。

疫情直接关系人民身体健康与生命安全，基层官员的作风问题既是社会关切的大问题，也关系抗击疫情工作大局。坚定的人民立场，就体现在对社会关切的有效回应上，体现在对不良作风的抨击上。这种及时的舆论监督不仅对保护人民的身体健康、维护人民群众的切身利益发挥了重要作用，也推动了当地的疫情防控工作有序展开。

2. 从具有普遍性的问题着手，找准报道切入点

舆论监督的目的是改进工作、解决问题。要发挥好舆论监督统一思想、凝聚力量的积极作用，就要从那些具有代表性、普遍性的问题入手，通过对"点"上工作的聚焦，实现对"面"上工作的推进；通过剖析抨击一个个具体的典型案例，实现对类似问题的警醒教育。

在基层治理中，形式主义是困扰干部群众的痛点难点问题。当前形式主义出现了新现象、新特征，产生了新危害。半月谈杂志对基层治理中的形式主义问题紧抓不放，开展持续深入的调研，了解实情，寻找症结，反映基层干部群众的真实想法，报道了大量真实案例。《反对形式主义三十讲》系列动漫微视频正是建立在这些一手真实案例的基础上，以诙谐的形象、畅快淋漓的讽刺，起到了以点带面的效果。

农村厕所改造也是如此，除了人民网推出的《人民直击：村民期盼"方便"事能够更方便》，中央广播电视总台《焦点访谈》栏目也聚焦该问题。各地对农村厕所改造出政策、定标准、拨资金，但在具体实施过程中也暴露出诸多问题，对百姓来说，开心事有时却变成了烦心事。以次充好，甚至弄虚作假，把崭新的蹲便器随意埋在露天的山坡上敷衍了事，诸如此类的形式主义问题屡见不鲜。

无论是《反对形式主义三十讲》系列动漫微视频所针对的种种形式主义问题，还是农村厕所改造凸显的"好事没办好、麻烦来不少"的典型案例，既有基层的特殊性，也带有全国的普遍性，聚焦这些问题，就抓住了反"四风"的难点。

（二）抓住事关民生的"身边事"，做好桥梁纽带

反"四风"是净化社会风气的重要抓手，"四风"是离百姓最近、百姓感受最直接的问题。反"四风"舆论监督报道也应从事关民生的"小事"抓起，以小切口反映大问题，让老百姓感受到党和政府对"四风"问题的重视，增强解决问题的信心。

1. 从身边"小事"入手，把握问题实质

千里之堤，溃于蚁穴。形式主义、官僚主义、享乐主义和奢靡之风，单独来看，每一件都不是什么惊天动地的大事，但这些不良作风把手段当成了目的，如果任其滋生发展，就会违背我们党"全心全意为人民服务"的根本宗旨，损害党群关系，影响各级党委和政

府履行职责、执政为民的成效。

《反对形式主义三十讲》系列动漫微视频，瞄准的就是这些"小事"——"文山会海""痕迹主义""层层加码"。这些表面看起来冠冕堂皇落实上级各项政策规定的做法，体现出的却是让基层深恶痛绝的形式主义。漫画是一种宜于讽刺的表现形态，将其改造成受众喜闻乐见的动漫短视频，用来描述这些形式主义的丑陋嘴脸更是生动贴切。如系列动漫的第八讲《"二传手"干部的四大"秘籍"》，归纳了"有任务布置一下""有会议传达一下""有事情上报一下""有问题推脱一下"的四大"绝招"，击中基层懒政干部的要害，再辅之以简单点评，既指出问题的实质是干部庸政，也提出了完善干部约束激励机制，引入社会监督、群众监督等解决办法，很好地起到了利用新媒体手段激浊扬清、改进工作的作用。

2. 从人民关切问题出发，推动政策落地

形式主义、官僚主义等问题的一个突出表现就是务虚不务实，仅求表面之功，不求实际之效。反"四风"舆论监督则要循"名"责"实"，以是否真正解决问题、推动政策落地作为重要标尺。

《人民直击：村民期盼"方便"事能够更方便》抓住农村厕所改造这样一个人民关切的问题，追问如何能实事求是地把小事做好、把好事做实，打通好政策通向百姓生活的"最后一公里"。通观全文，这篇反映身边事的报道之所以受到读者欢迎，关键在于作者围绕改厕这件事深入调查研究，以写大报道的心态来写小文章。为详细了解农村厕所改造中存在的种种问题，记者花了近三个月的时间，深入走访调研了16地农村改厕情况，拍摄122张照片、36个视频，认真核实惠民政策是否真的能够落地，地方政府是否真的能够把好事办好、把实事办实。可以说，该报道抓住了党和政府重视、人民群众关心的"两头"，以"一枝一叶总关情"的态度，架起了党和政府与人民群众之间的桥梁纽带。

（三）立体呈现事物全貌，凝聚社会共识

反对"四风"，需要更好地统一思想、凝聚共识。共识的形成不仅来自正襟危坐的严肃讨论，也来自寓教于乐的会心一笑。在媒体融合发展的今天，运用丰富的报道手段，全面展示"四风"带来的危害，是新闻媒体做好舆论监督的题中之义。

1. 直击不良现象，明确表达立场

《中央指导组派出督查组赴黄冈市督查核查》这篇报道，采取现场直击的方式，客观呈现出部分地方官员面对督查组"一问三不知"的约谈过程，形成强烈的冲击力。在此情况下，无须多做评论，部分干部作风漂浮、不深入疫情防控一线、不了解疫情防控基本情况的现象被暴露出来。报道现场感强，引发社会强烈反响。在健康的社会肌体中，"四风"是阴暗的一面，新闻媒体需要做的就是让其暴露在阳光下，接受公众的评判。该报道使真相袒露无遗，用现场打动受众，用事实教育引导受众，彰显了新闻工作者在舆论监督报道中第一时间抵达、第一时间呈现的职责与担当。

2. 创新表达方式，引发启迪思考

嬉笑怒骂，皆成文章。在舆论监督报道中，借用夸张幽默的形式，往往能给受众留下深刻印象，产生意想不到的传播效果。《反对形式主义三十讲》系列动漫微视频就是提炼典型形象、创新表达方式的佳作。微视频创作者在调查研究的基础上，总结出文山会海、痕迹主义、监督过滥、减负假象等30个形式主义突出问题，塑造了"贾局长""小郑"等富有代表性的人物形象，现身说法，嘲讽"用形式主义反对形式主义"的不良习气。比如，在《"一抓"如何到底》中，剧中的"局长"为了"持续解决困扰基层的形式主义"，专门召开了一个"形式主义"十足的会议，让基层干部叫苦连天，极具讽刺性。片中"住嘴！你是领导还是我是领导？""按领导指示办"等对话，把部分领导干部的"官老爷"做派和官僚主义作风刻画得惟妙惟肖。报道以生动形象的动漫短剧来表现严肃的政治问题，在幽默诙谐中引人深思、发人深省，产生较强宣传警示效果。

好作品有启迪心智的功能。为了引发年轻受众深入思考，《反对形式主义三十讲》系列视频还融入弹幕，让年轻受众在参与互动中分享感受，相互启发，在反"四风"的报道中做了有益尝试。

三、采写手记

舆论监督报道要接地气
——《人民直击：村民期盼"方便"事能够更方便》采写手记

脱贫攻坚大功告成，乡村振兴正逢其时。全面建设社会主义现代化国家，实现中华民族伟大复兴，最艰巨最繁重的任务依然在农村，最广泛最深厚的基础依然在农村。人民网深度调查部把目光更多投向农村。

改厕，是村民"方便"的小事，美丽乡村建设的大事。

党和国家一直关心农村的厕所改造工作。2018年2月，随着中共中央办公厅、国务院办公厅印发的《农村人居环境整治三年行动方案》通过，厕所革命在全国各地渐次铺开，农村卫生厕所普及率不断提升。然而这一整治过程中暴露出的问题也不容忽视——有的地方采购厕具产品缺乏标准、施工缺乏培训；有的地方脱离实际，未充分考虑地理、气候条件；有的地方重建轻管，后续供水及排污等配套工程烂尾。

如何全面客观地报道目前农村改厕的真实现状，如何祛除厕所革命过程中的形式主义，如何做到通过舆论监督发现问题、推进工作？

我们带着问题出发，走进山西临汾等地的村民家中实地探访，了解村民的真实心声；同步采访了乡镇干部、改厕项目的承包商及施工工人等，了解改厕过程中存在的现实困难和问题。我们翻阅了从中央到省市县有关改厕的政策文件，邀请改厕专家多角度探讨解决办法。

回顾从定题、采访到组稿的整个过程，最大的感受是：只有走进乡村、靠近百姓，才能接地气、懂地气，才能做好舆论监督报道。

求真抓问题

据农业农村部数据，截至2019年底，我国农村卫生厕所普及率超过60%。网友们纷纷点赞改厕的"中国速度"，但也有不少村民上网反映改厕后的烦心事儿。搜集了16地农村改厕的留言后，我们开始在各级政府网站查询当地改厕的政策要求，通过电话采访村民，初步了解情况，在走访之前查清楚村民所反映的问题是否存在普遍性、典型性，为实地调研采访做足功课。

最终我们来到了山西省临汾市洪洞县淹底乡。为了解最真实的情况，我们隐瞒了记者身份，以大学生做社会实践的名义走访调研。夏末秋初，在30多度的高温下，我们连续两天走访了3个村几十户村民，挨家挨户体验"蹲厕所"。为了体验村民的不便之处，我们将每个厕所的冲水厕具都试了一遍。

崭新的蹲便器，平整的水泥地面……改后的厕所卫生条件确实比此前的旱厕改善了不少，可为什么不能让村民满意？经过进一步的采访观察，我们了解到除了厕具质量不尽如人意、缺水冲厕不方便，缺少配套的排污管网导致后续清污难度大、改造费用高等问题也让村民烦心。

为保证报道的客观平衡，我们还同步采访了当地的乡镇干部、改厕项目的承包商及施工工人等，从不同视角了解改厕过程中遇到的困难和现实问题。

扎根乡村，才能切实了解百姓的真实生活与诉求，写出接地气、带露珠的报道，这也是践行马克思主义新闻观的基本要求。

务实提建议

舆论监督报道是新闻报道的一种重要形式，也是媒体参与社会治理的重要途径。但媒体不能止步于揭露问题，还要为社会问题把脉问诊，开出适合的药方，针对全国不同地区改厕中存在的问题，提出有效建议，推动改进工作。

从山西农村回来后，我们没有急于成稿，而是着手了解全国更广范围的改厕情况。由于南方北方、平原高原、农区牧区存在巨大地域差异，加之各地方财政情况不同，不可能在所有地区都采取同一种改厕模式。我们翻阅从中央到省市8地官方网站的28份文件，收集改厕政策、动态和相关报道，梳理出全国改厕工作中几个相关突出问题。

最后，我们采访了改厕专家，多角度探讨改厕的难点和建议，保证稿件的专业性、针对性。正如专家所说，改厕既应满足环境需求，也应满足老百姓需求，如果只考虑其中一方面，会导致成本增加，两者应当统一，从而控制总成本。此外，还要统筹考虑地区经济发展水平，短期效益与长期情况，一步改到位还是分期分阶段改造等。

稿件刊发后，山西洪洞县相关部门主动联系人民网，针对报道中提到的改厕问题的原因和情况，提出了下一步整改方案，淹底乡政府还派人去村民家实地调研探访，了解问题整改的进展。

可以发现，只有深入现场、贴近民意，才能做到接地气、找问题、出实招、促解决，才能从报道目的、报道方式和报道效果三个方面发挥出舆论监督报道的应有作用。

（人民网　赵艳红、唐佳）

四、延伸阅读

人民日报于 2020 年 5 月间推出"让干部有更多时间和精力抓落实"系列评论，围绕坚决杜绝形形色色的形式主义、官僚主义，持续为基层松绑减负，让干部有更多时间和精力抓落实的初衷，连续刊发《切实把对上负责与对下负责统一起来》《坚决防止新的形式主义》《守住精文减会的硬杠杠》等一系列评论文章。这些评论文章既体现了中央要求，上接"天线"，又从与干部密切相关的工作实际谈起，下接地气，引起广泛共鸣。

新华社于 2021 年 6 月间推出的报道《除"指尖"之苦　减基层之负——各地区各部门扎实开展整治"指尖上的形式主义"工作综述》，针对移动互联网时代出现的形式主义新问题，聚焦各类政务 App 过多过滥、强制推广、滥用积分排名，以及网络工作群中强制打卡、即时响应等占用基层干部大量时间、让基层不堪重负的种种问题，运用综述的形式，让受众全面了解各地在整治"指尖上的形式主义"的主要举措、成效和推动整治工作常态化、制度化方面做出的努力。从"群里吼"到"实地走"，从"键对键"到"面对面"，整治工作背后反映出基层干部工作作风的转变和与人民群众距离的缩短。

广西日报于 2020 年 4 月 23 日刊发的评论《莫让驻村队员变演员》，聚焦脱贫攻坚中存在的突出问题，不仅对脱贫攻坚"造典型"等现象提出批评，而且对现象背后潜藏的问题进行揭露，由点到面、由浅入深、由此及彼，直指问题实质和要害，充分发挥了舆论监督报道发现问题、推动工作的重要作用。该评论语言形象生动、富有文采，行文流畅、一气呵成，具有很强的可读性和感染力，获得第三十一届中国新闻奖二等奖。

延伸阅读

五、思考与讨论

1. 结合本专题案例,谈谈如何坚持反"四风"报道中的人民立场。
2. 反"四风"报道如何创新表达方式?
3. 分析评价《反对形式主义三十讲》系列动漫微视频的创作特点。
4. 结合采写手记,简述舆论监督报道如何接地气、推动改进工作。
5. 结合近期反"四风"热点事件,谈谈反"四风"报道如何做到"以小见大"。

为人民利益鼓与呼
——社会问题舆论监督报道评析

社会问题舆论监督通过新闻媒体报道引导社会舆论，推进社会管理部门和公众关注某些社会问题，促进其解决。尤其是关系国计民生、社会稳定的重大社会问题以及社会热点问题，往往引发广大人民群众广泛关注、党和政府高度重视，也是舆论监督报道的重点。本专题所选社会问题舆论监督报道遵循新闻传播规律，在引领社会价值观、推动社会问题解决、促进社会稳定和安宁等方面，取得了良好的社会效果。这些报道，展现出我国新闻工作者强烈的政治意识、责任意识和出色的职业素养、报道水平。

一、案例概述

本专题重点推荐四个典型案例，包括文字和音视频等多种形式，多采用述评结合的方式。这些报道针对社会关注、群众关心的热点问题，不仅报道新闻事实，还配发评论，提出行之有效的解决之道，发挥了强大的舆论监督作用，推动了社会发展进步。

【案例一】 "四问校外培训"系列报道[①]

案例全文

2021年全国两会期间,"规范校外培训"成为各方关注的焦点。3月6日,习近平总书记在看望参加政协会议的医药卫生界教育界委员时就此问题做了重要指示。人民日报连续刊发四篇系列报道《这是做教育,还是做生意》《这是教知识,还是教套路》《要深挖病根,更要对症下药》《校内减负、校外增负,怪圈怎么破》。该系列报道采访深入全面,全方位深挖了乱象生成和长期没有根除的深层原因。

图1 "四问校外培训"系列报道截图(人民日报 供图)

[①] 作者:赵婀娜、张烁、丁雅诵、吴月;刊播平台:人民日报,2021年3月18日、19日、22日、23日。

系列报道刊发后,引起社会热议和各方好评,并得到教育部相关部门的高度肯定。这组报道策划及时、采访扎实,回应了群众关切,并为有关部门推出校外培训机构的治理举措,营造了良好的舆论氛围。

【案例二】 《雇人住院为哪般》[①]

案例全文

2018年,中央广播电视总台记者历时半年,对沈阳市多家民营医院展开长期跟踪式拍摄,揭开了个别民营医院"雇人住院"、虚开医疗费用、套取国家医保资金的恶性事件的真相。2018年11月14日,该报道在《焦点访谈》栏目播出。

为解决百姓"看病难、看病贵"问题,国家每年投入大量财政资金。个别医疗机构套取医保资金,给国家造成损失,损害公共利益,人民群众深恶痛绝,此种社会丑恶现象亟待整治。报道深挖社会顽疾,触及群众关心的重大现实问题。记者遵循批评性和建设性相统一的原则,不仅展示了触目惊心的违法违纪情节,还为相关部门发现问题、查处问题、解决问题提供了独家线索。

【案例三】 《江苏连云港市赣榆区私营个体经济协会——"搭车"收费屡禁不止》[②]

案例全文

这篇报道是在国务院第七次大督查期间刊发的舆论监督报道力作,揭露江苏连云港市赣榆区私营个体经济协会诱导群众加入协会,并缴纳300元会费的"搭车"收费的违规行为。

---

① 作者:王颢一、薛宁宁、王惠莉;刊播平台:中央广播电视总台,2018年11月14日。
② 作者:陈发明;刊播平台:经济日报,2020年10月18日。

2020年10月中下旬,经济日报记者随国务院第五督查组赴连云港市,就有关线索进行暗访调查。记者分别采访了多名个体工商户、区个体经济协会负责人,走访了协会办公现场,查阅了协会账目。该报道调查深入,把多个事实"并联"分析,相互印证,表现了记者扎实的工作作风和高水平的专业素养。"300元会费"表面看起来数额并不是很大,但群众利益无小事,该报道通过舆论监督推动了问题的解决,维护了群众利益,提高了政府公信力。

【案例四】 《中小学生营养餐为何浪费惊人》[①]

案例全文

光明日报刊发的这篇报道,源于中科院地理科学与资源研究所公布的《中国城市餐饮食物浪费报告》。《报告》显示,中小学生的食物浪费明显高于城市餐饮浪费的平均水平,某大型城市中小学生人均粮食浪费量约为每餐130克,浪费率为22%,如果以此为基础推算,被调查城市中小学生每年校园餐饮的浪费总量约7780吨,折合经济损失1.6亿元,浪费掉的这些食物所占用的耕地面积约为28万公顷。

这篇报道分析指出,出现这一问题的原因是校园餐饮满意度较低、良好饮食习惯和食育教育缺失等。对学生知识教得多而粮食安全教得少,家庭在养育过程中盲目满足和过分迁就子女的饮食口味和偏好,忽略了对健康饮食习惯和营养知识的培育。报道采访了中国营养专家,专家认为,家长是孩子饮食习惯形成的第一责任人,不挑食、不偏食、合理膳食的良好饮食习惯需要家长、学校、社会持之以恒共同努力,食育教育应该成为健康教育的重要组成部分。报道明确指出,食育不仅仅只是饮食教育,更是以食养德的教育,是值得推广的教育理念。

[①] 作者:姚晓丹;刊播平台:光明日报,2018年4月3日。

二、专家评析

社会问题舆论监督和社会思潮、人民生活密切相关，广受社会关注。研判哪些社会问题应进入舆论监督视野；对社会热点、难点、痛点问题进行舆论监督时，如何正确处理正面宣传与舆论监督的关系、批评性与建设性的关系；在全媒体条件下如何提升社会问题舆论监督的效果等都是新闻舆论工作面临的新挑战、新任务。本专题案例有助于我们把握社会问题舆论监督规律，提升舆论监督水平。

（一）党和政府中心工作与人民关切相统一

社会问题涵盖面广、表现形式多样，在对此类问题进行舆论监督时，不能"捡到篮子里就是菜"，怎么方便怎么来；也不能不分轻重缓急，对不同社会问题等量齐观；更不能盲目追求所谓"流量"，被芜杂的舆论议题牵着鼻子走，丧失主流媒体舆论引导力。只有紧紧围绕党和政府中心工作，积极回应人民群众的关切，才能找准"靶子"、选好主题，这是做好社会问题舆论监督的基本出发点。

本专题案例充分体现了围绕党和政府中心工作与回应人民关切的有机统一。"四问校外培训"系列报道的主题是监督校外培训乱象，《中小学生营养餐为何浪费惊人》聚焦中小学生食物浪费现象，《雇人住院为哪般》关注的是骗取国家医保资金的恶性事件，《江苏连云港市赣榆区私营个体经济协会——"搭车"收费屡禁不止》揭露了社会广泛关注、人民群众深恶痛绝的乱收费现象。上述报道敢于亮剑，不回避问题，涉及教育、医疗、公共服务等人民关注的领域，直面长期存在的痼疾、难以解决的顽疾和矛盾尖锐的恶疾，把党和政府中心工作与人民群众的关切紧密结合在一起，体现了新闻工作者积极开展舆论监督工作的责任和担当。

实践证明，新闻舆论监督只有做到党和政府中心工作与人民群众关切相统一，只有把人民群众的关注热点、思考疑点、生活痛点与党和政府的工作重点、推进突破点、政策创新点结合在一起，才能推出社会效果良好的舆论监督作品，真正发挥党和人民的桥梁纽带作用。

（二）舆论监督与正面宣传相统一

舆论监督是我国监督体系的重要组成部分，是推进国家治理体系和治理能力现代化的重要内容，是社会主义民主不可或缺的一部分。舆论监督是推进社会问题解决的重要方式，对于加强和改进工作、维护人民利益、化解社会矛盾起到重要作用。

舆论监督和正面宣传的目的相统一。从表面上看，正面宣传是表扬，舆论监督要批评，两者似乎是对立的。实际上，正面宣传和舆论监督都是为了服务大局、凝聚共识、维护人民群众的根本利益，只是采取的具体办法不同而已。社会问题舆论监督不是为了监督而监督，而是为了切实有效推进工作，为人民群众排忧解难。通过长达半年的跟踪调查，中央广播电视总台记者拍摄制作了《雇人住院为哪般》，揭露了医院、中介、所谓"病人"联合套取医保资金的涉嫌犯罪行为，高难度长时间的跟踪调查，目的是通过揭露令人触目惊心的违法违规现象，堵住医保资金漏洞，保证医保资金合法高效运行，挽回国家损失，维护人民群众利益。

舆论监督和正面宣传的效果相统一。社会效果是检验新闻报道的试金石，舆论监督具有尖锐犀利、直指病灶，引人注目、发人深省的特点，与正面宣传相得益彰、同等重要。2019年11月修订的《中国新闻工作者职业道德准则》明确指出，要把坚持正面宣传为主与正确开展舆论监督统一起来，发挥党和政府联系人民群众的桥梁纽带作用。上述报道案例通过促进问题及时解决，体现了监督报道解疑释惑、引导舆论、统一思想、凝聚共识的积极作用。

（三）批评性与建设性相统一

社会问题舆论监督天然具有批评性，但批评不是目的，真正的目的是促进问题解决、推动社会进步，因此，要做到批评性与建设性相统一，把建设性作为社会问题舆论监督出发点。"四问校外培训"系列报道从资本营销、教育教学、监督监管、校内减负校外增负四个角度切入，连续发表了四篇报道，揭示乱象，剖析原因，探讨解决之道，提出改进建议，为有关部门采取治理举措提供舆论支持。

实现社会问题舆论监督批评性与建设性相统一，要做到"效果可期、风险可控"，本着负责任的精神从是否具有建设性的角度严把选题关，准确预估舆论监督报道社会效果，若产生较大负面效应，应暂缓报道或者不报道。有建设性的舆论监督报道应该做到不撕裂社会伤口、不增加社会焦虑、不扩大阶层裂痕、不加剧对立情绪、不做"一叶知秋"的推论或全称判断。

本专题推荐的案例都具有显著建设性，有效为人民群众排忧解难、为党和政府实际工作助力。"四问校外培训"系列报道广泛征集家长、教育工作者、管理者和专家意见，提出了"标本施治破怪圈""需求供给两手抓"等建议方案。《中小学生营养餐为何浪费惊人》分析了营养餐"不好吃""（学生）不爱吃"的原因，进一步提出解决措施：一方面，餐饮业提供精准化、定制化的学生营养餐；另一方面，加强食育教育，让孩子们认识食物、珍惜食物，推广以食养德教育理念。《雇人住院为哪般》播出之后，沈阳市政府对事件进行了通报，确认这是一起以合法医院为掩护，通过中间人或医院职工拉拢介绍虚假病人，采取虚假治疗等方式，骗取国家医保基金的诈骗案件。专案组经审查后依法刑事拘留37名嫌疑人。国家相关部门印发《欺诈骗取医疗保障基金行为举报奖励暂行办法》的通知，紧接着又开通了举报通道。《江苏连云港市赣榆区私营个体经济协会——"搭车"收费屡禁不止》一文在国务院第七次大督查期间刊发后，受到督查组领导的表扬，保障了群众利益。

上述案例也说明，舆论监督的建设性不仅仅体现为推动具体问题的解决，更重要的是，通过有成效的舆论监督，展现了党和政府惩治违法乱纪现象的决心，增强了人民群众同丑恶现象做斗争的信心。

（四）平台优势与传播效果相统一

随着信息传播新技术不断快速迭代，网络舆论更加多元混杂、瞬息万变，互联网平台成为社会问题舆论监督重要渠道。这就要求新闻工作者在开展舆论监督的过程中，要充分利用和发挥平台优势，掌握主动权，增强实效性。在采访阶段，新闻工作者要利用新传播媒介和各类数据，广泛倾听人民群众心声，掌握第一手材料，获得调查线索，找准报道切入点和监督突破口。在传播阶段，新闻媒体要通过整体谋划，巧妙设置议题，掌握方法手段，把握好舆论监督的时度效，统筹运用多种传播渠道，形成舆论监督合力。

"四问校外培训"系列报道根据不同平台特点，实现一次采写、多次编辑、多平台分发，除了在人民日报刊发外，还以新闻评论形式在"人民日报政文"微信公众号"金台锐评"栏目刊发。系列稿件在人民日报客户端的浏览量每篇均超200万，#人民日报四问校外培训乱象#登上微博、百度热搜榜。

《雇人住院为哪般》在央视《焦点访谈》首播后，央视新闻客户端、央视新闻微信、央视新闻微博立即同步推送，引发社会各界强烈反响。央视新闻客户端在大屏播出之前开始预热，开设直播间，与网友深入互动。在大屏直播的同时切入小屏信号，实现大小屏同步播出。随后，央视新闻微博进行视频发布，设置话题#医院雇没病的人住院骗医保#，微博话题阅读量在两小时内达到1.5亿，当晚话题登上微博热搜，人民日报、新华社等媒体纷纷转发评议。

三、采写手记

上连党心，下接民意
——"四问校外培训"系列报道采写手记

校外培训负担过重，是多年来群众反映强烈的热点问题，也是党和政府决心下大力气整顿的突出问题。但校外培训究竟存在哪些问题，根源在哪里，如何让各方协同发力，破解难题、解决问题？肩负党报记者的责任担当，人民日报社政治文化部教育采访室与总编室文化版共同策划推出了"四问校外培训"系列报道，针对群众反映较为强烈的校外培训虚假宣传、制造焦虑、超纲教学、监管缺失等问题把脉问诊、寻找药方。

稿件在人民日报各平台推出后，社会各界和广大读者反响热烈："'四问'问得好，为人民日报点赞！""关注民生，针砭时弊""第一次看见有如此多发自内心的留言，给记者、编辑老师点个赞！"阅读一条条评论、留言，回顾报道的采写过程，我们也有很多收获，得到许多启发。

聚焦问题　反映民声

新闻报道应既接"天线"，又接民生实事。2021年的全国两会期间，培训乱象成为焦点。我们聚焦问题，展开讨论，抓紧策划。坚持"眼睛向下"，特别关注人民群众反映强烈的热点、难点、痛点问题，努力做到贴近实际、贴近生活、贴近群众，让报道更加接地气。

为回应群众呼声，掌握一手信息，记者采访了许多家长、教师、学生，了解校外培训的乱象：有家长讲述了被一些培训机构卷钱跑路的遭遇，也有一线教师反映应试、超标、超前培训情况较为严重。

基于扎实的采访，记者抓住了校外培训存在的突出问题：这是做教育，还是做生意？这是教知识，还是教套路？为何乱象屡禁不止？校内减负、校外增负，怪圈怎么破？

一张报纸，上连中央，下接基层。报道及时回应全国两会代表的关心关切，回应了群众呼声。

事实准确　全面客观

采写时，记者不仅注重反映群众的切身感受，还向多名校外培训机构人员了解情况，调查相关培训机构的师资、课程、营销手段，采访相关部门负责人、多位教育领域的专家学者。多方信源、全面准确，保证新闻真实。

在内容方面，报道除了呈现问题外，还客观梳理多年来相关部门的应对举措，深入剖析乱象背后的成因，审慎探讨对策建议，将人们对校外培训关注的热度引向理性讨论的深度。例如，《要深挖病根，更要对症下药》一文提出，监管对象分散、培训需求旺盛、涉及部门众多等因素都增加了校外培训监管的难度，治理校外培训乱象需要标本兼治、握指成拳。系列报道环环相扣、层层深入，覆盖家长、学生、校外培训机构、学校、相关主管部门等多个层面，客观反映问题，注重理性引导。

提出建议　解决问题

切实促进实际问题的解决，是舆论监督报道的重要任务。记者在采访中深入思考，每篇稿件均针对群众聚焦的问题提出相关建议。例如，采访中，一些家长、教育从业者反映了"校内减负、校外增负"的问题。对此，《校内减负、校外增负，怪圈怎么破》一文分析了唯分数论助长培训热、学校教育供给有待提升等深层次的原因，提出从需求和供给两端同时着手，一方面打破唯分数论，优化评价体系，淡化分数焦虑；另一方面提升学校教育的质量与水平，提高课堂学习效果。

值得一提的是，报道刊发后在舆论场上引发了关于校外培训的广泛、深入讨论，相关部门高度重视。不久后，"双减"政策正式落地实施，提出强化学校教育主阵地作用，深化校外培训机构治理等举措。这组报道为"双减"政策的积极、平稳实施创造了良好的舆论氛围。

回顾报道的采写过程，我们认识到，只有长期关注问题、深入研究问题，才能把握好时度效；只有深耕专业领域，才能在不断深化认识的基础上形成公正客观的报道。长期以来，我们对减负、校外培训等话题高度关注，曾围绕减负问题赴各地深入调研、举办座谈会、采访专家学者，积累了丰富的报道素材。长期的研究、储备，确保了这组报道的快速反应和精准发力。

这也启示我们，做好社会问题舆论监督报道要上接党心、下接民意，要在选题策划上下功夫，在调查研究、深入采访上下功夫，打造出有思想、有温度、有品质的报道精品，不负党报职责，不负人民重托。

（人民日报　赵婀娜、张烁、丁雅诵、吴月）

四、延伸阅读

人民日报于2020年6月29日刊发报道《长江禁渔，为何还有禁而不止的现象》，揭露了一个惊人事实：禁令之下，依然有人铤而走险，非法捕捞野生江鲜；执法面临人手少、装备不足等新挑战。在深受疫情、汛情影响下，记者克服诸多困难，深入采访相关省、市的农业农村与市场监管等部门，掌握了第一线、最真实的素材，确保舆论监督报道的全面、客观、准确。

中国国土资源报于2017年8月28日刊发报道《甘肃祁连山：问责风暴下的生态突围》。记者赶赴甘肃省张掖市和肃南县，连续4天行程数百公里深入采访，报道了祁连山生态环境整治方面面临的突出矛盾和治理进展，发出整治呼吁，有力阐释了"绿水青山就是金山银山"的理念。

中央广播电视总台《焦点访谈》栏目于2017年12月1日播出《快递垃圾怎么办》。记者从看似寻常的生活现象入手，通过走访调查，展示快递过度包装背后的社会问题，记录了快递包装被弃置后的完整链条及其造成的环境污染，向全社会提出解决快递垃圾"最后一公里"的重要问题，引发社会关注。

延伸阅读

五、思考与讨论

1. 社会问题舆论监督如何做到围绕中心工作与回应人民关切相统一？
2. 结合反浪费粮食报道案例，谈谈正确理解食育教育的意义。
3. 研读《雇人住院为哪般》，围绕医疗保障相关问题完成一篇调研报告。
4. 结合采写手记，分析"四问校外培训"系列报道的特点。
5. 结合近期相关报道，谈谈如何辩证看待教育领域"减负"与"增负"的关系。

重大突发事件报道篇

中国人民抗疫斗争的壮丽史诗
　　——抗击新冠肺炎疫情报道评析

重大灾难事件中媒体的使命担当
　　——"东方之星"号客轮翻沉事件报道评析

在重大突发事故中正确引导舆论
　　——"深圳山体滑坡事故"报道评析

中国人民抗疫斗争的壮丽史诗
——抗击新冠肺炎疫情报道评析

新冠肺炎疫情是百年来中国和全球遭遇的传播速度最快、感染范围最广、防控难度最大的重大突发公共卫生事件。2020年初，我们党团结带领全国各族人民，进行了一场惊心动魄的抗疫大战，付出巨大努力，取得抗击新冠肺炎疫情斗争重大成果。广大新闻工作者深入宣传党中央决策部署，通过新闻媒体多形态、多渠道、多终端的持续报道、动态解读，全面展示了社会各界齐心协力抗击疫情的最新进展，在国际舆论场主动发声、回应关切、批驳谬误，向世界讲好中国抗疫故事，为打赢这场没有硝烟的疫情防控阻击战营造了良好的舆论氛围，凝聚起万众一心、同心抗疫的强大正能量。

一、案例概述

本专题推荐的三个报道案例，是我国主流媒体在2020年抗击新冠肺炎疫情报道中的代表作品。各类媒体相互配合，多侧面、全方位、立体化地呈现出全国人民众志成城、团结一心、奋力抗击新冠肺炎疫情的历史篇章。

【案例一】　　　　《壮哉，大武汉——献给英雄的武汉人民》[1]

案例全文

2020年3月30日，在疫情"风暴之眼"的武汉即将解封之际，新华社推出这篇通讯，全面系统梳理自1月23日武汉"封城"以来各行各业战疫的过程和感人故事，真实地记录了武汉人民为战胜疫情所做的贡献，抒写了英雄城市、英雄人民识大体、顾大局，传大爱、担大义，迎大考、战大疫的牺牲和奉献精神。

关闭离汉通道，奋力阻止疫情向外扩散，那是怎样痛心疾首而又迫不得已的选择！面对这一重大突发公共卫生事件，如何使通讯作品既有思想性又有新闻性？如何把真挚情感融于质朴的文字，让英雄的武汉人民的故事真实动人、温暖人心？这是摆在新闻工作者眼前的严肃课题。作者以细致入微的观察力，全景式聚焦平凡而伟大的武汉人民在极难、极险的情况下齐心战疫的壮举，以贴近人性的视角谋篇布局，饱含深情，用事实说话，为受众打开了一个个凡人英雄的内心世界。

稿件以江汉关大楼"整点响起的钟声，仿佛这座城市的心跳""见证了武汉历经沧桑，也见证了武汉一次次从逆境中的崛起"开篇，结尾则是孕产妇患者诞下的新生命隔离观察后将于4月8日首次与亲人团聚："那一天，正好迎来武汉解除'封城'。"首尾情境的强烈对比、巧妙呼应以及收笔的意味

图1　全媒通讯《壮哉，大武汉》海报（新华社　供图）

---

[1] 作者：唐卫彬、李鹏翔、胡喆等；刊播平台：新华社，2020年3月30日。

深长，表达了在苦难中迎接新生、在黑暗中看见黎明的象征意义。一幅幅武汉人民的英雄群像，展现了大格局、大气度、大情怀，带给国人浴火重生、奋进崛起的精神力量，引发强烈的社会共鸣。

【案例二】 《武汉日记——人民网前方报道团队武汉采访实录》①

案例全文

疫情发生后，人民网记者奔走于武汉的重症监护室、居民社区、援鄂医疗队驻地、火神山和雷神山建筑工地等，用文字、图片、短视频、Vlog、现场直播等形式为网友打开了直击战疫一线的窗口。50多天内发出的40多篇日记体融媒报道，记载了几十个鲜活的人物和他们的故事，为再现武汉战疫提供了新的视角。

面对未知病毒的袭扰，日记这种接地气的形式更容易接近受众。报道团队选择用日记陪伴读者，记录历史、温暖人心，凸显了新闻报道的人文关怀。疫情暴发初期的各种传言一度引发社会恐慌，前方记者充分发挥党媒的优势和权威性、公信力，以扎实的采访有力回应了社会关切，肩负起科普和辟谣的使命，在战疫初期起到了稳定人心的重要作用。

现场图片、人物特写、现场直播等在日记中融为一体，构成融媒连载报道。报道过程中，网友一次次地"催更"，既给了"武汉日记"持续报道的动力，也充分说明这种报道形式和生产方式深受用户喜爱、满足了公众期待。战疫过程充满温情，这40多篇充满人情味的日记以超1亿次的阅读量证明了它的独特价值。

---

① 作者：集体创作；刊播平台：人民网，2020年1月下旬—3月初。

【案例三】 《同心战"疫"》①

案例全文

自2020年1月20日起,中央广播电视总台先后派出260多人的报道团队奔赴武汉一线,后方数千人参与报道,全程记录伟大抗疫历程。中央广播电视总台大型新闻纪录片《同心战"疫"》,是这场抗疫之战的历史记录和国家影像,以《令出如山》《生死阻击》《坚强防线》《众志成城》《命运与共》《人民至上》六个篇章,全景式展现中国人民打赢疫情防控总体战阻击战的全过程。

全片真实记录了疫情初期武汉医疗机构内忙碌紧张的状态,让受众深刻体会到这场战疫的胜利是多么来之不易。该片用一幕幕场景近距离记录人类与瘟神的厮杀,完整反映新冠肺炎这一未知而凶险的疾病给人类带来的巨大挑战,以及中国如何用举国之力主动作为、避免了更多的生死离别之痛。纪录片通过对大量事实细节的系统化梳理,真实、全面、生动、温暖、有力地展现了人民群众才是抗疫中真正的英雄,展现了党中央在这场人民战争中的定海神针作用和中国特色社会主义制度的显著优势。

图2 《同心战"疫"》海报(中央广播电视总台供图)

---

① 作者:刘美佳、庞小薇、曾晓蕾等;刊播平台:中央广播电视总台,2020年9月2—7日。

二、专家评析

在这场空前的抗击疫情斗争中,中央媒体通过新闻报道发挥出主力军和先锋队的作用,既是舆论场中稳定大局的定盘星,也是全国人民凝心聚力的定心丸,彰显了主流媒体核心价值。在围绕疫情动向、防控宣传、专家解疑、谬误澄清、政策解读等一系列报道中,各级各类媒体平台同心协力总动员,充分体现了媒体在重大突发性公共事件报道中的责任与担当,为打赢疫情防控阻击战提供了有力的舆论支持。媒体记者不畏艰险、深入一线,在医院、方舱、重症病房等场所舍生忘死记录这场惊心动魄的战役,用情用心讲述抗疫感人事迹,客观真实反映人民群众克服困难、勇于抗疫的精神风貌,体现了勇于担当、一心为民的职业操守和忘我拼搏的奉献精神。

(一)快速反应权威发布,及时准确传播信息

及时准确发布信息,客观全面报道真相,是新闻媒体的基本职责,也是其义不容辞的重要使命。2020年1月25日,习近平总书记主持中共中央政治局常务委员会会议,研究新型冠状病毒肺炎的疫情防控工作。会议强调,要及时准确、公开透明发布疫情,回应境内外关切;要加强舆论引导,加强有关政策措施宣传解读工作,增强群众自我防病意识和社会信心。

面对重大公共突发事件,新闻媒体要在增强时效上下更大功夫,在真实准确的前提下,力争第一时间介入、第一时间发布,把权威信息传递给受众,不能落在社会舆论后面。在抗击新冠肺炎疫情报道中,各主流媒体第一时间作出反应,利用频道、时段、版面、网页等渠道和手段,及时发布疫情信息、实时更新疫情数据,向民众传达党中央、国务院疫情防控工作战略部署;持续采访政府部门、院士专家和一线医护人员,理性评估疫情进展,为群众释疑解惑,彰显主流媒体在突发事件舆论引导中的传播力、引导力、影响力、公信力。

疫情发生后,中国人民解放军闻令而动,派出4000余人的医疗队奔赴一线支援湖北。人民日报记者跟踪采写《冲锋,这里就是战场!——记抗疫一线的军队医护人员》一文,讲述军队医护人员发扬不怕牺牲、不怕疲劳、连续作战的作风,全力以赴救治患者的生动感人场景,不仅振奋了军心士气,更提振了人民群众战胜疫情的信心。针对社

会各界最关切的"病毒是否人传人"等问题，2020年1月20日，中央电视台《新闻1+1》栏目连线专访钟南山院士，首次发出病毒人传人预警，解答公众疑问，有效引导舆论。湖北卫视实施多时段、长时间疫情新闻直播，全天直播时长达700分钟，联动所属14个电视频道、广播频率和长江云App同步直播，系列视频"众志成城抗疫情"总观看量过百亿。面对这场前所未有的突发公共卫生事件，市场化媒体和自媒体平台也纷纷投入一线报道，对主流媒体的信息发布起到了不可或缺的配合和补充作用，如澎湃、三联生活周刊、界面等媒体以一篇篇扎实的调查、抽丝剥茧的分析，对疫情进行了多元立体报道。

（二）网上网下科学引导，凝聚举国同心之力

在新冠肺炎疫情这样的重大突发事件中，全社会面临着一个高度网络化的社交媒体舆论场，舆情发生密度前所未有，舆论引导难度也前所未有。在这种情况下，新闻媒体更要及时报道发声、科学引导舆论，放大权威声音、消解杂音噪声，掌握舆论主动。

互联网，特别是移动互联网，已成为舆论主渠道、主阵地、主战场；抗疫中管好用好互联网，是掌握新闻舆论阵地的关键。人民日报微博每日设置的动态话题，有针对性地回应社会关切，长期占据微博热搜榜单；新华网持续推出的《新华锐评》栏目、央视网推出的《战"疫"最前线》等，汇集医护、病患、学者、官员、媒体等多方面声音，获得了先声夺人、赢得主动的效果；新华网联合中国互联网辟谣平台推出的《这是你该知道的20个真相》和《新型冠状病毒肺炎谣言的六大套路》等，及时传递真相、澄清谣言。

报道中要发挥网络传播互动、体验、分享的优势，听民意、惠民生、解民忧，凝聚社会共识。在报道中，各级新闻媒体通过讲好抗疫一线战斗者故事，凝结全国各族人民万众一心、同舟共济的坚强意志，为打赢这场保卫战提供了思想动力和精神支撑。没有从天而降的英雄，只有挺身而出的凡人。大型新闻纪录片《同心战"疫"》生动体现了"每个人都了不起"。在疫情"风暴眼"湖北武汉，湖北日报采写的关于武汉市金银潭医院院长张定宇的深度报道《用渐冻的生命，托起信心与希望》，引起无数读者共鸣；大型融媒报道《致敬仁心　感恩大爱》，汇总视频、图文、海报等31个子专题，全面展示了援鄂逆行者的感人事迹。

（三）不畏艰险深入一线，生动诠释职业精神

面对突如其来的疫情，媒体记者不畏艰险，深入医院、方舱、重症病房等场所记录抗疫行动，真实反映群众的困难，体现了勇于担当的职业精神。

在一线，新闻记者及时报道疫情最新动态，传播疫情防控知识，书写抗疫一线感人事迹，努力营造强信心、暖人心、聚民心、筑同心的社会氛围。除夕之夜，新华社记者进入武汉中南医院重症隔离病房采访，完成《重症隔离病房里的除夕夜》等现场报道。新春之际，记者走访湖北六七个县市的乡镇村庄，到卫生院和病患家中了解情况，将民情民意反映在《疫情防控别把农村漏了》等稿件中。在采写《壮哉，大武汉——献给英雄的武汉人民》时，新华社武汉战疫一线的记者深入现场，挖掘一手资料，聚焦武汉人民勠力同心创造奇迹、从困苦逆境到迎来胜利曙光的关键时刻，报道一个个真实感人的百姓故事。

新闻工作者把镜头对准一线、把笔端触及基层，及时报道权威信息，为打赢"武汉保卫战"提供有力舆论支持。人民日报赴湖北抗击疫情摄影小分队，调动在抗击疫情一线采访的摄影骨干，分赴各家医院，为全国驰援湖北的4.2万名医务人员留下战疫肖像。离汉通道关闭后，网传武汉市民生活陷入困境。人民日报记者走上街头，走进超市、加油站、地铁等公共场所，写出《直击：离汉通道关闭第一天》，报道治愈出院患者和医护人员的真实状况，澄清不实传言。

（四）服务群众抚慰心理，助力全民科学抗疫

因疫情防控需要，社会流动的常态秩序被打破。面对重大突发公共事件，网络空间为网民的焦虑情绪提供了释放口，焦虑情绪经发酵加剧，给民众心理带来消极影响。在这种情况下，新闻媒体要及时报道疫情动态与抗疫进展，抚慰民众心理，引导科学抗疫。

马克思在阐述人民报刊与人民的关系时指出，报刊是人民思想和感情的表达者，"它生活在人民当中，它真诚地同情人民的一切希望与忧患、热爱与憎恨、欢乐与痛苦"[①]。新闻媒体及时报道抗疫实践中的热点、焦点和难点问题，有效回应社会关切，引导群众正确看待疫情，消除恐慌心理。在疫情防控的关键时刻，央视网开通"战'疫'最前线"心理

---

① 《马克思恩格斯全集》第1卷，人民出版社1995年版，第352页。

帮助平台，通过心理公开课、音频微课、公益咨询等方式，为网民提供心理咨询。湖北广播电视台则联合相关部门与高校共同打造了心理健康服务平台，提供24小时在线免费心理援助，推出《战"疫"心理顾问》特别节目，适时开展心理疏导。

调查搜集基层信息和群众求助热点，为抗疫决策服务，也是媒体职责的应有之义。在中央指导组的统一部署下，众多媒体深入城市各街道、社区调查居民情况，建立专门的网络平台，广泛收集求助者信息。同时，利用各种渠道协助征集有关线索，推动解决应收尽收工作中存在的问题。人民日报、湖北日报等多家中央、地方媒体建立了新型冠状病毒肺炎求助者信息数据库，将收集到的求助信息反馈给有关部门，以便第一时间妥善救治求助者。媒体搭建的救助桥梁和渠道，主动为群众提供救治信息，为有关部门抗疫举措提供参考。

（五）主动回应国际关切，讲好中国抗疫故事

在重大疫情面前，党和政府一开始就鲜明提出把人民生命安全和身体健康放在第一位。2020年1月27日起，国务院联防联控机制每日召开例行新闻发布会，发布重点疫情信息并回应国内外媒体关注的热点问题。疫情期间，中央和各省区市累计召开各类新闻发布会超过1000场。在这种情况下，如何改进和加强国际传播，讲好中国抗疫故事，展现中国作为负责任大国的良好形象，成为我国新闻媒体国际传播的重要使命。针对国际上出现的对我国疫情防控的偏激、歧视和挑衅性言行，针对西方媒体的一些不实报道和攻击性言论，我国新闻媒体及时回应、澄清事实。人民日报连续发布多篇报道回击国际舆论场上有关疫情的"阴谋论"，做到了有理有利有节。中国日报通过翔实的采访和数据，讲述中国政府如何不惜一切代价拯救人民生命，从出生仅30多个小时的婴儿到100多岁的老人，从在华外国留学生到来华外国人员，每个人的生命、价值、尊严都受到保护，从一个侧面生动真实诠释了构建人类命运共同体的理念与实践。

三、采写手记

在全景式记录中彰显人性光辉
——《壮哉,大武汉——献给英雄的武汉人民》采写手记

封一座城,护一国人。

2020年1月23日,武汉因汹涌狰狞的新冠肺炎疫情断然"封城"。作为武汉人民的一员,我们亲身经历了疫情从初显、突袭,再到迅速蔓延、疯狂肆虐的全过程。

3月下旬,以武汉为主战场的全国本土疫情传播基本阻断,全国疫情防控取得阶段性成效,"封城"已经两个多月的英雄之城即将迎来"解封"。在这样一个重要时间节点和战疫转折点,为了不负这段惊心动魄的历史,我们以"识大体、顾大局""传大爱、担大义""迎大考、战大'疫'"为主要内容,组织精兵强将采写全媒体融合报道《壮哉,大武汉——献给英雄的武汉人民》。

我们通过这一报道,立体式呈现了身处疫情漩涡中心和"风暴之眼"的900多万武汉人民众志成城抗击疫情的感人故事;表现了这座有3500年历史的英雄城市在伤痛中奋起,从"暂停"到"重启"再到"复苏"的艰难历程;全景式反映了艰苦卓绝的武汉保卫战如何从困苦逆境一步步迎来胜利的曙光,令世界瞩目。

工作和生活在武汉30余年,我对武汉人的喜怒哀乐感同身受。我与江城人民一道并肩抗击过1998年长江特大洪水、2008年特大冰雪灾害,更深深感受到他们码头文化背景下的英雄底色。此次报道中,我们将视线聚焦于平凡而又伟大的武汉人民,通过系统梳理,深刻分析其精神内核,形成强烈共识。

武汉人民的识大体、顾大局,撼人心魄。本该是走亲访友的春节,900多万人坚忍自律,闭门宅家,开展特殊的战斗、无声的奉献。长达两个多月的时间里,经历了多少孤独恐惧,克服了多少艰难痛苦!14岁的小女孩孙婉清在给医生父亲的家书中写下了:"吾坚信,没有一个冬天不可逾越。"身为

患者与逝者家属之一的阿念姑娘，挺过艰难，克制哀伤，不忘感恩，含泪签下外婆遗体的捐献书。

武汉人民的传大爱、担大义，感天动地。张继先、张定宇、张笑春、王伟等白衣天使向险而行，逆战出征，同时间赛跑，与疫魔搏斗；刘智明、李文亮等医护人员把生的希望留给患者，自己却献出宝贵的生命；一个个普通而又不平凡的人与城市共同进退，生死相守，迎难而上，无惧无悔。

武汉人民的迎大考、战大疫，彪炳史册。经过艰苦卓绝的努力，终于迎来曙光，经济社会秩序加快恢复。人间烟火气，最抚凡人心。一碗麻香四溢的热干面，勾起了多少人的感慨和泪水。

在采写稿件的过程中，我们一次次为英雄人民勠力同心、共赴国难的壮举而感动，几度热泪盈眶。高度的共情和共鸣，使我们内心迸发出强烈的情感冲动——武汉人民值得被书写和铭记，必须要用自己手中的笔和镜头，尽情讴歌，表达敬意！

秉持工匠精神，下足绣花功夫。报道的主题立意、行文构思早已确定。在叙事和情感上要结构分明，层层递进，以"封城"期间的"识大体、顾大局"，勇斗疫魔中的"传大爱、担大义"，闯关夺隘时的"迎大考、战大'疫'"，六个"大"共同诠释和烘托主标题中"大武汉"之"大"，展现武汉人民的大格局、大气度、大情怀。

与此同时，还必须有内涵深刻、层次丰富、文字凝练、鲜活生动的表达。尽管支撑其厚度的，有新华社整体疫情报道的积累和沉淀，但在一个多星期的时间里，团队成员还是经历了日夜苦战、为伊憔悴、备受折磨、艰辛付出的创作过程。文章数易其稿，几度推倒重启。切磋苦想之中，每一个经典故事的选择，每一个精彩金句的涌出，团队小伙伴们都殚精竭虑。

精心推敲，细致打磨，一些精彩的共情表达几乎是倾泻而出——"冰封的城市，连接着恍若隔世的此去经年；渐暖的春日，映照着紧咬牙关的顽强坚持。""一个个再平凡不过的普通人，挺身而出，将自己幻化为'超人'，尽力拯救这座深爱的城市。""每位武汉人，如同钻石的每一个切面，都闪耀着自己独特的光。"

英雄者，国之干。我们用心用情地记录和呈现了武汉人民在疫情防控斗争中凝心聚力、众志成城、闯关夺隘、决战决胜的故事。

伟哉中华！壮哉武汉！

（新华社　唐卫彬）

四、延伸阅读

人民日报于2020年2月19日刊发的《冲锋，这里就是战场！——记抗疫一线的军队医护人员》，报道了中国人民解放军闻令而动、勇挑重担、不怕牺牲、奔赴一线，争分夺秒救治患者的感人事迹，以生动的细节、激昂的语言，展现了新时代革命军人的担当，书写了人民子弟兵对党和人民的忠诚。

新华社于2020年5月17日刊发的《风雨无阻向前进——写在全国疫情防控阻击战取得重大战略成果之际》，将抗疫过程的梳理与中华民族的成长淬炼紧密相连，既有党和国家层面的恢宏视角，也有亿万人民众志成城的情感共鸣；既有习近平总书记指挥战疫的独家细节，也有大量深度挖掘的抗疫感人故事，在关键节点发挥了舆论引领的积极作用。

中央广播电视总台新闻新媒体中心向医护人员的家人约稿，约请他们在生活中拍摄和诉说对医护人员的牵挂和想念，于2020年3月16日推出《等你回来》系列特稿。以微视频形式聚焦宏大叙事无法到达的微观剖面，触碰亲历者"最深处"的心理层面，让受众从另一个侧面感受到医务人员的付出与伟大。

光明日报精心打造的《那些匆匆而过的英雄本来如此平常》《那些汇聚起来的力量》《全力救治新冠肺炎重症、危重症患者——决战ICU》等报道，用生动感人的文字记述抗疫中的"常人英雄"，指出"正是这样一颗颗'不起眼'的螺丝钉，一个个再平凡不过的普通人，谱写了全民抗疫的感人篇章"。

经济日报在2020年武汉抗击新冠肺炎疫情取得决定性胜利、城市即将解封前，于3月30日至4月7日采写了《决战武汉》《众志成城》《人间大爱》三篇万字纪实报道，对此次战疫进行了全面总结，成为这段特殊记忆的历史见证。最后一篇刊发于武汉解封前一天，起到了凝心聚力、振奋人心的良好作用。

延伸阅读

五、思考与讨论

1. 在重大突发事件报道中，主流媒体如何发挥舆论引导作用？

2. 结合本专题案例，谈谈在重大突发事件中新闻媒体如何更好履行社会责任。

3. 在新冠肺炎疫情报道中，主流媒体如何通过融合报道提升传播效果？

4. 结合采写手记，分析《壮哉，大武汉——献给英雄的武汉人民》的报道特点。

5. 面对当今世界变局，如何讲好中国抗疫故事？

重大灾难事件中媒体的使命担当
——"东方之星"号客轮翻沉事件报道评析

重大灾难事件是国内外关注的焦点,也是新闻舆论引导的难点。面对重大灾难事件,媒体要坚持及时准确、公开透明、有序开放、有效管理、正确引导的原则,尽快启动重大突发事件新闻报道应急机制,及时主动报道真相,进行舆论引导。本专题以"东方之星"号客轮翻沉事件中的应急新闻处置为例,探讨新闻媒体如何通过信息公开传播突发事件真相,如何通过疏通与交流,引导主流价值观,为事件的有效处置和维护社会稳定提供舆论支持。

一、案例概述

2015年6月1日21时30分,载有454人的"东方之星"号客轮从南京驶往重庆途中突遇强对流天气,在长江中游湖北监利水域瞬间倾覆,船上人员中有12人获救,442人遇难,这是国内历史上一次罕见的重大伤亡事故,引发国内外舆论强烈关注。本专题重点推荐的三个报道案例,均是在事件发生9天内发表的报道和评论:新华社针对这一重大突发事件持续深入跟进,推出了"东方之星"号客轮翻沉事件系列报道;人民日报发表评论文章《记取生命换来的教训》,呼吁彻查事件原因,按照及时、准确、公开、透明的原则发布信息;中央广播电视总台在事故发生后的9天内24小时不间断直播,用大密度、专业化的直播,有力回应社会关切,澄清网上和境外各种不实传言,在舆论引导中发挥定海神针的作用。

【案例一】　长江客船翻沉事件后续融合报道组稿[①]

案例全文

长江客轮翻沉事件发生后，党中央国务院高度重视，各地各级组织迅速行动。新华社编辑部第一时间派遣两名编辑赶赴事发地，配合分社记者深入现场，紧跟事件发展过程，及时更新、滚动发稿。

《长江救援，一场生命至上的国家行动》是新华社发布的"东方之星"号客轮翻沉事件系列报道中的一篇特稿。这篇稿件紧紧围绕全国应对这场事件的救援行动而展开，重点报道救援队克服重重困难投入救援、争分夺秒抢救生命。另一篇特稿《不抛弃、不放弃，哪怕只有万分之一的希望——长江客船翻沉事件救援行动纪实》紧紧围绕第一时间救援、科学有效救援以及人文关怀救援展开，就社会关注的救援方案给予详细说明，并采访权威专家进行解读，体现了救援的科学性与责任感；同时，稿件中见人、见事、见细节、见过程，彰显了人文关怀，全面呈现了"一方有难、八方支援"的国家行动。

这组稿件采访翔实、内容丰富，有效回应了社会关切。通稿被多家主流媒体全文刊登，在微信朋友圈和微博大量转发，"新华全媒头条"公众号浏览量达到10万+。

图1　救援人员进行切割作业（新华社　供图）

图2　志愿者协助救援（新华社　供图）

[①] 作者：集体创作；刊播平台：新华社，2015年6月2—4日。

【案例二】 《记取生命换来的教训》[1]

案例全文

"东方之星"号客轮翻沉事件发生后，在逝者"头七"之日，人民日报的评论文章《记取生命换来的教训》将关注的焦点放在人的生命，并由此衍生出一系列发人深思、经得起推敲的观点和判断，充分发挥了主流媒体的舆论引导作用。

评论的首要职能是向社会公众传递价值观念。这篇评论所传递出的价值意义至少体现在两个层面：其一，对人生命的关怀。文章从一开始便表明了中心论点，"数字太抽象，无法传递生命的温度"，进而在整篇文章中传递了对生命消逝的痛心，不断重申"尊重生命"这一基本原则。可以说，"以人为本、生命至上"构成了这篇评论的核心观念。其二，对事故责任的反思。尽管"东方之星"号客轮翻沉事件作为一场重大灾难，主要原因在于罕见的强对流天气，但在一定程度上也反映了长江航运中存在的一些安全问题和隐患。这篇评论文章强调要按照中央要求，彻查事故原因，着力补齐短板、堵塞漏洞，真正推动长江航运从根本上消除安全隐患。

这篇评论短小精悍、观点明晰、文字简洁、语言鲜活，用温度释放情感的暖流，以理性的力量反思事件的教训。各大媒体平台以"人民日报谈长江沉船事件"为题广泛转载，有效引导了舆论走向，疏解了公众情绪。

【案例三】 "东方之星"大救援直播报道[2]

案例全文

"东方之星"号客轮翻沉事件发生后，中央电视台实现了事件消息和视频直播画面全球双首发，从潜水搜救、65岁老人成功获救，到船体切割、扶正、出水直至进舱搜救、哀悼仪式等每一个重要节点，都进行了大密度的直播连线。该报道用无剪辑、不间断的直播向全世界充分展示我们党和国家对

---
[1] 作者：陆侠；刊播平台：人民日报，2015年6月8日。
[2] 作者：集体创作；刊播平台：中央电视台，2015年6月2-7日。

人民生命安全高度负责的鲜明态度,真实记录了上下同心、分秒必争、不计代价、全力以赴的国家救援行动,有力发挥了主流媒体的舆论引导作用。

随着救援行动的不断深入,社会公众对该事件发生的时间、原因、性质和责任主体等一系列问题越来越关注。6月3日晚上,现场救援暂停船体切割作业,很多人对此不解,当晚网上出现一些质疑声音。4日一早,中央电视台《朝闻天下》栏目以现场直播方式采访了交通部副部长,官方权威的解释很快打消了观众的疑虑。

纵观整个报道,及时准确、重点突出、调控得当、导向正确,央视通过创新直播手段最大程度满足了国内外公众的信息需求,推动了事件稳妥顺利处置。这一独家直播视频受到各方面的积极评价,被833家海外电视频道使用24366次,使用总时长约为89小时,赢得广大观众和网民的认可,也引起国际社会的高度关注。

图3 "东方之星"救援现场
(中央广播电视总台 供图)

二、专家评析

进入新的历史时期,我国的舆论环境发生了巨大变化。随着互联网信息技术的发展和我国政府对人民知情权、参与权、表达权、监督权的日益重视,实现社会整合、促进理性对话、服务公共利益、引导舆论走向构成了主流媒体的重要职责。这些变化,对重大突发事件的报道产生了深刻影响。"东方之星"号客轮翻沉事件的舆论引导工作,在事件突发、情况复杂的背景下,遵循及时、准确、公开、透明的原则,牢牢掌握舆论的主动权、主导权,最大限度满足社会公众的信息需求,为推动事件稳妥顺利处置提供了有力舆论支持,成为对国内重大突发事件进行舆论引导的典型案例。

(一)信息发布、真实报道与媒体责任

"东方之星"号客轮翻沉事件发生后,新闻媒体第一时间多点发力、及时传播,整体报道真实准确、重点突出。一方面充分报道国务院新闻办新闻发布会提供的权威信息,另一方面及时采集来自救援现场的大量信息,真实记录上下同心、分秒必争、不计代价、全力以赴的国家救援行动。这次事件的信息发布和媒体报道得到了人民群众的认可,有力配合了救援工作和善后工作的进行,避免了因信息发布不充分、舆论调控不恰当引起的"次生灾害",最大程度降低了客轮翻沉对社会稳定和人民心理造成的不良影响。

1. 坚持及时、公开、透明,密集快速发布权威信息

及时、公开、透明是突发事件报道的重要原则。及时,要求新闻媒体应尽早尽快报道新闻事实。公开和透明,要求新闻媒体不能隐瞒或遮蔽新闻事实的本来面目,要以公开的方式处理新闻信息。突发灾难性事件发生后,新闻媒体应对事件迅速反应,将经过多方核实的权威、准确信息及时报道,澄清真相。

事件发生后,相关部门第一时间赶赴现场,组织协调各方展开救援行动,密集召开新闻发布会,快速、充分释放权威信息。短短的10天之内,连续召开15次现场新闻发布会。发布会根据事态进展,针对救援、打捞、气象、航运、善后、生还者人数变化等社会关切,主动回应并进行解释说明,权威性高、信息量大、针对性强,成为中外媒体获取救援、处置、善后权威信息的主要来源。发布会在有效影响和引导舆论中发挥了至关重要的

作用，实现信息发布与事故处置同步推进，信息服务与舆论引导有机结合，成为近年来重大突发事件新闻发布的成功案例。

2. 尊重新闻传播规律，客观真实报道事件

真实是新闻的生命力，客观是新闻工作的基本准则。在重大突发事件报道中，尤其要尊重新闻传播的基本规律，坚守客观真实的报道原则，平衡好感性和理性之间的关系，要坚持多方求证，真实、客观、公正地呈现事件的本来面貌。

在"东方之星"号客轮翻沉事件的报道中，主流媒体遵循新闻传播规律，客观真实全面地对事故及其救援工作进行报道。新华社长篇综述《对人民高度负责》全面呈现党和政府对人民高度负责、全国上下同心的救援过程，以"生死竞速""科学救援""守望相助"为小标题，文风朴实、客观准确，以数据作支撑，用细节凸显大情怀；《生命大救援——长江"东方之星"游轮救援记事》等稿件通过深入采访还原事件过程，生动记录了抢险救援人员克服困难、连夜奋战的感人事迹和广大干部群众伸出援手的良好社会风尚；《与时间赛跑的生命大营救》《暴风雨中的生死大营救——"东方之星"号长江游轮翻沉事件追踪》《救人！救人！——长江沉船"挑灯夜战"搜救侧记》等重点稿件，客观、真实反映了救援过程。

3. 注重发挥地方、专业媒体的作用

在事故处置报道中，事故发生地湖北省的主流媒体全过程参与报道，及时刊发事故处置进展信息，重点报道省内救援工作。持续采访救援工作中医护工作者、救援人员、幸存者、遇难者家属和当地普通群众，通过救援故事、救援日志等形式，真实地反映了"一方有难，八方支援"的感人事迹。一些专业媒体推出"救援纪实""特别报道"，解读救援、打捞等相关权威信息，营造良好舆论氛围。

（二）设置议题、回应关切与舆论引导

面对社会发展过程中不断出现的舆情，尤其是重大突发事件中的舆论变化，应该通过合理的议题设置，有效帮助公众辨别纷杂信息和谣言，形成有利于事件处置的正向氛围。近年来，我国新闻媒体为提高传播力、影响力，增强新闻报道和舆论引导效果，把提升议

题设置能力作为主攻方向。纵观"东方之星"翻沉事件报道全过程，媒体的议题设置水平有了显著提高。

1. 精心策划设置议题

在事件处置中，及时分析、把握舆情动态，主动设置议题，有利于主导舆论走向。例如在现场救援中，针对应急处置工作中出现的家属情绪波动、事故原因追问以及追责维权等问题，媒体应主动释放信息，引导理性维权，做好情绪疏导，为顺利推进事故调查做好舆论铺垫。针对公众和社会舆论对事故追责的呼声，媒体应主动发布权威调查信息，强调党和国家对历史和人民高度负责的精神和严肃查处的坚定决心，同时分阶段释放相关信息，稳妥回应社会关切，掌握舆论引导的主动权。

2. 准确把握舆论引导的时度效

"东方之星"号客轮翻沉事件中，媒体依据时度效原则，有针对性地设置了不同的议题，如报道部队官兵和人民群众救援事迹、安抚疏导遇难者家属情绪以及按照民间习俗设"头七"议题等，发挥了重要的舆论引导作用。这启示我们在议题设置时，要密切关注事件处置进展、及时分析舆情动态，根据处置工作实际需要，适时、超前或延时提出报道与引导的重点，引导舆论走向。

在这次重大灾难性事件的处置中，复杂、敏感的舆情给新闻宣传和舆论引导工作带来挑战。中央和有关地方媒体遵循时度效原则，稳妥有序开展报道，配合救援和善后工作。一是把握住"时"。中央媒体在事故发生、船体扶正移泊和人员搜救等重要环节，及时播发信息，抢先一步，先声夺人，以及时、准确、权威的信息占据舆论制高点，从而牢牢把握舆论引导主动权、话语权。二是拿捏好"度"。如在救援阶段，加大正面报道力度，实时反映救援进展，充分满足公众信息需求。在事件处置由应急救援向善后处置转段中，及时为做好善后工作做好舆论铺垫。在善后处置阶段，则要适时适度发声，及时调控，有序收官。三是求最大"效"。媒体报道应该把有利于安抚家属情绪、有利于救援工作和有利于善后工作顺利推进作为衡量舆论引导工作标准，及时引导、准确引导、有效引导。

3. 以我为主回应关切

回应关切，是新闻媒体贴近公众、服务公众的主要方式之一。回应社会关切要及时准确、公开透明，满足人们的信息需求，增强社会各阶层之间的相互沟通和理解。在重大灾难性事件的报道中，新闻媒体要积极主动制止流言、谣言的传播，释疑解惑，消除群众的恐慌心理。"东方之星"号客轮翻沉事件发生后，社会舆论之所以总体平稳，没有出现极端的负面话题，主要原因就在于主流媒体能及时回应公众关切，引领社会舆论走向，带动各类媒体形成合力，形成集聚效应，持续不断进行回应，并将其贯穿事件全过程。这些回应并不是听到什么回应什么，而是因时制宜，主动引导，有选择有主导地进行回应，进而实现理想的舆论引导效果。

在"东方之星"号客轮翻沉事件中，主流媒体坚持"盯着舆情出选题、做报道"，坚持做到有质疑就有解释，有误读就有拨正。如：针对遇难人数公布后引发的质疑，主流媒体及时报道搜寻的具体进展、统计的实施方法；针对"听不到幸存者和家属声音、压制家属表达意见"等说法，及时报道幸存者回顾事发过程，以及家属表达合理诉求等；针对社会最为关心的事件原因等敏感问题，在强调有待权威调查的同时，也不完全回避，邀请交通部门负责人、事件当事人（包括船长和其他幸存者）、气象发布部门领导和专家、现场救援负责人与救援方案制定者、旅行社负责人、船厂法人代表等，参加新闻发布会，或对其进行单独采访。期间，对"船体是否被改建，改建是否对此次事故造成影响"，"暴雨天客船执意航行，是没有预警还是因为旅程时间太赶太紧"等问题，都及时做出适当解释，疏解公众情绪，回应社会关切。

（三）以人为本、生命至上与职业道德

坚持以人为本，注重人文关怀，作为新闻工作者的一种职业理念，在"东方之星"号客轮翻沉事件全过程中得到充分体现，成为这次报道的亮点。新闻媒体本着对人民生命安全高度负责的态度，把人员搜救和伤员救治放在第一位，自始至终将其作为报道重点，同时深入细致做好遇难者及其家属善后工作的报道。

1. 把"生命至上"理念贯穿新闻报道

生命大于天，是重大突发事件处置的最高准则，是事件报道和舆论引导必须遵循的基调，也是长期以来世界范围内新闻媒体形成的一种职业道德准则。在"东方之星"号客轮翻沉事件中，新闻媒体充分报道党中央、国务院把确保人民群众生命安全放在第一位、不

惜一切代价救人的精神，把报道重点放在搜救、医治生还者上。例如，人民日报发表的评论文章《记取生命换来的教训》就将"人"放在了评论的中心位置，强调人的生命至上，强调救人是最大民意和第一要务。

2. 避免因报道不慎造成"二次伤害"

在有些灾难救援报道中，有的媒体为博人眼球，大量运用强刺激的照片、画面和白描式文字叙述。这种报道手法虽然能够在视觉和心理上产生强烈的冲击力，但会对公众特别是遇难者亲属造成"二次伤害"，严重违背职业道德。因此，在灾难事件报道中，主流媒体不能"有闻必录、有闻必报"，对于一些敏感信息和画面，应当不直播、不公开，以免引发舆论"次生灾害"。

此次客轮翻沉事件报道中，新闻媒体能够坚守新闻伦理道德规范，充分预判新闻报道可能造成的影响，避免造成"二次伤害"，在信息采集、整合及播发上，坚持围绕"人"展开，注重人的情绪与感受。新华社摄影部在选择、处理照片时以尊重死难者为前提，以远景为主，对细节进行适当处理。沉船扶正后，央视对搜救工作进行直播时，为避免出现刺激性画面，在策划的7套拍摄线路中选择了最稳妥的一条线路。某种程度上来说，能否对报道选题与素材进行合理取舍，能否悉心体恤逝者家属的内心感受，能否充分预判公众接收时的心理状态和承受能力，不仅反映媒体的职业操守与道德水准，更反映审时度势、正确引导舆论的能力与水平。

3. 提升报道温度传递人文关怀

重大突发事件通常涉及人的生命安危，新闻媒体和网站需要理性面对，始终突出人文关怀，聚焦党和政府的决策部署、搜救人员的艰苦努力，以及社会各界的关注与关怀，给人温暖和力量。

在这场关系人民群众生命安危的灾难性事件处置中，主流媒体坚持以人为本、尊重生命的人文关怀，加大搜救、救人的报道力度，例如《为了逝去的生命》《一个小城的爱心动员》《潜水员官东看望客轮幸存者朱红美》《消防官兵忆搜寻最小遇难者》等。遇难者"头七"期间，有序组织现场直播和相关追思活动，疏解遇难者家属的悲痛，寄托人们的哀思，同时各级各类媒体、网站适时调控娱乐和广告信息。新闻媒体饱含尊重生命和人文关怀的报道，是对党和国家以人为本、执政为民理念的生动体现，是对社会主义核心价值观的深刻阐释，深化了新闻宣传的内涵和精神，极大增强了重大突发事件新闻报道本身的感染力、影响力。

三、采写手记

在灾难中传递生命的温度
——《记取生命换来的教训》采写手记

2015年6月，"东方之星"号客轮长江翻沉，造成442人死亡。彼时，对牵扯其中的400多个家庭来说，遭遇人生巨大打击，沉重的伤痛绝难一时抚平；对整个中国来说，"东方之星"是一个大事件，从客船倾覆消息发出后，便牵动着亿万国人的关注与关切。

回看"东方之星"沉船这一突发灾难性事件的新闻报道，一方面，由于政府行动及时，信息公开透明，各级政务新媒体有效发挥了传播力量，获得了网民较高的评价；另一方面，沉船事件衍生出一系列热点讨论话题，如事故起因、天气状况、船长行为、具体的救援方法、老年人低价游等，都受到了全社会的关注，甚至在一定程度上引发了一些公众的质疑。随着救援的进展，人们对真相调查的吁求越来越强烈，网民对主流报道的多元声音也开始出现。

人民日报社评论部敏锐地把握到舆情的变化，第一时间跟进动态，旗帜鲜明主动引领。根据不同阶段的舆情走势，持续不断地加以引导，在救援阶段强调"尊重生命是一个共识"，在善后阶段强调"尊重生命的原则同样高于一切，这体现在对家属的安抚、对原因的彻查、对信息的公开，体现在像中央领导同志所要的那样'拿出一份经得起历史检验的事件调查报告'"。在沉船事件逝者"头七"之日，这篇《记取生命换来的教训》聚焦"人"，用文字的温度释放情感的暖流，以理性的力量反思事件的教训。各大平台纷纷以"人民日报谈长江沉船事件"为题广泛转载，引发网友同声应和，有效引导舆论走向。

突发事件来临，许多网友都会关注人民日报怎么说，这也反映了人民日报的公信力与影响力，对我们能否拿好人民日报评论"金话筒"，是一次考验。在"东方之星"沉船事件中，舆情变化起伏，各种猜想纷飞，但是事件原因尚在调查，怎能随意下判断；悲伤早已无以复加，是渲染博取眼球还是抚慰导向理性；救援善后紧张进行，是用批判质疑添乱还是以建设性建言助力，这些恐怕不仅仅是评论员也是每一位网民抒发观点时理应考虑的问题。直面群众关注热点，不回避敏感问题，既要敢说话、早说话、会说话，又要不失语、不乱语，从来都是我们的坚持。也正是因为面对敏感的舆情、面对群众的诉求，评论出于公心，观点公平公正，我们才能拥有读者的信任，发挥舆论引导定盘星、定音鼓的作用。

无论是突发事件，还是舆论监督，提高舆论引导能力，有三个关键词十分重要——主动权、感染力、针对性，它们都直接影响舆论引导的实效性。

以议题设置把握主动权。失去了主动权，舆论的动向就易失控。在突发事件中，舆论形势往往十分复杂，各种信息真假难辨，各种声音此起彼伏，"东方之星"沉船事件也不例外。既有一些海外不良媒体扰乱视听，将矛盾引向政府、引向体制；也有部分网络"大V"为博取眼球，炮制"政府推卸责任论""船长贪生怕死论"等。凡此种种，都对沉船救援善后造成了极大困扰。当此之际，针对突发事件的关键节点，主动设置议题尤为重要。人民日报评论加强研判、回应关切，适时推出"头七"祭日的评论，主动引领方向，在纷繁复杂的舆论环境中化被动应付为主动应对，在评论阐释中把握好原则、节奏、力度，既不左右摇摆，也不感情用事。

以文字温度强化感染力。要担负起在众声喧嚣中引导主流声音的责任，评论必然要有思想上的高度、有分析问题的深度，但更需要有情感共鸣的温度。"头七"祭日，是逝者家属感情最为脆弱的时候，也是网民对事件关注的又一个高峰。如何疏导情绪、安抚心灵，需要评论能深刻把握大众情感，动态寻找发力点，以共鸣共情让理性入脑入心。因而，该文开明宗义就写到"数字太抽象，无法传递生命的温度"，提出"'人'，是救援、善后的原点和终点，是每一个行动的始发站和目的地。以人为本、生命至上，需要贯穿在每一个时间刻度"，最后导出"唯有悲剧不再发生，才是对他们最好的告慰"。

以针对性提高实效性。缺少了针对性，引导的力量就易耗散。在灾难性事件的处理过程中，有对事实真相的渴求，也伴随着各种诉求的碰撞、各种情绪的迸发，评论员需要精准把握舆情发展的阶段性特征，考虑时、度、效平衡。在焦躁沸腾的舆论环境中，任何没有针对性、靶向失准的评论观点，都有可能成为质疑扑面而来的"酵母"，甚至扭转舆论形势。在"头七"祭日，这篇文章以凝重的笔调书写"遇难乘客和船员名单上，一个个名字还带着体温"，号召"让我们记住这些名字，记取每个名字的意义和价值"，以理性的反思冀望"愿'东方之星'沉船能敲响警钟，真正推动长江航运从根本上消除安全隐患"。评论以鲜明的价值立场、浓厚的人文情怀，不仅尊重悲剧中逝者的生命尊严，而且彰显救援中人性的真善美，更厚植教训中汲取反思的理性力量。

俯察江湖之远，才能心系庙堂之上。做好重大突发事件的舆论引导是一门大学问，需要学习书本知识，更需要积累实践经验；需要科学方法，更需要高超艺术。把握住"时"，解决好"什么时候说"的问题；拿捏好"度"，解决好"怎么说"的问题，唯其如此，才能最大程度实现重大突发事件舆论引导的实效。

面对灾难，我们不仅要理性反思、汲取教训，更要用有温度的文字，传递生命至上的情怀。

（人民日报　陆侠）

四、延伸阅读

中央电视台于2015年6月8日在新闻频道播出的"东方之星"头七纪念报道是"东方之星"客轮翻沉事件后第7天，针对"头七"纪念仪式进行的独家现场直播。根据仪式方案，央视报道组连夜抽调骨干，组建哀悼仪式直播小组，看现场，定方案，组织设备，布设机位，铺设线缆，架好设备，深夜搭建系统。6月7日上午9点，"东方之星"沉船遇难者哀悼仪式开始，通过精心布置的机位，团队不仅拍摄到打捞船甲板仪式现场，还将长江上鸣笛的轮船、岸边默哀的群众等场景全面展现，传递出庄严肃穆的信号。报道发挥视频的优势，透明、同步、持续让观众及时完整地看见现场，取得了较好直播效果。

长江日报于2015年6月5日刊发的新闻摄影报道《夕阳之下，一如你从未离开》是"东方之星"号客轮沉船事件中全球传播最广的一张照片，仅长江日报新浪微博的阅读量就过亿次，国内权威的专业报纸人民摄影报、中国摄影报分别在头版、大幅刊发这张照片，国际著名通讯社路透社、美联社、法新社以及华尔街日报、洛杉矶时报等多家国外重要媒体头版大幅刊发。作品有悲壮的仪式感，散发出强烈的人文情怀，在灾难事件报道中体现出记者的作为和媒体担当，传递了生命至上的国家形象。

延伸阅读

五、思考与讨论

1. 新闻媒体在重大灾难事件报道中要遵守哪些基本要求？
2. 结合采写手记，谈谈重大灾难事件的新闻评论应如何引导舆论。
3. 媒体应如何把握重大灾难事件报道的时度效原则？
4. 结合"东方之星"大救援直播报道，分析电视直播报道在重大灾难事件中的优势。
5. 结合近期重大灾难事件，谈谈新闻发布在舆论引导中的作用。

在重大突发事故中正确引导舆论
——"深圳山体滑坡事故"报道评析

  突发事件是指突然发生，造成或者可能造成严重社会危害，需要采取应急处置措施予以应对的自然灾害、事故灾难、公共卫生事件和社会安全事件。突发事件具有不可预见性、严重破坏性以及与公众直接相关等特点。在灾害救助系统中，作为社会守望者的新闻媒体承担着重要的社会责任。及时有效地传递国家和政府的救援行动，反映灾难性事件给社会带来的损害，挖掘灾难中闪烁的人性光芒，以正面、积极的报道引导舆论走向，传递守望相助的社会价值，是新闻媒体面对重大突发事故所要担负的使命与责任。本专题以2015年深圳市光明新区"12·20"山体滑坡事故为例，分析新闻媒体在灾难事故中，如何回应公众关切，做好舆论引导，凸显人文关怀，传播正能量，为事故的有序处置提供舆论支撑。

一、案例概述

  2015年12月20日11时40分，深圳光明新区凤凰社区恒泰裕工业园发生山体滑坡，滑坡覆盖面积约38万平方米，导致73人死亡、4人下落不明、17人受伤以及33栋建筑物被掩埋或不同程度受损，造成了重大人员伤亡和社会经济损失，引发国内外媒体和社会的广泛关注。本专题重点推荐三个相关案例，分别为：新华社广东分社刊发的"深圳山体滑坡事故"报道，深圳卫视对深圳滑坡首名幸存者救援全过程的记录——《深圳滑坡灾害现场今晨成功救出首位被困者——新闻特写：生命大营救》，中央广播电视总台中国之声围绕事故开展的客观全面的调查性报道《深圳"12·20"滑坡事故调查：五环节悉数失守》。这些案例客观真实地报道了事故的救援过程和处置措施，有效引导了社会舆论。

【案例一】　　　　　　　　　"深圳山体滑坡事故"报道[①]

案例全文

深圳光明新区突发山体滑坡事故后，新华社广东分社迅速调集分社采编力量赶赴现场。在分社总编室指挥下，前方记者与后方编辑协同作业，记者深入现场采集获取事故信息，后方统筹安排、组织稿件，并与总社国内部保持沟通，采写了《寻找生命之光——深圳滑坡事件救援进程盘点》等多篇现场稿件，确保了重要节点权威消息时效领先。

当天下午1点多，新华社领先其他媒体，播发了第一条消息稿。围绕伤亡数字、救援进展等社会关切的问题，滚动播发伤亡数字和现场情况，同时编发具有深度的现场综合报道。在采访救援现场时，记者采取轮流通宵蹲点的方式，确保最早获得公众关切的事故信息。23日4时许，第一名幸存者即将被救出，记者分拨守候在救援点和前方指挥中心，通过采访现场武警和消防救援人员，获取到救援工作的关键信息。6时40分许，在幸存者被救出的第一时间，前方记者通过微信给后方记者讲述过程，后方迅速组织稿件，第一时间播发了幸存者获救的特写。在采访过程中，记者兵分几路，在救援第一现场、灾民安置点、医院、指挥部，与救援武警、消防官兵以及受灾群众建立了通畅的信息渠道，获得了独家的采访资源。

在此次滑坡事件中，新华社首条消息的时效性大幅领先其他媒体，现场稿件被采用达400件次；在内容层面，展现了救援组织现场的正能量，有效地引导了舆论。《兄弟别怕，我们来了！》等稿件受到中央有关部门高度肯定。

[①] 作者：新华社广东分社集体创作；刊播平台：新华社，2015年12月20日、21日、23日。

图1 12月22日,救援人员在现场探测生命迹象(新华社 供图)

【案例二】 《深圳滑坡灾害现场今晨成功救出首位被困者
——新闻特写:生命大营救》[①]

案例全文

"12·20"特大滑坡事故发生后,在距离"黄金72小时"只剩5小时之际,来自重庆巫山的小伙子田泽明被救出来了!他是光明滑坡事故中首位被救出的幸存者。

田泽明被发现的地方位于滑坡事故救援现场东二作业区,靠近北边厂房,是滑坡最剧烈的地方之一。从22日中午开始,武警水电部队和消防官兵数次使用多种探测仪器确认,东二区一建筑物存在生命迹象,并在23日凌晨3时确认了生命体征。本篇报道以纪实的手法,真实记录了生命大营救的全过程,从确认田泽明意识清醒,到把他救出地面,整个救援过程持续3个多小时,深圳卫视全程直播,牵动了无数人的心。当晚在深圳卫视《深视新闻》播出的精剪版,记录了田泽明命悬一线、奋力求生的坚强意志,赞扬了救援队伍迎难而上、通力合作的拼搏精神。田泽明获救是此次报道中最令人温暖、最振奋人心的事件,他被救出的背后是党和政府生命至上理念的践

---

① 作者:李大新、李璨、崔波、杨阳;刊播平台:深圳卫视,2015年12月23日。

行,是救援队夜以继日、科学施策的结果,是社会各界持续关注见证生命奇迹的坚守。

本篇报道画面生动,同期声丰富,展示了大量真实细节。节目播出后,多家媒体纷纷转载,成为中央电视台新闻频道、国际频道等媒体报道的信息来源,展现了"黄金72小时"大营救中最令人激动的瞬间,在最艰难的时候传递了生命的信念,展现了大爱的力量。

【案例三】　　《深圳"12·20"滑坡事故调查:五环节悉数失守》[①]

案例全文

在深圳光明新区发生"12·20"滑坡事故后的第7天早晨,中国之声《新闻纵横》播发《深圳"12·20"滑坡事故调查:五环节悉数失守》,引起了深圳市、广东省乃至中央的重视。稿件被多家媒体转载,央视新闻频道《共同关注》《东方时空》等栏目当天采用了报道录音。

深圳滑坡事故发生之后,事故原因和追责过程受到高度关注。记者在滑坡事故发生当天抵达深圳,深入调查,扎实取证。记者获取了招标的文件,

图2　滑坡事故现场(中央广播电视总台　供图)

① 作者:吴喆华、管永超、杨振;刊播平台:中央广播电视总台中国之声,2015年12月26日。

对文件中提到的相关方一一求证，独家拿到了中标方的转包合同，掌握了违法转包的证据。随后，独家采访了国土资源部事故调查组的权威专家。

12月25日晚间，有关部门召开新闻发布会，确认此次滑坡灾害不属于自然地质灾害，是一起严重的安全生产事故。稿件在次日早晨播出，深度剖析事故中的5个问题环节——企业和群众举报未引起重视、项目涉嫌非法转包、停工令未执行、运营方超期经营、环评报告未引起重视，指出这场"人祸"本可避免，但5环节却全部失守，将事故的责任明确为中标方、运营方、监管方和光明新区城管局，并指出城管局在事件中"既当裁判员又当运动员"，角色缺位、错位。记者调查扎实，环环相扣，有理有据，与国土资源部工作组的调查结论和深圳市主要领导的表态相配合，引起较高社会关注，凸显了主流媒体的公信力、影响力。

二、专家评析

在历史长河中，人类不仅要面对自然灾难，还要面对人为原因造成的灾难。在灾难事故中，新闻媒体承担着报道真相、引导舆论、疏解情绪等社会责任。新闻工作者往往要不顾危险，克服困难，第一时间奔赴现场，用他们的笔触和镜头，真实记录灾难现场，反映抗灾救援进程，及时回应公众关切，有效引导社会舆论。

（一）及时准确发布新闻

及时、准确是重大灾难性事件报道的重要原则。及时，是指新闻必须追求时效，力求用最快的速度，在最短的时间内，把刚刚发生和正在发生的新事实、新变动传播给广大受众。灾难事故发生后，新闻媒体要及时公开地报道事实，坚持新闻的真实性原则，确保公众的知情权。在深圳山体滑坡事故中，党和国家高度重视事故权威信息的发布工作，有关部门快速介入、有序引导，在深入了解舆情和公众诉求的情况下，做到及时准确发布信息，一系列密集的新闻发布呈现出信息量大、针对性强、权威性高的特点，确保了新闻传播的及时公开和新闻报道的真实准确，有力有效地引导了舆论。

深圳市政府在事故发生的5天内就召开了10场新闻发布会，就救援情况、失联人数、事故原因等舆论关注的焦点主动回应、解释说明，特别是对多次变更的失联人数作出了解释。在事故发生的最初阶段，这些关于事故基本情况、抢险救援工作进展、受灾群众安置等方面的权威信息极大满足了公众的信息需求，有效阻断各种虚假不实信息的产生和传播。正是密集连续的新闻发布，打消了公众对突发事件中可能出现"信息不对称"的担忧。在突发事件中，信息发布的及时准确、事故处置的客观公正，大大减少了公众的疑虑，新闻媒体与事故处置部门密切配合，为救援的顺利开展和舆情的有效应对创造了有利条件。

（二）客观理性报道事实

客观理性进行报道，是新闻报道的重要原则。灾难性事件的发生往往伴随着一定程度的伤亡、悲痛，可能激化公众情绪，公众不仅需要知情，更需要鼓劲和疏导。在信息渠道多元的新媒体时代，通过新媒体获取信息、表达意见，已经成为一种常态。许多研究表明，互联网空间不仅使得信息传播更加快速便捷，同时在重大突发事故中也容易滋生谣言和虚假消息，使人们对事故的认识片面武断、先入为主。因此，在互联网环境下，媒体更要坚持客观理性的原则，坚持实事求是地反映现场、报道事故。

在深圳"12·20"山体滑坡事故的报道中，中央主流媒体和广东地方媒体较好地做到客观理性，尤其是对救援行动和救援过程的报道，坚持实事求是，理性引导民众预期。一方面，准确反映救援现场的复杂情况和搜救工作的难度，避免让民众想当然地认为救人容易；另一方面，充分报道政府竭尽全力开展救援工作、营救生命，最大限度稳定民心、宽慰民众，有效引导社会舆论。事实证明，救援阶段客观的新闻报道能够起到防患未然、助力善后工作有序进行的积极作用。新华社播发的《灾难降临，记录一座城市的表情》，通过对专业救援队伍、失联者亲属、前线记者、医护人员以及热心群众的采访，理性客观地反映出党和政府积极组织救援、做好群众安置、家属安抚等各项工作，400多家网站和新媒体平台以及近百家主流媒体转载转发，获得了良好的传播效果和舆论引导效果。除此之外，还有一些新闻报道作品，如《哀痛的深圳：在警醒中前行》《兄弟别怕，我们来了！》《生命的握手》等，在报道滑坡事故时同样坚守客观理性的原则，做到了不拔高、不渲染，客观公正地报道灾难现场，传播效果深入人心。

（三）直面问题回应关切

在重大突发事故报道中，新闻媒体要直面工作中存在的问题，深入挖掘、客观分析、准确报道，不回避存在的问题，推出建设性报道。在深圳山体滑坡灾害报道中，中央广播电视总台中国之声于12月26日播出《深圳"12·20"滑坡事故调查：五环节悉数失守》，在深入实地调查采访中揭示滑坡事故发生的原因，披露事故背后存在的失守环节和制度缺失。在灾害事故发生的当天，记者通过走访多家受灾企业和部分群众，逐步揭开山体滑坡的原因。记者通过调查发现，该渣土受纳场曾被多次举报，但光明新区街道办、环保、城管、公安等部门并未引起重视。渣土受纳场实际上存在着项目非法转包、停工令未执行、运营方超期经营、环评报告未引起重视等问题。报道指出，"余泥渣土的主管单位是光明新区城管局，运营项目的发包方是光明新区城管局，监管项目的发包方也是光明新区城管局。既从发包中获得收益，又花钱聘请第三方监管，光明新区城管局有既当运动员又当裁判员之嫌"。节目紧紧围绕公众对事故原因的质疑展开，以科学的方法、建设性的态度发挥了主流媒体职能，有效回应了公众关切的热点话题，促进了问题的解决，引导了舆论的走向，缓解了舆情压力，引导社会舆论向积极的方向发展。

（四）正面报道增强信心

在重大灾难性事故中，主流媒体应当巩固壮大思想舆论，发挥正面宣传鼓舞干劲、凝聚共识的作用，激发全社会团结奋进的强大力量。主流媒体在重大灾难性事故中要早说话、敢说话、会说话，不做负面信息的"搬运工"和"传声筒"。要创新舆论引导方式，提供真实权威信息，丰富正面舆论，凝聚力量，增强信心。在深圳"12·20"滑坡事故中，主流媒体对事故的报道有效弘扬主旋律、传播正能量。新华社《幸存者田泽明父子相见："真的是命大，真的是感谢大家"》报道了首名幸存者田泽明与其父亲的会面，讲述了抗灾救援中的感人故事。这篇文章的标题和导语均引用了幸存者父亲发自内心的一句大实话："真的是命大，真的是感谢大家"，正文以这句话为引子，描述幸存者命悬一线、奋力求生的坚强意志，赞扬救援队伍迎难而上、通力合作的拼搏精神。

新华社《滑坡后60个小时，深圳四种"表情"》生动准确记录了救援现场的事实，既反映出事故现场形势的严峻性，又表达出救援工作的艰难以及救援工作人员的疲惫。除此之外，人民日报、中央电视台、人民网、南方网等媒体也从不同的角度对救援力量、救援难度以及救援过程中充满温情温度的感人故事进行了报道，有力营造了"怀着'生命第一'的态度将救援进行到底"的浓厚氛围，有效传递了"救灾很不易，深圳在尽力"的心理预期，充分弘扬了主旋律、传播了正能量，推动了舆论向着积极、正面的方向发展。

（五）以人为本传递温情

深圳"12·20"山体滑坡事故发生后，党和国家高度重视，要求迅速组织力量开展抢险救援，第一时间抢救被困人员，尽最大努力减少人员伤亡，做好伤员救治、伤亡人员家属安抚等善后工作，充分显示出党和国家以人为本、生命至上的价值理念。

在灾难性事故报道中，以人为本、生命至上是新闻媒体的重要原则。灾难面前，新闻媒体应当自觉地承担起关怀遇难者的任务，将对生命的尊重和对人的关爱贯穿整个灾难报道过程。在深圳"12·20"滑坡事故报道中，主流媒体对生者和逝者都给予了极大的关怀。新华社的报道《灾难降临，记录一座城市的表情》《寻找生命之光——深圳滑坡事件救援进程盘点》《兄弟别怕，我们来了！》以及《倾力救援是最深沉的悼念和担当》，南方日报刊发的《黄金72小时，深圳滑坡灾害现场昼夜救援》《救援第一线光明的温度》，温情而有力量，充满了浓厚的人文精神，体现着对生命的关怀。以《寻找生命之光——深圳滑坡事件救援进程盘点》这篇为例，采访的过程有温度，充分体现人文关怀。记者看到救援车辆源源不绝、救援人员源源不断的场景，受访救援人员那句"给生者以希望，给死者以尊严"深深打动了记者，报道充分展现了"人民生命高于一切"的崇高理念。

三、采写手记

蹲守：太阳和希望一同升起
——《深圳滑坡灾害现场今晨成功救出首位被困者——
新闻特写：生命大营救》采写手记

岁末的深圳是一年当中最冷的时候，2015年12月23日凌晨3点钟，我们在东三区的土堆上已经等待了一个通宵，救援人员正在距离我们数米深的泥坑里奋力作业。"这里……"突然一阵喧哗打破了作业区的平静，"东二区发现了生命体征"，事故已发生63小时，在黄金救援期的最后12个小时，我们蹲守到了希望。

12月20日下午，我们得到消息，说光明新区发生了山体滑坡，一组记者立刻赶往现场。当时，我们并没有意识到一场生死救援已经开始。临近傍晚，台里增派我到现场，随时做好现场报道的准备，我才得知光明滑坡事故现场形势非常严峻。我和同事立即出发，这一去，就是7天。

来到现场，我们才知道情况远比我们想象中更严重。数米高的黄泥堆，让你根本无法想象这里曾经是人们工作、生活的厂区和宿舍。灾情就是命令，3个工业园，33栋建筑物被埋、受损，涉及员工4000余人。

时间就是生命！深圳社会各界急速行动，全力投入到一场生命大营救的战斗中。媒体工作者就是要准确、迅速地将事实报道出去，回应公众关切，缓解公众担忧情绪。要让真相跑赢谣言，就要与救援队伍同进退。由于受灾面积巨大，事故现场被分为35个网格，打通了6条救援通道，高峰期有超过2500台大型机械设备在现场作业，救援人员超万人。在黄金72小时里，来自全国各地的救援队员一脚深一脚浅地踩在软泥地里，利用生命探测仪、搜救犬，艰难地展开地毯式排查。

我和同事就这样奔走在这相当于50个足球场的救灾现场，蹚着泥水，报道现场搜救、医院救治、人员安置、义工服务等救援工作。疲惫的我们在坚守，也在等待奇迹。直到23日早上，开篇的一幕发生了，我们全程记录了首位幸存者获救的全过程！

在确定了生命体征后，救援人员开始进行精细挖掘，不久后，一只手慢慢露了出来，然后是眼睛，救援人员趴在黄泥上，朝着缝隙里喊话。"他姓田""他还能和我说话""他说下面不止他一个人"……一个又一个好消息从泥坑底传出来，现场沸腾了！救援人员不断地调整救援方案，一边给幸存者输液、吸氧，维持生命体征，一边展开救援。经过3个多小时的奋战，早上6点40分，太阳出来了，被困67小时的田泽明眼睛蒙着纱布，被救援人员成功救出。

我们的镜头捕捉到了幸存者被救出的瞬间，这是生命的奇迹，是救援人员不舍昼夜、全力以赴的结果，也是蹲守现场的媒体人最大的期盼。

面对这场突如其来的灾难，深圳广电集团开设特别节目，6天直播了8场发布会，通过无人机、三维动画还原灾害发生过程。救援现场记者24小时轮班，随时报道救援最新进展，在我们的镜头里你能感受到"生命第一"的救援宗旨，看到众志成城、连续奋战展开救援的人民子弟兵。

一场突如其来的滑坡灾难，让深圳成为舆论焦点。谁也不愿悲剧发生，当不幸降临的时候，考验的是城市的危机应对能力。我们肩负媒体人的责任与担当，用报道回应公众的关切，祛除谣言滋生的土壤，赢得了公众的理解，赢得了舆论的空间。我们用心用情用力，在关键时候顶得上，做得到。

在场的每个人都不会忘记：那天初升的太阳和被阳光包裹着的幸存者。

（深圳广电集团　李璨）

四、延伸阅读

新华每日电讯于12月25日发表评论文章《突发事件考验城市危机应对能力》。评论指出，谁也不愿悲剧发生，当不幸降临的时候，考验的是城市的危机应对能力，人们也从事发后的表现中窥见这座城市的底色。评论强调，一场灾害就是一堂教训深刻的安全课，大城市、特大城市在快速发展过程中，必须高度重视安全风险防范、安全隐患排查等突出问题，尽快补上多年积累的欠账。评论观点鲜明、逻辑清晰、说理性强，表达了对城市安全问题的深刻反思。

深圳特区报于12月21日刊发报道《我们决不放弃一丝希望》。这篇报道分为"惊魂""救援""安置"三个部分，通过采访民警、厂区逃生员工、消防救援队员、受伤人员等，展现滑坡发生时的惊悚一刻、救援活动的有序开展以及政府部门安置工作的及时有效。报道叙事客观、时效性强，具有强烈的人文关怀，传递出生命至上与以人为本的价值理念。

南方网于12月24日推出"H5特别制作 | 深圳滑坡救援第一线：光明的温度，为他们点赞"。该新媒体交互作品调动用户为救援点赞，从救援者的温度、高科技的温度、普通

人的温度，反映救援工作的复杂艰难，呈现一方有难、八方支援的温暖场景，传播人间有大爱、人间有真情的动人瞬间，充分弘扬主旋律、传递正能量。

延伸阅读

五、思考与讨论

1. 在重大灾难性事故中，如何做到准确客观理性报道？
2. 结合本专题案例，谈谈如何做好重大突发事件的舆论引导。
3. 灾难性事故报道如何平衡正面报道与反映问题的关系？
4. 重大灾难性事故报道如何做到以人为本，体现人文关怀？
5. 结合采写手记，阐释媒体在重大灾难性事故中的责任与使命。

国际传播篇

讲好命运与共的中国故事
　　　　——人类命运共同体理念报道评析

"丝路"呼唤新思路
　　　　——"一带一路"系列报道评析

宣示国家主权的国际舆论斗争
　　　　——"南海仲裁案"报道评析

打赢涉疆议题舆论战
　　　　——涉疆对外报道评析

讲好命运与共的中国故事
——人类命运共同体理念报道评析

世界正面临百年未有之大变局，各国间的联系和依存日益加深，国际社会面临诸多挑战。中国提出人类命运共同体理念，为解决世界性问题提供中国方案、贡献中国智慧。人类命运共同体理念报道，要讲好新时代的中国故事、传播好中国声音、增强国际话语权，向世界展示可信、可爱、可敬的中国形象。

一、案例概述

随着我国国际传播能力建设的不断深入，多主体、立体化、全媒体传播体系逐渐形成，国际话语权和影响力显著提升。本专题推荐的三个案例是近年来国际传播实践中有影响的作品，它们在创意策划、选题内容、表达方式、主题深度、制作包装、传播形式等方面展现了新意，贴近不同区域、不同国家、不同受众群体，探索全球化表达、区域化表达、分众化表达规律，具有一定的示范意义。

【案例一】 《数说命运共同体》系列报道[①]

案例全文

中央电视台制作的《数说命运共同体》聚焦"一带一路"倡议,紧扣习近平总书记提出的共同打造人类命运共同体的精神主旨,用全新的大数据新闻生产手段,从货物贸易、基础设施、文化互鉴、人员交流等7个领域挖掘出沿线各国互通有无、互学互鉴的新闻故事。报道将前沿的虚拟视频技术与新闻纪录片的拍摄手法相结合,历时半年,跨行业、跨领域整合十几家部委新闻资源,全媒体采集生产制作,于2015年10月3—9日在中央电视台综合频道、新闻频道以及央视新闻客户端等平台播发。作品整合国内外信息资源,以严谨的态度、科学的方法,在海量数据中挖掘大量独家内容。在国家测绘局的支持下,报道团队研发260幅精准且有视觉冲击力的三维数据地图,准确、客观地呈现"一带一路"沿线主要国家重要数据分布的可视化效果,实现视频表达的创新突破。节目播出后,引发国内外高度关注,被翻译成英文版专题片向海外市场推广发行。

图1 《数说命运共同体》海报(中央广播电视总台 供图)

[①] 作者:集体创作;刊播平台:中央电视台,2015年10月3—9日。

【案例二】

云南"大象北游"系列报道[①]

案例全文

2021年,一群亚洲象从云南西双版纳出发,一路向北迁徙数百公里,吸引了全世界的目光。中国新闻社全程跟踪报道这一事件。采访组在象群突破传统栖息地边界、逼近昆明市区、南返、南归等重要时间节点率先布局,第一时间报道现场故事,适时推出分析解读类稿件,包括《"追"大象的人》《大象"南归"》《东西问 | 如何理性科学看待亚洲象北迁的中国样本?》《重温"象"往 世界共赴人与自然之约》等。在《生物多样性公约》第十五次缔约方大会领导人峰会即将在昆明召开之际,系列报道将"大象北游"细节与大会主题相呼应,向全世界讲述人与自然和谐共生的故事。该系列报道推出后,引发社会各界高度关注,美国的侨报、菲律宾的联合日报、巴西的南美侨报、印尼的印华日报等海外媒体广泛采用,国内各大门户网站争相转载。

图2 "大象北游"系列报道截图(新华社 供图)

[①] 作者:胡远航、缪超、张丹;刊播平台:中国新闻社,2021年6月3日–10月12日。

【案例三】 "三星堆考古发掘"系列报道[①]

案例全文

2019年起,三星堆遗址区陆续新发现6个祭祀坑。面对这一全球关注的重大考古事件,四川广播电视台通过全媒体新闻直播、精品纪录片等多元节目形式,全程跟踪进行报道。

全媒体特别直播《三星堆新发现·揭秘》打造沉浸式演播间,真实模拟古蜀文明发源地,结合专家的生动解读和全新的叙事方式,打破了考古圈的"围墙",让静默在时光中的文物化身为"顶流"。节目通过四川观察、中国日报、上海眼等账号在海外社交媒体平台同步直播,观看量近30亿次,在TikTok上#三星堆#话题播放量超过2000万。

纪录片《古蜀瑰宝》《又见三星堆》在央视纪录频道、四川卫视、优酷、哔哩哔哩、腾讯等平台播出。以独家记录的文物发掘、文物修复、科学研判等内容,向世界诠释中国新时代考古,解开沉默千年的三星堆文明之谜。国外网友也纷纷留言:"期待、好奇,好想去中国看看。""三星堆考古发掘"系列报道创新了国际传播模式,向世界展示了中华文明辉煌璀璨的历史。

二、专家评析

在纷繁复杂的国际舆论场上,要主动设置议题,表达中国立场,更好地构建可信、可爱、可敬的中国形象。

(一)把握国际议题报道优先权

在塑造"可爱中国"形象方面,云南"大象北游"系列作品值得借鉴。2021年中国以大象为"媒",与世界受众进行了一次"可爱"的对话。中国新闻社对此全程跟踪报道,

---

[①] 作者:彭森等;刊播平台:四川广播电视台,2022年4—6月。

推出各类新闻稿件，展示了野生亚洲象群迁徙的细节，充分回应了国际社会所关心的"北移象群"相关问题，在全球受众心目当中构建起"生态优先、绿色发展"的中国形象。

2021年3月20日，三星堆遗址新发现再次吸引了全世界的目光。6座三星堆文化祭祀坑被发现，包括黄金面具、青铜人像、青铜尊、玉琮、玉璧、金箔、象牙在内的500余件重要文物出土。四川广播电视台第一时间报道了这一引发全球关注的重大考古事件，以全媒体直播、专家访谈、考古纪录片等多种形式，呈现古蜀国悠久灿烂的文化历史，讲述精彩绝伦的三星堆考古故事，追溯中国数代考古人的不懈探索，将考古叙事与悠久的中华文明史有机连接。

（二）有机串联古今彰显特色

精心做好国际传播工作，要着力打造融通中外的新概念新范畴新表述，讲好中国故事，传播好中国声音。在开展国际传播时，媒体要在深刻把握传播机制和规律的基础上，体味新概念新范畴新表述的深刻含义，以融通中外为实际目标，将自身的发力点落在讲好中国故事的"好"上，不断更新视角，讲述具有强感染力、强吸引力、强表达力的新时代中国故事。

四川广播电视台制作的精品纪录片《古蜀瑰宝》《又见三星堆》是讲好中国故事的典型案例。纪录片以"让三星堆'开口'，讲好中国考古故事"为目标，为世界观众打开了一扇深入了解中国古代文明的新窗口。全媒体直播《三星堆新发现·揭秘》利用现代技术将文物的丰富细节淋漓尽致地呈现在观众面前，清晰展现了五千年中华文明源远流长、多元一体的全貌。通过直播的沉浸式传播和纪录片的精彩表达，绚烂多姿、底蕴深厚的中华文明发挥出超越文化边界的巨大传播能量。

一些国外受众对中国的认知仍局限在西方媒体设定的报道框架中：在西方媒体关于进步与落后、发达与欠发达、中心与边缘的对比讲述中，中国始终被当作西方的参照物，被认为是来自东方的"他者"。要打破这种固有偏见，引导国外受众客观认识一个真实、立体的中国，传播者首先要分析受众、了解受众，并在此基础上转换视角、创新思路，以国外受众熟悉并乐于接受的报道方式和传播形式，有的放矢地讲好中国故事。

要学会让历史发声，让数据说话。作为讲好中国故事的典型案例，《数说命运共同体》从细节处发力，将海量的碎片化信息整合到人类命运共同体的话题中，呈现了"一带一路"沿线国家间前所未见的联系图景，彰显了中国"一带一路"倡议的生机活力与发展前景。

（三）融通海内外受众民心

媒体阐释、传播中国理念时，要考虑到中西方文化差异，避免简单地将中国理念、中国智慧和中国方案生硬地塞给国外受众。人类命运共同体理念需要科学阐释，对这一理念的对外传播更需要建立在民心相通的基础之上。由中国新闻社推出的云南"大象北游"系列报道，通过对象群北移过程中的细节故事进行深入挖掘，全方位报道了中国政府为确保人象安全所做出的努力。这些作品站在人与自然和谐共处的基本立场上，展示了中国民众对亚洲象的善意与耐心。在中国不断倡导全球携手构建人类命运共同体背景下，《重温"象"往　世界共赴人与自然之约》向参加《生物多样性公约》第十五次缔约方大会的全球嘉宾展示了野生亚洲象群家族在云南的神奇之旅，充分呈现了云南当地普通民众与野生亚洲象相处的有爱细节，体现了中华文明所倡导的和谐价值观，传递了人与自然命运与共的美好向往。

由中英两国媒体合作打造的纪录片《你所不知道的中国》（第三季）是以全新视角展示中国，有效融通中外、促进民心相通的优秀作品。该纪录片在江苏卫视和英国广播公司世界新闻频道（BBC World News）同步播出，以几位主持人丰富多样的探索经历为主线，向观众展现了极具活力的现代中国。主持人在片中穿梭于中国的广袤大地，体验当地风土人情，既贴近日常生活，又触动观众情感，从而激发了全球观众进一步认识中国、了解中国的兴趣。

（四）巧用大数据挖掘深度内容

巧用大数据技术为新时代的新闻生产创造新的可能性，充分利用已有的新闻文本构造出新的表达，是深刻阐释、广泛传播人类命运共同体理念的新途径。

大型系列报道《数说命运共同体》将数据可视化与视频表达有机结合，紧扣人类命运共同体的精神主旨，挖掘"一带一路"沿线各国互通有无、互学互鉴的新闻故事。借助大数据技术，系列报道实现了宏大主题的微观表达和抽象主题的具象展示。在第一集

《远方的包裹》中，新闻主播走出新闻演播室，依托精妙的视频画面设计和后期剪辑，从中国杭州的跨境电商试验区"移步换景"，出现在了泰国的乳胶生产厂；从讲述一个普通的中国电商网站的采购员在曼谷郊区的工厂确认一批发往中国的货物开始，作品以小见大，引出了每一批装有GPS定位仪的泰国乳胶枕包裹通过全球旅行到达中国杭州跨境电商试验区的故事。报道以生动的画面和饱满的叙事呈现出"一带一路"沿线国家之间紧密的经贸合作关系，带领观众身临其境般感知"一带一路"背景下人类命运休戚与共的生动图景。

三、采写手记

跟着大象看生态中国
——云南"大象北游"系列报道采写手记

2021年，十余头野生亚洲象冲出云南西双版纳，一路向北迁徙数百公里，吸引了全世界的目光，包括BBC、CNN、NBC在内的众多外媒都对这一事件进行报道并给予广泛好评。6个多月的"追象"报道经历，为探讨如何对外展现一个可爱、可亲、生动、立体的中国提供了一个鲜活的样本。

大象北游的整个过程，大致可以分为初始期、高潮期、回落期三个阶段。基于客观事实，采访组一直用发展和辩证的眼光投入报道：在最开始象群突破传统栖息地边界进入普洱市墨江县时，就注意到变化，予以特别关注。随着2021年4月象群跨过普洱边界继续北上，我们意识到它们正在创造纪录，开始更为密切地关注，并于5月16日象群进入红河州石屏县后推出分析报道《中国亚洲象群为何罕见向北迁徙？》，就"北移象群从哪里来""此番北上为何不同寻常""象群为何北上"等多个问题进行解读。5月27日晚，象群挺进峨山县城，正式引爆舆论。我们开启直击现场的追象报道，同时安排一组人马转回亚洲象"老家"，探访"大象食堂"、中国首家"防象小学"等，探寻当地民众从"恐象"到"接纳"再到"保护"，尝试与象和谐共处的转变。

在持续关注动态时，我们也试图多方位、多侧面、多角度挖掘这一事件。比如，大象今天去了哪儿？干了什么？吃了什么？……这些"每日一问"，百问不倦。小象掉入水沟后被大象用鼻子拱了出来，"助你一鼻之力"；象群集体午睡，"一家人就是要整整齐齐"；小象挤在大象中间睡觉，"爱就是要紧紧围住"……全力推送诸如此类的趣闻趣事。

不过，光顾着看热闹肯定不行，还得正视"大象为何北移"这个问题。鉴于这是一个严肃复杂的问题，前期在采写《中国亚洲象群为何罕见向北迁徙？》一稿时采用"编辫子法"，穿插"可能是象群首领经验不足，出现迷路状况""亚洲象数量增长和食物短缺导致象群不断走出保护区""亚洲象保护力度加大使得亚洲象食性变化、活动范围扩大"等多方观点，进行开放式解读。后来事态趋于明朗，我们又专访权威专家，全方位就"亚洲象北迁是否史无前例""亚洲象迁移是否因为栖息地遭受严重破坏""全球亚洲象数量百年减九成中国为何反增"等问题进行解读。

除了聚焦事件本身和背后的原因，我们也试图站在更高的角度追问"写大象，到底是写什么"。总结下来，我们认为，写大象，也是写人与象的故事、人与自然的故事。自象群北迁，云南省成立了专门的指挥部，24小时不间断勘察象群活动轨迹，及时排除险情，疏散人群，确保人象安全；会同各方专家商讨解决办法，确保大象有个安全、理想的归宿；同时，为保障象群生活，地方政府准备了充足的食物，一路投喂；沿途民众也对象群干下的各种"坏事"保持难得的耐心，释放诸多善意。这是中国保护亚洲象的一个缩影，是一次人与野生动物的对话与交流，也是一个饱含温情、场景真实、细节丰富又闪耀人性光芒的故事。

我们的报道要做的，就是充分展示这个故事里的共通性、真实性和立体性。也正因如此，这个报道在中西方之间形成有效沟通。这也提示我们：想要讲好中国故事，就要给宏大叙事插上共情的翅膀，就要讲真实可信、生动感人的故事。

实际写稿过程中，则要把握好微观与宏观、个体与整体、前台与幕后等多对关系。以象群北上为例，既要把镜头对准象群嬉戏玩耍的泥塘、行进途中郁郁葱葱的森林，也要对准被亚洲象破坏的农田；既要描述象群闯下的

"祸"和沿途村民的损失,也要阐明村民们的合作与包容;既要展示象群北上的过程,也要挖掘一路"人象平安"背后的付出;既要讲述官方作为,更要讲述普通民众的善意……

在多元文化背景下寻求对外报道的突破口,通过一个个"大象北游"式的报道阐释好中国理念,讲好中国故事,在交流互鉴中让世界认识一个真实、可亲、可爱的中国。大象北游还有"续集",生态中国的故事还要继续讲下去。

(中国新闻社 胡远航、张丹)

四、延伸阅读

电视纪录片《你所不知道的中国》(第三季)是江苏省广播电视总台与英国同行历时一年采访摄制完成的6集大型纪录片,刊播于2017年6月3日至7月8日。节目以中国中部、东北、东部、西北、东南、西南不同地区为结构主线。采访组踏遍中国近20个省区市,从科技、文化、旅游、环保、能源、脱贫攻坚等方面,以行进中的镜头,给全球观众展示了一个有活力、有变化的当代中国形象。节目在江苏卫视、荔枝网及英国广播公司世界新闻频道同步播出,覆盖全球200多个国家和地区,全网点击量近4000万,引起海内外强烈反响。

《能吃的葡萄叶子》于2017年6月7日在中国国际广播电台播出。这篇广播专题围绕脱贫攻坚主题,运用丰富的音效、生动的细节描述,报道了葡萄叶子的出口情况,讲述主人公开拓新市场,带动村民将葡萄叶变成食品的致富故事。本专题展现了中国普通农民勤劳致富的真实画卷,传播至东南亚、北美、澳大利亚、新西兰等国家和地区。

Novel Experience(《中外携手战疫情》)系列报道刊发于中国日报2020年2月11日至12月31日。报道反映了中外合力抗击新冠肺炎疫情的感人故事,凝聚在华外国人的力量讲好中国故事,促进国际社会对我国疫情防控工作的支持和肯定,通过在华外国人的民间声音有力驳斥了美西方媒体对我国的恶意抹黑。报道共37篇,美联社等海外媒体转引152次,全球传播量超3000万。

延伸阅读

五、思考与讨论

1. 围绕典型案例,谈谈如何向国际社会更好阐释人类命运共同体理念。

2. 结合本专题案例,谈谈如何塑造可亲、可敬、可爱的中国形象。

3. 结合"三星堆考古发掘"报道,谈谈如何实现中华优秀传统文化的创造性转化和创新性传播。

4. 阅读采写手记,分析云南"大象北游"系列报道的特点。

5. 结合近期国际热点,谈谈国际新闻报道如何更好表达中国立场、发出中国声音。

"丝路"呼唤新思路
——"一带一路"系列报道评析

讲好"一带一路"的中国故事,是构建国际传播话语体系的时代命题,是向世界呈现一个真实、立体、全面的中国的重要途径,有着重要的理论意义和实践价值。新闻媒体要向外部世界讲清楚"一带一路"的思想精髓与核心理念,让世界人民看到中国作为负责任大国的作为与担当,将宏大主题转化为可思可想、可感可传的新闻作品,创新方式手段,提升"一带一路"国际报道的传播力、影响力。本专题将结合相关案例进行具体分析。

一、案例概述

本专题重点推荐的三个报道案例,是近年来"一带一路"系列报道中有影响力的作品。从报道内容来看,有阐释"一带一路"思想理念的专题作品,有聚焦"一带一路"标志性项目"中巴经济走廊"建设的深度报道,有以数据可视化方式呈现"一带一路"成就的主题报道。这些新闻作品多角度、立体式地展现了"一带一路"倡议所彰显的中国智慧与大国担当,兼具思想性、可读性和创新性,产生良好传播效果。

【案例一】 《大道之行》[①]

案例全文

2017年全国两会闭幕后，新华社全媒体报道平台着手细化微纪录片《大道之行》的制作方案。创作团队在吃透"一带一路"理念和实践的基础上，把握关键，深挖细节，生动呈现"一带一路"的思想精髓和核心理念。该片画面精美，让人回味。在手段上，调度图片、视频、动画等元素，以明白易懂的视听语言讲述中国方案与中国智慧，打造出一部内涵丰富、意义深邃的视听作品。

从效果上看，《大道之行》整部作品壮丽、震撼，对"一带一路"倡议进行了丰富多彩的诠释和演绎，让中外用户真切感受到全方位互联互通的东方智慧之美、追求和平发展的人性之美、打造人类命运共同体的时代之美。《大道之行》一经播发，在新媒体平台引发刷屏效果，总观看量突破5亿次，海外社交媒体平台浏览量超800万次。

图1 《大道之行》海报（新华社 供图）

---

① 作者：集体创作；刊播平台：新华社，2017年5月12日。

【案例二】 《"盼望习主席来瓜达尔港看一看"》[①]

案例全文

2017年5月,首届"一带一路"国际合作高峰论坛在北京举行。这是新中国成立以来由中国首倡、中国主办的层级最高、规模最大的多边外交活动,堪称中国主场外交的新标志。在距论坛倒计时一个月之际,人民日报社派出记者小组,专赴"一带一路"沿线国家进行采访,以全媒体方式记录中国与沿线国家共建"一带一路"的生动故事和取得的丰硕成果。随后人民日报在要闻第3版推出"行走'一带一路'"专栏,讲述记者采访途中的所见所闻,呈现中国与沿线国家的合作脉动。

中巴经济走廊是"一带一路"的标志性项目,其中瓜达尔港地位十分重要。《"盼望习主席来瓜达尔港看一看"》分为三个部分,第一部分通过对2015年习近平访问巴基斯坦、签署合作协议的历史回顾,以及房地产商人对当地情况的介绍,展示了那个昔日的小渔村已逐渐成长为备受瞩目的国际化港口和投资热土。第二部分通过对瓜达尔港施工的回顾,介绍了港口建设的过程,体现了中国工人在艰苦条件下的默默奉献。第三部分通过描写瓜达尔港渔市以及中国在当地建设的急救中心与学校等,突出了"一带一路"建设和中巴经济走廊给当地民众带来实惠。在报道结尾,记者借助当地人之口,表达了对中国的感激之情:"习近平主席提出的'一带一路'倡议,为瓜达尔带来了巨大的发展变化,我们盼望习主席来瓜达尔港看一看。"

【案例三】 *Chinese Aid Helps Put African Nations On Track* （《中国伸援助之手 非洲登发展快轨》）[②]

案例全文

为致敬中非友谊,向新中国成立70周年献礼,2019年夏,中国日报国际部策划了坦赞铁路的相关报道。来自中国和非洲的两名记者通力合作,循着前

---

① 作者:杨迅、孟祥麟、宦翔、徐伟;刊播平台:人民日报,2017年4月17日。
② 作者:陈颖群、Lucie Morangi;刊播平台:中国日报,2019年9月9日。

人足迹,探寻在中国对外援助史上具有里程碑意义的坦赞铁路的前世今生。

该报道以"足迹"为意象,完成在中国、坦桑尼亚、赞比亚三个国家的实地采访,将中国人民与非洲人民的共同梦想、中非追求民族独立和经济发展的相同命运、中非之间守望相助与加强构筑中非命运共同体的美好理念连接成篇。记者多次前往坦桑尼亚和赞比亚,从细节入手,采访"中非友谊之路"坦赞铁路的乘客、列车员、修建者、运营者等,记录坦赞铁路背后的故事,展现非洲人民对加强构筑中非命运共同体的热切期盼。

图2 坦赞铁路卡沙玛地段铺轨的新闻照片(中国日报 供图)

图3 在坦桑尼亚达累斯萨拉姆市的中国专家公墓,一名当地妇女从公墓墓志铭前走过。(中国日报 供图)

二、专家评析

截至2022年2月,中国已同140多个国家和30多个国际组织签署200多份共建"一带一路"合作文件,"一带一路"倡议得到国际社会的广泛认同和坚定支持。与"一带一路"相关的新闻报道呈现出媒体参与多、内容质量高、创新力度大、传播范围广、国际反响好等特点，提高了"一带一路"倡议的国际传播力和影响力。这些传播效果的取得，源于新闻媒体对以下三个方面的深刻把握与科学实践。

（一）着力把握国际传播主动权话语权

在国际传播中，新闻媒体要在思想上高度重视，在实践中抓住时机、争取主动，积极掌握国际传播的主动权、话语权，把中国故事讲得更好，让中国声音传得更远。

1. 主动设置议程、引导舆论

"一带一路"国际新闻报道应加强议程设置，这是阐释好"一带一路"倡议的关键。为了配合首届"一带一路"国际合作高峰论坛的召开，新华社推出重磅预热报道。"一带一路"特别节目《大道之行》从飞天的灵动舞姿到古丝绸之路上的驼铃声声，再到"一带一路"沿线国家标志性建筑和璀璨的工艺品，在特效技术的渲染下，充分展现出我国推进共建"一带一路"所秉承的"和平合作、开放包容、互学互鉴、互利共赢"的丝路精神，凝练出"一带一路"建设"不是中国一家的独奏而是沿线国家的合唱"的深刻主旨，将中国方案、中国智慧、中国担当巧妙融汇于这一则微纪录片中。新华社借助海内外社交媒体账号集群的传播优势，实现了议程设置和掌握国际舆论主导权的目标。

2. 坚持敢于发声、善于发声

新闻媒体在争取首发新闻、抢发新闻基础上，还要发挥"定音鼓"的作用。只有牢牢把握"一带一路"话语主导权，才能进一步联接中外、沟通世界，打好"一带一路"国际传播主动仗，更好服务于国际传播大局。

我国国际传播特别是针对美西方国家的传播工作仍处于逆水行舟、不进则退的局面。要清醒地看到，一部分西方势力对我国实施遏制和意识形态围堵的企图短期内不会改变，有些西方媒体仍然在"唱衰"中国，散布"中国威胁论""中国崩溃论"等杂音。做好国际传播，要保持战略定力，增强全球和全局观念，在主动设置议程的同时，敢于发声，善于发声，牢牢掌握国际传播主导权、制高点。

（二）宏大叙事和微观故事有机融合

用优质内容传播好中国声音、讲好中国故事是国际传播的必然要求。无论信息传播技术如何发展，内容的重要性不会变化。一方面，坚持内容为本是生产高品质、高质量国际传播作品的内在要求；另一方面，符合受众需求的优质内容是国际传播增强吸引力的前提保证。

1. 用生动鲜活的细节感染人

细节抓得好，不仅能丰富报道内容，提升报道质量，还能为报道增色。通讯作品《"盼望习主席来瓜达尔港看一看"》对细节的把握精准到位，作品通过调动受众的感官，提升报道的现场感，产生潜移默化的传播效果。

首先，用白描的手法起笔。"2013年，本报记者第一次探访瓜达尔港时，这里人烟稀少，视线所及之处都是沙漠，当地居民祖祖辈辈靠打鱼为生。每周只有一班航班从巴基斯坦南部港口城市卡拉奇飞往瓜达尔，中国人的身影更是几乎看不到。"寥寥数语，瓜达尔港昔日的萧疏景象跃然纸上。作者又写道："而今，记者再次探访瓜达尔港，看到变化无处不在，最明显的就是来瓜达尔的人大大增多了。卡拉奇到瓜达尔的航班，已经变成每天一班，能抢到前往瓜达尔的机票，还被看作'一种幸运'。"作者巧妙抓住航班的前后变化这一细节，小中见大，形象生动地反映出短短几年中，"一带一路"倡议带给瓜达尔港的明显变化。

其次，从心理活动看民心相通。"生活在瓜达尔港的穆哈迈德老人今年65岁，全家共10口人，生活并不富裕。听说中方要捐款在当地建立一所学校，他便毫不犹豫把自己块752平方米的土地无偿捐给政府，由中方在此援建了法曲尔小学。""毫不犹豫"这一心理细节的抓取与描绘，鲜明体现出"一带一路"倡议成为瓜达尔人由衷支持和拥护的利民之策。

再次，用自然环境的特写镜头升华主题。"采访结束前，正赶上瓜达尔港日出。那是一个壮丽的清晨，一轮红彤彤的旭日从海面升起，港区雄浑的打桩声，与阿拉伯海的浪涛声交汇。记者不禁想起此行采访中瓜达尔民众诚挚的心声——'中国的存在，让我们能够听到瓜达尔发展的脉搏。'"在这些情景的烘托下，报道主题得以升华。

2. 用丰富多彩的形式吸引人

优质内容的产生离不开形式手段的赋能，好的内容创意必须借助好的报道形式来呈现。央视网系列报道《穿越千年 航拍丝路》通过报道形式的大胆创新，取得良好传播效果。该片运用无人机航拍的方式，多维度展示了17个国家的31个代表性"一带一路"项目，真实呈现了恢宏大气、欣欣向荣的建设景象。系列作品还在航拍画面中插入数字特效技术，与航拍画面自然融汇，巧妙活泼，增强了报道的吸引力。例如，发电站装机总量、建设项目带来的就业人数、基建项目的技术参数等，通过数字特效在恢宏大气的航拍镜头间频频闪现，辅之以整齐划一的视觉设计，生动印证了"一带一路"是一条共享机遇、共谋发展之路。

3. 用翔实严谨的事实说服人

真实是新闻的生命，报道中善用事实本身的力量，能够带来不言而喻的说服力。中国日报刊发的通讯作品《中国伸援助之手 非洲登发展快轨》对事实的列举、论证与推敲可谓踩得实、行得稳。从中国对外援助机构专家、中非经济学家等专业人士，到坦赞铁路的修建者、运营者、列车员等亲历者，再到广大乘客等受益者，作者都做了细致入微、翔实严谨的采访。由点及面，由表及里，处处用事实说话，提升了报道的可信度和说服力。报道还引入大量历史资料，为作品嵌入了更多可思可想、可感可传的报道元素，如"1963年12月到1964年2月，周恩来总理首次访问非洲，宣布了对外经济援助和技术援助八项原则。""1970年，中国视察员从坦桑尼亚步行九个月到赞比亚标记路线。据当局称，修建这条铁路的困难是巨大的，包括64名中国工人在内的160多名工人在施工期间遇难。"这些资料让报道真实可信，说服力强。

（三）推进话语体系和方式创新

在国际传播中，只有让外国受众听得懂、听得进，才能取得良好的传播效果。

1. 开拓国际视野，创新话语体系

"一带一路"穿越不同地域、文化与宗教，做好"一带一路"报道，需要具备深厚的跨文化沟通能力。媒体要深入了解"一带一路"沿线国家的风俗习惯、宗教信仰、文化传承，

做到彼此尊重、文明互鉴。2017年5月，中国日报网精心推出 He Talks（《外交大家谈》）系列英文访谈节目，紧紧围绕"一带一路"国际合作高峰论坛、金砖国家领导人厦门会晤等重大主场外交活动，从中国立场、国际视野进行分析评论，推出《"一带一路"：不是独奏曲而是交响乐》《"一带一路"：创新全球治理新路径》《"金砖+"：加速全球治理的中国方案》《习近平：新时代的领路人》《中美关系"蜜月期"即将结束？》等一系列观点鲜明、条理清晰的访谈节目，受到海外受众欢迎。这些报道不仅实现了国际传播话语体系的创新，还澄清了一些海外受众对"一带一路"倡议的误读，增进了彼此的理解与互信。

2. 借力媒体融合，创新话语方式

媒体融合为国际传播话语方式的创新提供了条件。2019年4月，人民日报推出"一带一路这6年"数据可视化全媒体融合报道，为第二届"一带一路"国际合作高峰论坛营造了良好舆论氛围。作品在开篇推出《贸易通起来》《投资通起来》《设施通起来》《投资小助手》等多个板块，让动画与信息图互相映衬，可视可感、生动鲜活。作品融合3D建模技术讲述新闻故事，导入AR技术让页（界）面与版面互动起来，轻松活泼、节奏明快，有效推动了话语方式的创新。

创新"一带一路"国际报道话语方式，还要主动采集新闻事实和历史文化素材、善用全球视角选择报道切口，巧用数据事实和话语实现报道创新，善用全媒体技术点睛出彩。这样，才能变对空言说为有的放矢，变打被动仗为打主动仗，有效提升国际传播的能力和水平。

三、采写手记

以大制作展现大主题
——《大道之行》采写手记

"我的家乡中国陕西省，就位于古丝绸之路的起点。站在这里，回顾历史，我仿佛听到了山间回荡的声声驼铃，看到了大漠飘飞的袅袅孤烟。"这是新华社微纪录片《大道之行》的开头。习近平总书记一句打动人心的表

达，配以大漠孤烟、商旅往来的恢宏画面和深沉悠扬的音乐，揭开了中国共建"一带一路"故事的深情讲述。

《大道之行》是新华社围绕"一带一路"重大主题，在时政报道上进行全媒体转型的有益尝试。新颖的创意策划，精良的拍摄制作，契合融媒体时代的传播方式，让《大道之行》一经播出就引发强烈共振，呈现刷屏之效，堪称一部现象级作品。

提炼主题

2017年5月，首届"一带一路"国际合作高峰论坛在北京举行。来自29个国家的国家元首、政府首脑与会，来自130多个国家和70多个国际组织的1500多名代表参会。此时，距离"一带一路"倡议的提出已近4年。新华社专门抽调从事传统报道和新媒体报道的业务骨干，组成主创班底，着手进行创意策划，配合国家战略推出与之相适应的报道产品，把"规定动作"做出特色、做出新意。

重大报道，主题先行。共建"一带一路"是中国在新的历史条件下，推进全方位对外开放、推动构建人类命运共同体的重要实践平台，体现中国致力于为世界提供公共产品的智慧与大国担当。由此，我们想到了中国儒家"大道之行也，天下为公"的重要思想理念，习近平总书记在联合国大会、世界经济论坛年会开幕式等重大场合多次引用这句话，阐释他对当今世界发展前途命运的思考，"大道"也契合了"一带一路"是一条合作之路、希望之路、共赢之路的意象。这部微纪录片的主题和标题就此诞生。

内容创新

创作过程中，主创人员做足了功课，学习了习近平总书记所有有关"一带一路"的讲话，对几十万字的相关材料做了精心梳理，一个连通历史和未来共建"一带一路"的故事链条浮现出来。

完整的故事为接下来的制作推进打下了良好基础。主创人员大胆设想，决定以习近平总书记的原声作为视频"画外音"，让他"亲自"为大家讲解和推介共建"一带一路"重大倡议。这样操作不仅充分体现报道的权威性，而且更具亲切感、穿透力。事实证明，这种新颖的内容表现形式确实给受众留下了深刻印象。

视频从充满感情的第一人称讲述开始，表达"当今世界充满着不确定性，人们对未来既寄予期待，又感到困惑"的忧虑，提出"世界怎么了，我们怎么办"的时代之问。随后，中国承诺秉持共商共建共享原则，"为世界提供一项充满东方智慧的共同繁荣发展的方案"。同时，反击西方质疑，说明"一带一路""不是封闭的，而是开放包容的；不是中国一家的独奏，而是沿线国家的合唱"。在成果展示方面，通过具体案例说明"'一带一路'的'朋友圈'正在扩大"。最后紧扣"大道之行"主题，提出"同心打造人类命运共同体"的远大目标。

技 术 赋 能

好的创意有了，但要从平面文字转化为动态视频，需要考虑的因素还有很多，特别是共建"一带一路"倡议构想宏大、内涵深远，如何落实到具象画面上，着实费了一番考量。具体来看，在画面特色上，主创团队从习近平总书记对共建"一带一路"倡议的阐释入手，以西域特色浓厚的敦煌飞天、大漠驼铃、古代城池等图像，展现出倡议与古丝绸之路之间的历史渊源；以扬帆的船队、精美的瓷器，寓意倡议所倡导的经济开放、文明对话；以萧瑟的街头、战乱的场景，展现当今世界所面临的发展和安全问题。

片子选取白俄罗斯中白巨石工业园、马尔代夫中马友谊大桥、斯里兰卡普特拉姆燃煤电站、埃塞俄比亚—吉布提亚吉铁路、哈萨克斯坦阿斯塔纳轻轨等"一带一路"标志性工程，凸显出倡议提出4年来，已经在全球多个国家落地生根，转化为实实在在的合作项目，焕发出蓬勃生机。

新华社融媒报道机制的改革和创新为这部纪录片的制作提供了专业化保障。在策划阶段，主创人员集合了多个业务部门不同工种的采编、技术人员，大家共同策划、制作，集众家之所长；在采集端，打通国内国际，与多个海外分社通力合作，片中所有"一带一路"重点项目工程的场景都是实地拍摄得来的一手素材；在制作端，我们与国内高水平的专业影视制作公司合作，借鉴了不少国外热播剧和好莱坞大片的拍摄手法，采用特效、3D动画等当时国内先进的视频制作理念和技术，使成片带来全新而震撼的视觉体验。

报 道 启 示

《大道之行》的成功，离不开对报道主题的准确把握和对报道内容的透彻理解，而新颖的报道形式和新技术应用的加持，让这部作品摸准了融媒体时代的传播脉搏。《大道之行》实现了从传统讲述向"年轻语态"的视觉转换，实现了内容叙事风格的转变。

新形势下，加强互联网思维，以内容建设为根本、以技术创新为引领，实现内容技术双驱动，是推进媒体融合向纵深发展的应有之义。其中，内容始终是新闻传播最核心、最基础的要素，也是新闻媒体机构的最大优势所在。推进产品创新，既要在用好各种新技术方面下功夫，又要牢牢牵住优质内容这个"牛鼻子"，推动内容优势转化为传播优势。

对于媒体融合而言，报道形式的变化是永远不变的主题，没有一种模式可以一劳永逸。创新创意永远在路上，媒体融合的探索永无止境。

（新华社　李忠发、郝亚琳）

四、延伸阅读

2017年5月，首届"一带一路"国际合作高峰论坛在北京举行。为配合高峰论坛召开，《穿越千年　航拍丝路》系列报道在央视多个平台推出。作品分为8集，采用航拍实景与数字特效相结合的表现方式，在展示航拍画面的同时，利用数字特效技术立体、清晰、生动地表现"一带一路"项目建设进展，让枯燥的数据鲜活起来，增强了节目的表现力和感染力。系列报道后期制作的另一大特色是没有解说，通过音乐和字幕传递核心信息、表达情绪、烘托气氛，受到传统大屏和新媒体小屏的积极选用和推送。

He Talks（《外交大家谈》）系列英文访谈是中国日报网面向海外网民展现中国新时代大国外交思想的一次有益尝试。从2017年5月起，每期围绕一个国际涉华时政热点话题，如"一带一路"倡议、"金砖+"、中美关系、大国领袖等，从中国立场、国际视野进行分析评论，集中分析中国主场外交语境下的外交策略与战略思考。主持人和嘉宾都具有深厚的国际传播经验，英文表达地道。值得一提的是，特邀嘉宾外交部原副部长何亚非凭借多年外交工作经验和丰富的学识，从海外关注的热点问题切入，观点鲜明、条理清晰地阐释了"一带一路"倡议构想、"金砖+"对话合作模式等中国方案的深刻内涵，真实、立体、全面地讲述了中国的外交政策，受到海外受众的欢迎。

2019年4月，第二届"一带一路"国际合作高峰论坛在北京举办。人民日报推出"一带一路这6年"全媒体融合报道，内容翔实，在重大事件数据可视化方面进行了三项创新：第一，充分开发数据可视化内容，一体化生成版面、页面和界面，实现了报网端互动与融合传播。第二，借助3D建模、AR技术等铺陈新闻故事，以3D建模技术绘制8个实物商品，导入AR技术动态化呈现内容。第三，充分结合楼宇大屏、论坛场景，制作适配的界面，注重分众化、互动化，实现从小屏走向大屏的跨越。

延伸阅读

五、思考与讨论

1. 做好"一带一路"报道，需要把握哪些基本要求？
2. 结合本专题案例，谈谈"一带一路"系列报道如何将宏大叙事融入微观表达。
3. 阅读采写手记，分析《大道之行》的策划思路与创作特点。
4. 列举两届"一带一路"国际合作高峰论坛报道的代表性作品，分析这些作品如何围绕主题展开相关报道。
5. 结合案例，谈谈"一带一路"国际传播如何推进话语体系和方式创新。

宣示国家主权的国际舆论斗争
——"南海仲裁案"报道评析

南海诸岛自古以来就是中国领土,"南海仲裁案"实质是一场由美西方势力导演的、披着法律外衣的政治闹剧。中国在南海的领土主权和海洋权益在任何情况下不受所谓"南海仲裁案"裁决的影响,中国不接受任何基于该仲裁裁决的主张和行动。2016年"南海仲裁案"事件发生后,国内主流媒体通过讲历史、讲事实、摆证据,在这场无硝烟的国际舆论战中主动出击、先声夺势、先发制人,为我国建构了良好的国际舆论环境。人民日报、新华社、中央电视台等主流媒体的国际传播,彰显了我国的国际传播能力,发挥了主流媒体在国际传播中的重要作用。

一、案例概述

本专题重点推荐的四个报道案例,分别以不同题材、从不同角度,解析了面对维护国家主权这一重大主题时应遵循的舆论引导要求和国际传播原则,尤其是通过主导国内主流舆论,影响国际舆论,创新话语表达方式和手段,掷地有声地阐明中国立场、发出中国声音。

【案例一】 《究竟谁在破坏国际法——菲律宾南海仲裁案事实与法理辨析》①

案例全文

2016年7月,"南海仲裁案"仲裁庭做出所谓裁决,企图损害中国在南海的领土主权和海洋权益。中方围绕这一裁决结果开展坚决的舆论斗争。人民日报头版发表国纪平文章《究竟谁在破坏国际法——菲律宾南海仲裁案事实与法理辨析》,坚定维护国家利益,以事实和法理戳破美菲围绕南海问题编织的谎言。

文章在兼顾时度效的同时,体现有理有利有节的斗争艺术。不仅讲透中国在南海的历史性权利和仲裁案不过是场滥用国际法的政治闹剧,还有力揭露美国这个幕后黑手的战略图谋和扮演的不光彩角色,阐明中国维护领土主权和海洋权益的合法性、正义性。

文章一经发表就受到国际舆论的广泛关注,数十家国外重要媒体转引此文。英国卫报网站大篇幅报道国纪平文章观点,还把当日人民日报头版刊登此文的照片一并发出。美国华盛顿邮报、洛杉矶时报、财富杂志以及印度教徒报、土耳其周报等媒体也都引述文中"南海仲裁案是一个由美国鼓动操纵……针对中国的一个'局'"的表述。

【案例二】 《我们的〈更路簿〉——三沙属于中国的历史证据》②

案例全文

海南广播电视总台2016年6月29日推出纪录片《我们的〈更路簿〉——三沙属于中国的历史证据》。此片通过解析《更路簿》,循着历史的遗迹,让观众了解中国是最早发现、最早命名、最早经营、最早持续不断地行政管辖南海的事实。这是第一部真正展示中国潭门渔民自古耕耘南海的专题片,有效对冲了海牙仲裁庭发布的所谓"南海仲裁案"裁决结果。

---

① 作者:卢新宁、吕岩松、吴绮敏、胡泽曦等;刊播平台:人民日报,2016年7月11日。
② 作者:栾子洲等;刊播平台:海南广播电视总台三沙卫视,2016年6月29日。

为了有效地平衡和对冲美西方国家的负面论调，除了严谨的正面回应之外，也需要针对国内外受众的不同特点摆事实、讲故事。该片分别在央视一套、四套、九套、十套播出，被翻译成英语、阿语、法语、俄语、西语，在央视5个外语频道累计播出28次。

该纪录片在"南海仲裁案"期间播出具有正本清源的重要意义。作品用事实告诉人们：中国对南海诸岛及相关海域拥有主权具备充分的历史和法理依据。纪录片开启了更多人了解《更路簿》的窗口，为南海海洋文化史积累了珍贵的历史资料，对维护我国南海权益具有重要作用。该片获第二十七届中国新闻奖一等奖。

图1 《我们的〈更路簿〉——三沙属于中国的历史证据》
宣传图片（海南广播电视总台 供图）

【案例三】 《所谓南海仲裁案仲裁庭作出最终裁决》[1]

案例全文

面对所谓南海仲裁庭的裁决，中央电视台承担起主流媒体舆论引领的责任，义正词严地展开反击，于2016年7月12日以《所谓南海仲裁案仲裁庭作出最终裁决》为总标题，播发《日本右翼一手组建仲裁庭》《美国：从隐性介入到公开搅乱》两则报道，阐明这场裁决的不合理及不合法，向国际社会发出中国声音。

采编团队在前期充分准备，搜集大量资料，听取多位专家的建议，成稿过程中，不断完善文字，报道逻辑严密，层层递进。在视频中，配合讲解文字穿插大量相关图片、ppt动画、采访画面等，以翔实的论据来论证所谓裁决的非法无效。这两篇报道立场鲜明、角度独特、细节生动，很好地配合了中国外交部就南海问题的声明，有力驳斥所谓南海仲裁庭的非法无效审判，发挥了主流媒体议题设置和舆论引导的重要作用。

【案例四】 "中国一点都不能少"[2]

案例全文

2016年7月12日，"南海仲裁案"公布仲裁结果。此前，人民日报新媒体中心策划"中国一点都不能少"专题报道，推出图片、H5动图、海报、文章、视频、九宫格图解等多种形式的报道，第一时间表达中国态度、中国立场。

这组报道的核心内容是一幅完整的中国地图，在南海区域密密麻麻的小圆点旁，写着醒目的几个大字："中国一点都不能少"。围绕这一主题，人民日报新媒体中心运用多种融合报道样式，分别在人民日报官方微博、微信及客户端、网站等多个平台上刊发，实现了"一次采集、多种生成、多元传播"，形成了现象级网络话题，积极引导广大网民理性表达爱国热情，有力发出中国声音，获得国际舆论支持。

---

[1] 作者：许琪、郑红、王愉深、吴维怡；刊播平台：中央电视台，2016年7月12日。
[2] 作者：苗苗、郑琪、刘冰、徐丹等；刊播平台：人民日报，2016年7月12日。

图2 "中国一点都不能少"微博截图
（人民日报 供图）

二、专家评析

近年来，面对复杂的国际形势，美西方国家屡屡挑战中国的国家主权和领土安全底线。2013年1月，菲律宾政府单方面提起所谓"南海仲裁案"。2016年7月，应菲律宾单方面请求建立的"南海仲裁案"仲裁庭作出所谓裁决，企图损害中国在南海的领土主权和海洋权益。对此，我国主流媒体有理有利有节开展舆论斗争，坚定维护国家利益，以事实和法理戳破美菲围绕南海问题编织的谎言。

（一）强化议程设置能力

"南海仲裁案"被定义为"披着法律外衣的政治闹剧"，从2013年初菲律宾政府单方面提出仲裁至2015年底，整个事件并未出现实质性的结果和进展。2016年3月，人民日报、新华社、中央电视台等主流媒体对这一事件进行关注和报道，报道数量持续增加。人民日报等主流媒体的系列报道充分体现了我国对南海主权的坚定立场，大大提升了我国在国际传播中的议程设置能力。在所谓"南海仲裁案"中，人民日报对事件的进展动态、来龙去脉、官方立场、民间声音、国际社会的反响等进行了全面而系统的报道，发出权威声音，产生巨大影响力。针对所谓"南海仲裁案"，主流媒体一方面积极宣示我方立场、传播我方观点，另一方面，根据大量事实组织报道，亮出我国对南海拥有不可辩驳主权的坚实证据，引导受众了解、认识南海问题的历史与现状，做到理越辩越明。

菲律宾单方面提起的所谓"南海仲裁案"关乎中国领土主权与海洋权益，关乎中国的民族情感和国际形象。2016年7月，围绕所谓"南海仲裁案"的外交、法理、舆论斗争进入高潮。7月11日，所谓"最终裁决"出台前一天，人民日报头版推出国纪平文章《究竟谁在破坏国际法——菲律宾南海仲裁案事实与法理辨析》。文章以事实为根基，全面、准确、客观地从南海问题，特别是中菲南海争议的历史经纬、仲裁案缘起、仲裁案非法本质及美国扮演的幕后黑手角色等几个方面，有力揭露了"南海仲裁案"侵害中国领土主权和海洋权益的本质，揭批美国作为仲裁案策划者的战略图谋和不光彩角色，传播可信度高，说服力强。

《我们的〈更路簿〉——三沙属于中国的历史证据》将镜头伸向一辈子甚至几代人的生活都与南海息息相关的老船长们，多角度真实记录了他们与南海这片"祖宗海"命运相依的血脉深情，展现了中国潭门渔民自古耕耘南海的历史事实。"一本本泛黄的册子，是海南渔民代代相传的无价之宝；一本本简陋的册子，记载着浩渺深邃的南海的丰富信息；一本本无言的册子，发出了一片海域主权归属的响亮回声。"纪录片开篇用浑厚的男中音慢慢向观众引出《更路簿》，它不仅是海南渔民在南海海域及诸岛礁生产、生活实践经验的记录和总结，更是向世界宣示三沙主权自古以来就属于中国的有力证据。

人民日报新媒体中心策划推出"中国一点都不能少"专题报道，以多种形式详细解读《中国坚持通过谈判解决中国与菲律宾在南海的有关争议》白皮书，强化议程设置能力，积极抢占舆论场，通过社交媒体动员广大人民群众加入这场没有硝烟的南海主权保卫战，形成了强大的传播合力，引发广大人民群众爱国热情。

（二）改进国际传播策略

在围绕"南海仲裁案"的国际舆论场上，发出中国声音，强调中国立场，说明中国主张，捍卫中国主权，既需要从战略高度重视南海主权归属中国的国际传播，也需要我们讲究时度效原则，强化国家传播策略，借助新媒体技术，发挥我国主流媒体的传播优势。

围绕"南海仲裁案"进行的斗争是专业性很强的一场舆论战。在"南海仲裁案"报道过程中，主流媒体审时度势、先发制人，准确专业、有效发声。人民日报的报道《究竟谁在破坏国际法——菲律宾南海仲裁案事实与法理辨析》一文的策划、撰写过程，就紧紧把握时机，体现有理有利有节的斗争艺术。该文选择在所谓南海仲裁案"最终裁决"公布前一天发表，旨在有效传递中国声音，压缩西方舆论混淆误读中方立场的空间。人民日报国际部在组织撰写该文时，充分依托外部专业力量，加强与外交部、中联部、国际法学会、高校、智库的密切联系，做到有的放矢，提升舆论斗争精准性。

用好互联网平台，发挥互联网传播的交互优势，这是国际舆论斗争中的重要手段。人民日报利用新媒体平台，以"中国一点都不能少"为报道主题词，有力引导了广大网民理性表达爱国热情，传递中国声音，引发网民的热烈关注与参与。在当下的国际传播中，主流媒体可以充分利用短视频、H5等形式活泼的新媒体技术，通过海外新媒体平台传播我方的南海立场、主张以及历史证据，有效抵制某些西方媒体利用所谓"南海仲裁案"丑化、抹黑中国的舆论。通过让网民充分参与到所谓"南海仲裁案"事件的传播互动中，最大化地发挥主流媒体对国内外受众的舆论引导优势。

（三）把握舆论斗争主导权

做好国际传播，要不断创新传播方式方法，通过加强信息供给，提供丰富的传播内容，树立起有立场、有责任、有担当的大国形象，讲好中国故事，传播好中国声音，牢牢把握舆论斗争主导权。在所谓"南海仲裁案"报道中，人民日报、新华社等媒体下好先手棋，打好主动仗，报道内容层次分明、节奏清晰、信息量大、形式多样、针对性强，有力抢占了舆论制高点。主流媒体第一时间报道外交部声明和国新办白皮书，时机拿捏精准，内容设计精心，为外媒转载引用提供了充足的报道素材，直接影响了外媒报道的基调。主流媒体还及时报道我国在荷兰海牙、美国华盛顿和新加坡组织的三场智库交流活动，利用所掌握的第一手信息，及时发声，有效引导，在争夺舆论斗争主动权、主导权过程中发挥出独特作用。

在所谓"南海仲裁案"舆论斗争重大议题上，新闻媒体通过主题选择与报道组织，表明自己的立场与观点，发挥了鲜明的价值导向作用。人民日报在报道过程中构建了一个冷静克制、以大局为重的中国形象，与公然违背国际法、自不量力挑衅的菲律宾形象形成鲜明对比，同时也揭露了霸权施压、妄图挑唆、双重标准、虚伪利己的美日面目。人民日报对中华民族自我形象和他国形象的呈现，展示出中国政府维护本民族利益的决心和能力，增强了人民群众对国家的向心力和认同感，得到了国际社会的广泛声援和支持。

（四）提升国际传播水平

在对所谓"南海仲裁案"事件的报道过程中，各主流媒体自觉运用互联网思维，积极适应新媒体时代海外受众阅读习惯变化，高度重视海外社交媒体平台的"直通车"作用。新华社充分利用粉丝总量1500多万的新华社海外社交媒体多语种账号，不仅在每次舆论斗争中专门为海外社交媒体平台精心定制内容，而且还运用互联网思维和新媒体传播规律，在所谓"南海仲裁案"等报道中，积极尝试采用调查问卷、"即阅文"、引语集萃、引语板等呈现形式，创新和丰富海外社交媒体报道内容，有效增强了受众黏性。

面对复杂的南海舆论态势，中国的话语创新整体上收到了较好的效果。主流媒体维护国家利益的意识强烈，反应迅速，国际传播掷地有声。在捍卫南海主权，坚决反对"南海问题"国际化的立场上坚定而有力，既有在无理要求和蓄意干涉等图谋上的针锋相对，又有在恶意炒作和激化挑拨言论上的冷却淡化，既保证了官方立场、态度的主体性，又以事实和法理充分说明了所谓"南海仲裁案"的无效性。

围绕所谓"南海仲裁案"进行的舆论斗争，是我国主流媒体"联接中外、沟通世界"，在世界舞台上发出中国声音的一次成功尝试。实践证明，做好国际传播工作，媒体从业者要不断学习钻研国际关系知识，提升专业水平。在确定选题之后，中央电视台《国际时讯》栏目组立即开展了前期策划工作。栏目编辑们多次召开策划会，目的是通过翔实的论据来论证：所谓"南海仲裁案"仲裁庭为何非法无效，为何仲裁庭对此案没有管辖权？裁决以及南海仲裁庭背后有哪些隐藏的秘密不为人知？通过大量资料搜集和分析研判，报道团队的研究对象转到所谓临时仲裁庭审判长柳井俊二身上，发现其另一个身份，即安倍政府"有关安保法的基础再构建恳谈会"会长，曾多次在公开场合表达"反华"立场。随后报道团队与国际法专家联系，从专业领域来解释柳井俊二的反华身份无法保证本案的公正性。报道团队进一步探究这场"政治闹剧"的幕后黑手，随着证据链的不断铺开，幕后黑手美国一步步浮出水面。中央广播电视总台《所谓南海仲裁案仲裁庭作出最终裁决》系列报道,从"政治闹剧"的表面参与者和幕后黑手两个方面充分证明,这场裁决不合理也不合法,为戳破所谓"仲裁"阴谋打下不可撼动的事实基础,显示了报道团队的专业素养和报道水平。

三、采写手记

用确凿史实讲好中国南海故事
——《老人与海——〈更路簿〉的故事》采写手记

《更路簿》是海南渔民在开发和经营西、南、中沙群岛的过程中,用海南方言文字写成,利用文字和地图描绘出的航海手册。《更路簿》最早出现在元代,盛行于明末、清代和民国前期,记录了南海海域的100多处地名和重要的海洋资讯。时光流逝,彼时的老船长们正逐渐退出历史,只有《更路簿》记录下他们的南海传奇。

为做好《更路簿》的传承保护,讲述老船长的动人故事,见证"祖宗海"的悠长历史,三沙卫视制作团队策划推出一部专题纪录片。寻找《更路簿》,证明南海是"祖宗海"就成为该片的主题。

《更路簿》完全来自渔民日积月累的耕海经验,存在不同的抄本。虽然名称不尽相同,但不同抄本的《更路簿》都记载着由海南岛如何去往东沙、南沙、西沙和中沙群岛的岛礁,以及岛礁地貌、航海路线、航行要领、气象水流等重要信息。《更路簿》中的"更"指距离,一更大约是10海里,"路"指路径、方向,"簿"即小册子。700多年来,海南渔民世世代代靠着《更路簿》驰骋在广袤的南海之上。

五六月份的海南已经酷暑难耐,让我非常感动的是老船长们,有的已经90多岁高龄,最小的也有70岁了,为了配合我们拍摄,把祖辈传承下来的实物和图片资料翻箱倒柜地给我们找了出来。

南海的历史对他们而言,是鲜活的记忆。越是去了解南海,越能发觉南海渔民们的可敬和勇敢。

走进琼海市潭门镇草堂村卢业发家中，89岁的卢业发小心翼翼地拿出了那本祖传的《更路簿》，随即又展开了一张1985年印刷的南海航海图，上面歪歪扭扭地用铅笔写着《更路簿》上传统的地名。

"我14岁就跟着父亲出海了，后来当了船长，都离不开这本《更路簿》。"这位早已退休在家的老船长拿出那本祖父传下的《更路簿》，一半的航海生涯都承载在这本薄薄的小册子上。

81岁老船长苏承芬家中的堂屋正中，摆放着一只木船模型。这是他凭借着帆船时代的记忆，花费了一年多时间手工打造而成的，寄托着他对大海的眷恋，能让他回味那段充满着海水咸湿气味的记忆。

1948年，13岁的苏承芬在父亲的带领下开始了他55年的航海捕鱼生涯。9年后，22岁的苏承芬在船上学习了系列航海技能后，从父亲手中接过《更路簿》和罗盘，成为一名掌舵的船长。他深知，在这本记录了南海线路图的《更路簿》的背后，还需要掌握航海经验，学会从海水、云朵的变化中看出大海、天气的脾气。

苏承芬告诉我，这些技能必须学习，因为关系到全船人的生死。"这些经验都是老一辈渔民用生命总结出来的。"用苏承芬的话来说，这一辈子，他严格按照《更路簿》行船，没有出过大事，但大海的凶险他却领教过许多。

黄庆河老人拿着残旧的《渔民倡议书》赶来，佝偻着身子使出全身力气为我们诵读；杨庆富老船长拿出罗盘，为我们演示如何通过简易罗盘针判断航向；符忠琼老船长翻出了压箱底的多张外国海图，展示地图上的南海划界……

说到"南海天书"，还不得不提到海南大学的周伟民和唐玲玲两位教授。二老通过长期田野调查和查阅大量资料，撰写了专著《南海天书——海南渔民"更路簿"文化诠释》，这部书是全面介绍《更路簿》的权威著作，用长达26年的时间撰写而成，为国家在南海问题上据理力争增加了重要砝码。

为成功拍摄这部纪录片，采访摄制组一行从5月18日到6月23日，多次深入琼海潭门镇草塘村、海南大学、海南省博物馆、中国南海研究院、海口市博物馆等地，对老船长、老渔民、《更路簿》传承者、法学教授及南海问题研究学者、海疆问题研究专家、外交研究员等进行采访。我们从采访的每一个地点、每一个对象，到选景布局、制定提纲，再到完善脚本、剪辑画面等，都尽量做到一丝不苟，努力达到"渔民表达、纪实风格、艺术表现、国家立场"的纪录片定位。

为了有效平衡和对冲西方国家和菲律宾的负面论调，除了严谨的正面回应之外，也需要针对国内外受众的不同特点讲故事、摆事实。《我们的〈更路簿〉——三沙属于中国的历史证据》分别在央视一套、四套、九套、十套播出，并被翻译成英语、阿语、法语、俄语、西语在央视5个外语频道累计播出28次。在人民网5个视频频道播出，海南广播电视总台多个频道播出24次。人民网、新华网、央视网、网易、新浪等网络媒体报道宣传210多篇。

在我看来，《更路簿》虽然是一本小册子，但它站在中国维护主权的立场讲述着南海真相，也担负着唤起人们理性爱国热情的大使命。

老船长和《更路簿》背后的历史和精神将代代传承下去，向世界讲述属于中国的南海故事！

（海南广播电视总台三沙卫视　栾子洲）

四、延伸阅读

中国日报于2016年5月23日至27日推出"走三沙"系列报道。随着所谓"南海仲裁案"结果公布的临近，中国在南海诸岛的开发日益受到海外关注。报道基于大量珍贵的一手资料和独家素材，从主权的历史证明、国际公共产品提供、南海保护、岛上工作和生活等多个国外受众感兴趣的角度入手，以亲历者口述、权威专访、记者手记等多种形式，阐释中国对南海诸岛所拥有的主权以及对地区和平稳定发展做出的贡献。系列报道获得国际社会广泛关注，多篇文章被大量转载，有效配合了我国的国际舆论斗争。

新华社于2016年7月12日推出《菲南海仲裁案所谓最终裁决公布　中方强调不接受不承认》。所谓"南海仲裁案"最终裁决公布后，新华社根据权威消息，全球首发，牢牢占据舆论引导先机。在报道中，新华社及时指出仲裁庭的滥权和裁决结果无效的实质，旗帜鲜明、铿锵有力，抢得了第一定义权和解释权，赢得了舆论引导制高点，同时通过对我国官方正式回应的报道，表明我方严正立场，凸显我国有理有据维护国家利益和国际法理的负责任大国形象。

光明日报于2016年7月13日推出新闻评论《滥诉、妄裁和霸权难撼中国维护领土主权的决心》。这一评论观点鲜明、逻辑清晰、行文流畅，全面鲜明地阐述了我国对所谓"南海仲裁案"的立场，有力驳斥了所谓"仲裁"违背法理的本质和祸害和平的居心，坚定阐明中国维护领土主权权益的决心。评论在光明日报头版刊出后，被人民网、央广网、中国青年网等数十家媒体转载，反映了民众维护国家主权的坚定信念和对国家决策的支持，向国际社会传递了中国人民的心声。

延伸阅读

五、思考与讨论

1. 结合本专题案例，谈谈在国际舆论斗争中如何设置报道议程。
2. 新闻媒体在国际传播中如何掌握舆论斗争主导权？
3. 研读采写手记，分析《我们的〈更路簿〉——三沙属于中国的历史证据》是如何向国际受众摆事实、讲故事的。
4. 结合典型案例，阐述在国际传播中如何学会用事实说话，讲好中国故事。
5. 新闻工作者应从哪些方面入手提升国际传播专业素养和报道水平？

打赢涉疆议题舆论战
——涉疆对外报道评析

作为古丝绸之路的重要站点和中外文化荟萃交融之地，中国新疆以丰盛的美食、优美的自然风光、壮丽的人文景观为人所称道。然而，2021年，因品质优异而成为全球纺织品供应链中不可或缺一环的新疆长绒棉却遭遇美西方某些媒体的恶意攻击。美西方媒体指鹿为马、牵强附会、夹带私货，借用历史、宗教、民族和所谓"人权"议题，接二连三地制造国际舆论争端。对此，我国媒体坚持站稳中国立场，用新疆经济社会发展的生动事实有力回击了美西方媒体的谬论，正面回应国际社会热点关切。在国际传播思路和全媒体传播布局上有所创新，牢牢掌握国际舆论的制高点、主导权，打赢涉疆议题舆论战。

一、案例概述

本专题重点推荐三个案例，在国内媒体涉疆报道中具有代表性。针对美西方歪曲事实、恶意炒作的涉疆谎言，这些案例以生动鲜活的身边故事、真实感人的典型事件、有理有据的叙述论证、创新多样的表达方式，运用全媒体创作思路和互联网传播规律，成为展现中国立场、发出中国声音、有力引导国际舆论的生动实践。

【案例一】 《新疆拉开棉花春播序幕》[①]

案例全文

2020年以来，美西方媒体诋毁中国新疆存在"强迫劳动""侵犯人权"现象，新疆棉花由此成为热门话题。在此背景下，为了展现真实的棉花生产场景，有力回应相关虚假报道，新华社于2021年3月27日刊发消息《新疆拉开棉花春播序幕》，及时跟进新疆棉花最新生产进度，客观准确介绍产业情况和历史背景，同时以详实数据介绍棉花对新疆及兵团百姓的重要性，涉及春播时间、种植方式、机械化率、种植规模等。作品从棉花春播机械化作业现场切入，带出新疆棉田正快速实现全程机械化的新闻事实，展示新疆棉花提高品质的最新进展，强有力地驳斥毫无根据的"强迫劳动"谬论，有效回应社会各界对新疆棉花的关切。

图1 《新疆拉开棉花春播序幕》报道截图（新华社 供图）

【案例二】 "这里是新疆"系列报道[②]

案例全文

人民网策划的这组报道，是记者赴新疆乌鲁木齐、喀什、和田等6地进行深入采访制作而成的大型系列报道，包括5集专题纪录片、6组城市图文报

---

① 作者：李志浩；刊播平台：新华社，2021年3月27日。
② 作者：集体创作；刊播平台：人民网，2021年5月25日—6月2日。

道、7篇"多彩新疆"中英文专稿、8幅"Xinjiang"字样外宣海报、9组外国专家Vlog、10篇外国专家撰写的手记（*A Journey to the West*《新西行漫记》），真实记录了安宁祥和、充满活力的大美新疆。

人民网发布英文原创短视频10个，包括《领略新疆维吾尔族学生们的幸福笑脸》《喀什古城摘桑葚》《新疆民间乐器村》《沉醉于喀什古城》《初次做电商主播是一种什么体验？》《如何成为一名舞蹈家？》《塔克拉玛干沙漠奇遇》《追随千年不腐的桑皮纸》《在喀什感受中国西部的生机》《在和田夜市大快朵颐》。这组报道还推出原创组图稿件4篇《新疆孩子的微笑》《组图：听新疆民众讲述他们向往的生活》《新疆人物卡片2》《走进喀什人的生活》，以及1篇深度报道《和田故事集》。除了中英文，还同步编发俄文、法文、西文等10个语种的新闻作品。该系列报道在国内外社交媒体发布，获得良好的传播效果。

【案例三】 新疆系列短视频专题①

案例全文

2019年前后，美西方媒体对我国新疆职业技能教育培训进行诬陷、攻击。为反击美西方的诬陷、回应外界关切，中国新闻社主动设置议题，赴新疆和田等地，实地探访职业技能教育培训中心，制作完成《我的生活终于有了色彩：维吾尔族姑娘教培中心重拾舞蹈梦》等6部系列短视频，于2019年3月14日至16日刊播。该系列短视频除在中新社、中新网旗下各平台发布，还在境内外38家各类媒体平台播出，其中境外华文媒体26家，境外社交平台3家，境内第三方播出平台9家。截至2019年3月20日，境内外社交媒体总播放量逾3500万次。

---

① 作者：徐朋朋、王玉平、齐彬、李德华；刊播平台：中国新闻网，2019年3月14—16日。

二、专家评析

美西方媒体的报道常常对非西方国家采用双重标准,以服从服务其特定政治目标和国家利益。本应视真实性为生命的新闻报道,往往被西方国家的利益和政治需求所裹挟,西方媒体对我国涉疆问题的攻击污蔑就是一个现实案例。我国媒体站稳中国立场,回击谬论,有理有利有节,以正视听。

(一)正面反击不实报道

当地时间2019年12月3日,美国国会众议院反华政客通过所谓"2019年维吾尔人权政策法案"污蔑歪曲中国政府"侵犯人权",并妄图凭借所谓的"人权"问题打压中国。美国媒体对此进行了大篇幅的报道,屡次在报道中恶意造谣,向中国"问责"。中国媒体面对造谣和诽谤,摆事实、讲道理,正面反击,回应质疑。中国国际电视台(CGTN)制作并相继推出四部新疆反恐纪录片《中国新疆 反恐前沿》《幕后黑手——"东伊运"与新疆暴恐》《巍巍天山——中国新疆反恐记忆》和《暗流涌动——中国新疆反恐挑战》,通过采访新疆当地经历过暴恐袭击的普通居民、策划并实施暴恐犯罪行为的极端主义分子和为反恐付出巨大牺牲的中国公安干警,以影像记录的形式展现了事实的全貌,正面回答了国际社会对于新疆暴恐问题的疑问,用事实说话,还原真相,以正视听。

一向质疑并大肆批驳中国新闻媒体报道缺乏真实性的众多美国媒体却在新疆反恐"四部曲"面前"集体失声"了。可以看出,裹挟着意识形态的美国媒体绑架了真实性原则,无意展现中国新疆反恐的真实情况,反而与部分西方反华势力"合谋"来恶意污蔑中国。在这种情况下,一旦全球受众咀嚼着美西方媒体精心制作的新闻"汉堡包",将裹挟着媒体"观点"(视角和立场)的信息不加分辨地悉数消化,可能不仅没有达到消除不确定性的传播目的,甚至可能会带来更大的不确定性。新疆反恐"四部曲"的推出,成功打破了美国媒体的信息垄断,戳破了他们的舆论陷阱,揭示了美国媒体在进行有关涉疆议题的新闻报道时夹带私货、违背新闻真实性原则的新闻生产模式,构建起有力的中国新疆反恐的国际叙事,还原了真实的新疆。这对于我国媒体在国际舆论场上澄清事实、说明真相、匡正视听,进而引导国际舆论具有重要意义。

中国新闻社于2019年3月14日至16日推出新疆系列短视频专题报道,秉承真实性报道原则，有力回击质疑，有效打赢国际舆论战。其中一则《我的生活终于有了色彩：维吾尔族姑娘教培中心重拾舞蹈梦》，讲述了一个天生爱跳舞的维吾尔族姑娘，从受宗教极端主义思想影响不再跳舞唱歌，到接受职业技能教育培训后摆脱了极端思想束缚，重新随着音乐翩翩起舞的故事。这与西方媒体报道中所谓的中国在新疆成立"再教育营"、鼓吹"强制劳动"、产生"人权危机"的表述形成了强烈反差，也体现出我国主流媒体始终坚持新闻真实性原则，反对西方媒体的污名化报道，凭借真实、客观的新闻报道，让真相不言自明、谣言不攻自破，有力破除了国际社会的偏见。

（二）坚决站稳中国立场

站稳中国立场，意味着既有自信，也有能力。在报道国际舆论斗争重大议题时，从事国际传播工作的新闻记者，必须具备坚定可靠的政治素质、敏锐的信息辨识力和洞察力，对那些恶意歪曲事实、干涉别国内政的报道文章给予强有力回击，要用中国观点表达中国立场，以中国声音展现中国态度。

部分别有用心的美西方媒体将中国新疆反恐的正义之举恶意歪曲为"剥夺人权"，并借此大肆污蔑中国的反恐斗争是所谓的"种族灭绝"，我国主流媒体通过一系列有力报道，展示新疆反恐前线阵地上艰苦卓绝的斗争，讲述中国政府如何以实际行动维护新疆和平稳定、保障当地民众生活不受恐怖主义和极端主义势力危害的事实，站稳了中国立场，传播了中国声音。新疆反恐"四部曲"以无可辩驳的事实和强大的舆论影响力，粉碎了西方反华势力极力制造的谣言，通过展现暴力恐怖犯罪分子的恶行给中国新疆带来的伤痛，引发国际社会对恐怖主义的普遍谴责，从而跳出西方媒体构建的歪曲视角和偏见框架，帮助人们充分认识、理解中国新疆反恐斗争及其深刻意义。

（三）持续发出中国声音

我国主流媒体近年来在国际传播领域有效联动国内与国际舆论场，主动参与国际舆论斗争，持续发出中国声音，不断扩大国际传播影响力。

2021年3月，瑞士良好棉花发展协会（Better Cotton Initiative，简称良棉协会，BCI）和瑞典服装公司H&M对新疆棉花大肆抹黑，攻击新疆棉是"强迫劳动"和包含"种族歧视"的产物。这些污蔑和不实之词在微博平台持续发酵，我国网民纷纷以发帖、评论的形式谴责这种谬论，多家主流媒体在官微账号上发布锐评，形成全媒体传播态势。

环球时报的《"良棉协会"为何要抹黑新疆棉花》和《操弄"强迫劳动"谣言，揭BCI抹黑新疆棉更多内幕！》及时向国际社会呈现了"新疆棉"事件的来龙去脉，曝光了"BCI在2020年陆续发给新疆棉花企业终止合作邮件""美西方如何通过操作使BCI承认新疆棉纺织行业存在'强迫劳动风险'"和"美方意图通过瓦解BCI推出自己的标准"等关键事件，用确凿的事实和有力的证据，指出这是一场事先策划、蓄谋已久的闹剧。

面对复杂多变的国际舆论环境，我国媒体主动出击，正确引导舆论。新华社刊发《新疆拉开棉花春播序幕》，向海内外受众真实、全面、客观展示新疆棉花的生产现场，准确介绍新疆棉花的产业情况，篇幅短小精悍但信息丰富，特别强调新疆棉花的高品质与棉花春播的机械化程度密不可分，有力破除外媒有关新疆"强迫劳动"的不实言论。

在追踪一系列外媒涉疆不实报道的过程中，国内多家媒体联动合作，实现传统媒体和新兴媒体的优势互补，在内容、渠道、平台等方面进行深度融合，发挥出融合传播的优势。采用贴近不同区域、不同国家、不同群体受众的精准传播方式，推进中国故事和中国声音的全球化表达、区域化表达、分众化表达，增强国际传播的贴近性和实效性。"这里是新疆"短视频系列报道根据分众化趋势制作相应的传播内容，实现多语种同步编发、多平台线上传播，在充分掌握传播规律的基础之上，致力于营造可沟通、可交流的传播情境，持续优化国际传播效果。

三、采写手记

真实场景胜过千言万语
—— 新疆系列短视频专题采写手记

新疆职业技能教育培训工作成效明显，广受关注。为客观展示教培中心真实面貌，更好回应外界关切，2019年初，中国新闻社采访组实地探访新疆和田多地教培中心，推出一组反映教培中心学员学习和生活情况的视频报道，达到以正视听的效果。回溯这次采访报道全过程，思考良多。

抓细节，讲好人物故事。策划之初，采访组决定抛开以往从社会背景、历史溯源等宏观层面展开的讲述方式，直接从教培中心每个个体的故事切入，鲜活地展现教培中心的真实现状。22岁的维吾尔族姑娘塔吉古丽从小喜欢跳舞，但在宗教极端主义思想的影响下，一度将跳舞视作"洪水猛兽"。来到和田县职业技能教育培训中心后，塔吉古丽开始运用国家通用语言文字学习法律知识和其他技能，同时也参加了舞蹈课。在教培中心，塔吉古丽日渐开朗，不仅生活出现了转机，也寻回了儿时的梦想。维吾尔族青年阿拉帕提·玉苏普曾一度被宗教极端主义思想"洗脑"，经常与父母所开小店的汉族顾客发生冲突，让父母十分担心。来到教培中心学习教育一段时间后，玉苏普变得开朗大方、与人为善，还计划未来开一个新疆特产的网店，将特产卖到全世界。

慢功夫，观察过程必不可少。在教培中心里，尽管可供取材的内容丰富，但采访过程中仍有不少环节需要下"慢功夫"。首先，对采访对象的了解过程需要长时间观察，多个场景下的跟拍成为常规工作模式，虽然耗时长，但能捕捉到更多生动镜头。在和田教培中心的咖啡厅跟拍学员艾山江·买吐肉孜时，我们拍摄到了他为前来看望自己的妻子唱情歌的场景。在此之前，他受宗教极端主义思想影响，对妻子不闻不问，还阻止妻子化妆出门，夫妻两人关系紧张。在教培中心一段时间后，他恢复了往日的温情，为妻子唱情歌表达爱意。其次，与学员的交流采访过程同样需要"慢功夫"。在教培中心，部分学员不能流利使用国家通用语言。在采访过程中，与受访学员闲聊成了记者的必修课。这让初次面对镜头的学员卸下心理包袱，逐渐打开话匣子。

多维度，客观反映教培成效。为了更立体地展现教培中心的工作内容，我们细致筛选采访对象，选择了曾经反对唱歌跳舞的维吾尔族女孩、敌视汉族的维吾尔族青年、轻视女性的男学员，从职业技能的维度，选择了电子商务、美容美发、美术绘画等学员进行采访，多个侧面呈现出教培中心丰富多彩的课程安排。我们还对教培中心的老师进行采访，了解学员身上发生的变化。短片《新疆教培中心教师：学员抱着我的时候让我想起女儿》中，教师动情讲述了学员的成长故事。

用真情，以画面呈现生动场景。我们拍摄了丰富的素材，记录教培中心的真实场景。从教学课堂到职业技能教室，从休闲娱乐到体育运动，镜头记录了多个场景中学员们的真实状态，他们或开心大笑，或感动落泪，反映了教培中心的融洽氛围。视频新闻的最大优势在于"用画面讲故事"，丰富的画面、生动的镜头语言呈现了学员们的情绪变化、面部表情、细节动作等，展现了他们丰富的内心世界。

我们的采访正值农历春节前夕，教培中心组织了贴春联、包饺子等活动，学员们沉浸在浓浓的节日气氛中，愉悦的表情、欢乐的状态胜过了千言万语……

（中国新闻社　徐朋朋）

四、延伸阅读

中国日报于2021年1月多平台刊播新媒体报道《新疆棉田》，针对西方反华势力大肆炒作新疆存在"强迫劳动"的不实言论，真实报道多家纺织和服装企业少数民族员工的工作和生活情况。

环球时报于2021年3月先后刊发深度报道《"良棉协会"为何要抹黑新疆棉花》和记者调查《操弄强迫劳动"谣言"，揭BCI抹黑新疆棉更多内幕！》。在深度报道中，记者实地采访新疆多家棉花生产加工企业，指出美西方媒体恶意炒作所谓"强迫劳动"不过是西方反华势力对中国新疆企业和中国形象的故意抹黑。报道一方面挖掘"良棉协会"利益群体、目标根源、阴谋手段的流程链条；另一方面深入采访新疆数十家棉花企业和相关人士，以铁的事实驳斥了"强迫劳动"的谎言。在记者调查中，记者通过信息搜索、资料汇总、数据分析、跟踪调查、人物访谈等方式，得到真实可靠、见人见事的第一手信息，采写了调查报告，拆穿了BCI给新疆棉花产业扣上"强迫劳动"帽子的把戏。

中国国际电视台于2019年至2021年推出四部纪录片《中国新疆　反恐前沿》《幕后黑手——"东伊运"与新疆暴恐》《巍巍天山——中国新疆反恐记忆》《暗流涌动——中国新疆反恐挑战》。采访制作团队在新疆乌鲁木齐、和田、喀什、阿克苏和伊犁等地区采访近百人，包括公安干警、普通群众、暴恐分子和误入歧途的青年，向世界展示了真实的新疆，在海内外引起强烈反响。

延伸阅读

五、思考与讨论

1. 面对新的全球舆论格局，谈谈国际新闻报道如何站稳中国立场。
2. 结合本专题案例，简述我国媒体应从哪些方面入手破除西方媒体的恶意诽谤与造谣抹黑。
3. 结合具体案例，谈谈如何对西方媒体的虚假报道展开正面回击、以正视听。
4. 阅读采写手记，分析新疆系列短视频专题的报道特点。
5. 围绕新疆棉花生产和机械化作业，策划一个国际新闻报道方案。

融合传播篇

用创意表达驱动内容创新
——优化创意报道评析

以多元形态促进深度融合
——丰富形态报道评析

打开主流舆论传播新通道
——拓展渠道案例评析

以创新增强传播实效
——提升效果案例评析

用创意表达驱动内容创新
——优化创意报道评析

在加快推进媒体深度融合发展、构建全媒体传播体系的进程中，对新闻媒体来说，内容创新、形式创新、手段创新都重要，但内容创新是根本。主流媒体要把握舆论引导的主动权，占据信息传播的制高点，就要遵循新闻传播规律，通过创意表达，对接用户的内容需求，增强视觉呈现能力，提升互动传播能力，锤炼融合叙事能力，多维度多层面实现内容创新，让主流价值传播得更广、更深、更远。

一、案例概述

本专题重点推荐四个报道案例，包括形象宣传片、短视频、融媒体交互作品。这些案例从主题策划、表现手段、叙事方式、交互传播等方面突破创新，实现了内容的创意表达。

【案例一】 "中国一分钟"系列宣传片[1]

案例全文

2018年，人民日报为庆祝改革开放40周年，在全国两会期间推出3集国家形象系列宣传片"中国一分钟"。为延续"中国一分钟"的势能，结合各重要节点，相继推出"中国一分钟·地方篇"和各主题篇，架构起中国改革开放40年成就的整体风貌，为解读中国发展提供全新视角。

"中国一分钟"系列宣传片另辟蹊径，跳出大成就、大历史的宏观视角，选择从"一分钟"这个切口进入，聚焦每个人都切身可感的"小视角"，用直观的数字与精美的画面生动记录中国在这个时间刻度内发生的事情。"一分钟"，使人真切触摸到国家与故乡跳动的脉搏，感受到社会发展的蓬勃活力，在实现情感共鸣的同时，传递出"中国日新月异的成就，来自每一分钟；中国人与日俱增的获得感，体现在每一分钟"的主旨。

图1 "中国一分钟"系列宣传片截图（人民日报 供图）

---

[1] 作者：张意轩、余荣华、尚丹、刘镇杰等；刊播平台：人民日报，2018年3月5日。

【案例二】

《红色气质》[①]

案例全文

《红色气质》是新华社在迎接中国共产党成立95周年之际推出的短视频作品。这一作品运用新媒体技术和手法,通过历史照片讲述与三维特效结合,回顾中国共产党从争取民族独立、人民解放到实现国家富强、人民幸福所走过的道路,展示一代代共产党人的信仰与追求、责任与担当、气质与情怀,揭示了人民就是江山、江山就是人民的主题。

《红色气质》从个人视角切入,展开宏大叙事。作品从中国共产党早期主要领导人瞿秋白的女儿、与党同龄的95岁新华社老记者瞿独伊的视角出发,以9分5秒高度浓缩中国共产党95载风雨历程,展现共产党人个人、家庭和国家民族的命运联系。作品中,故去的共产党人跨越时空,与战友"相聚",与家人"重逢";3D还原的历史瞬间让人物和场景"动"了起来,照片背后的故事也"活"了起来,使人感受到红色信仰、红色气质代代传承,引发受众强烈的情感共鸣。

图2 短视频《红色气质》截图
(新华社 供图)

---

① 作者:白林、秦杰、陈小波、李柯勇等;刊播平台:新华社,2016年6月20日。

【案例三】 《世界你好，这里是中国！》[1]

案例全文

这是中央广播电视总台为中国国际进口博览会——虹桥国际经济论坛开幕式制作的国家形象宣传片。作品在8分钟的时间里，从经济发展、脱贫攻坚、生态保护、科技创新、和平发展等几个方面切入，向世界立体展示一个在各方面蓬勃发展、积极造福世界、友善开放的中国，塑造了一个开放包容、腾飞中的中国形象。

中国国际进口博览会——虹桥国际经济论坛开幕当天，中央广播电视总台共推送《世界你好，这里是中国！》85次，总台新媒体端的阅读浏览量为520.5万次，央视新闻微博发起的相关话题#我的名字叫中国#阅读量达到620万次。

【案例四】 《鲜花献英烈》融媒体作品[2]

案例全文

光明日报与中国传媒大学2021年清明节推出的这款融媒体作品，倡导全社会通过线上献花的形式祭扫英烈。《鲜花献英烈》通过光明日报及两微一端、光明网等新媒体通道推送，上线72小时，收到线上献花超135万次，在清明节期间产生广泛影响。

在视觉设计方面，作品界面庄严简洁，符合清明祭英烈的场景体验。在交互设计方面，作品充分考虑老年人等特殊人群的使用习惯，优化交互方式。在交互流程方面，创作团队依据碎片化的移动端浏览习惯，丰富参与方式，充分调动全社会对革命英烈的缅怀之情。

---

[1] 作者：郑秀国、常江、盛洁；刊播平台：中央广播电视总台，2019年11月5日。
[2] 作者：集体创作；刊播平台：光明日报，2021年4月2日。

二、专家评析

创新内容表达是媒体融合时代新闻报道在内容层面的基本要求。面对移动化、碎片化、社交化的传播新趋势，主流媒体必须正视舆论格局与传播方式的深刻变化，对接用户的信息需求和接受习惯，不断在内容上突破创新，让优质内容得以广泛传播，才能巩固壮大舆论阵地，在众声喧哗中引领舆论走向，在复杂多变的环境中掌握舆论主导权。本专题分析近年来主流媒体在优化创意方面的典型案例，总结融合内容创新的主要特点和实现路径，探索融合内容传播的基本规律。

（一）着力视觉呈现，将内容优势转为传播胜势

权威性、公信力是主流媒体在内容上的传统优势，好的内容需要好的呈现方式。适应新的媒体生态和受众需求，切实提高自身传播力，是主流媒体必须直面的挑战。目前主流媒体都开始在移动视频端发力，在视觉形式、视觉元素、视觉设计等方面努力探索，将权威性、公信力等内容优势转化为引导力、影响力等传播胜势。

1. 用强烈的视觉形式增强内容表现力

从视觉形态上看，短视频、H5等样式，都是为了在碎片化传播环境中抓住受众注意力。但是，单纯缩短内容的时长并不能实现视觉形态的创新，要在极短的时间之内抓住受众，产生强烈的视觉效果，必须用精准的创意主打一个概念或形式。

"中国一分钟"系列宣传片，是人民日报用"一分钟"创意打造的重大主题报道爆款产品。该系列宣传片共分3集：《瞬息万象》《美美与共》与《跬步致远》，分别从一分钟中国会发生什么、一分钟世界在发生什么、一分钟你能做什么三个角度，从个人、国家、世界三个维度展示一分钟里的变化，将所有想表达的内容集中于"一分钟"的时间框限中，用短小精悍的内容将中国在经济、社会、文化、科技等领域取得的历史性成就展示出来，也将中国人锐意进取、艰苦奋斗的精神风貌展示在世人面前。短短"一分钟"的凝聚浓缩和集中呈现形成强烈的爆发力和冲击力，让宏大的报道主题给用户带来强烈的震撼。

2. 用丰富的视听元素提升内容鲜活度

融媒体作品要准确实现创意表达，必须调动各种类型的视听元素：精致的画面、精准的文字、精细的配乐、景别的搭配、镜头的组合、节奏的转换等。只有妥善处理好画面、文字和声音等多种视听元素之间的衔接与配合，形成对内容的鲜活、具象表达，才能让受众进入细致入微的感受过程，形成情感共振和价值认同。

"中国一分钟"系列宣传片在视听元素方面的运用精益求精。视觉上，作品对画面内容、景别、构图、色彩、景深等方面进行精细考量，精心挑选可以直抵人心、温暖人心、鼓舞人心的画面，避免公式化的镜头，充分突出主题、强化层次，着力凿穿主旋律内容与受众之间的"隔离墙"，找到受众内心的"燃点"。听觉上，作品对背景音乐同样精挑细选，不仅重视音乐的旋律、节奏与层次，还强调背景音乐整体节奏对受众情绪的调动作用。"中国一分钟·地方篇"系列宣传片背景音乐还纳入地方音乐元素，比如内蒙古的呼麦、云南的民谣等，使内容表达更接地气，更加鲜活。

3. 用恰当的视觉设计增强内容感染力

为了迎合用户"短、平、快"的内容需求，不少新媒体作品往往用炫技、炒作的方式来制造轰动效应，短期内有可能获得流量形成爆款，长期看却给人媚俗浅薄的印象。主流媒体在融合发展进程中要用"短"内容传达"深"内涵，既要适应用户的接受习惯，转换表达方式，提升表达能力，又要深耕自身优质内容资源，发挥自己在内容表达方面长期积淀的优良传统，用恰当的技巧和手法来吸引受众，在贴切自然的表达中让受众得到感染和震撼。

短视频作品《红色气质》立足新华社图片资源优势，用图片来展示故事。对创作者来说，如何用图片这种传统的视觉形式把内容做得生动鲜活，是一个艰巨的挑战。创作团队改变传统的视频制作形式，利用2D和3D技术让老照片"动起来"，让图片中原有的静态化视觉要素在分离、运动、合并等新的视觉创意中表现更丰富的内涵。在抠像技术的支持下，会拉二胡、演过歌剧却至死也没有与家人合影的焦裕禄，在影片中"走"进相框，不仅弥补了家人的毕生遗憾，也给受众以巨大的精神慰藉。片尾，少女瞿独伊从人民英雄纪念碑向天安门走去，英雄雕像在眼前和身旁不断掠过，作为与党同龄的时代见证者，她踏着先烈们的足迹，走在象征着祖国光辉历程的道路上，让父辈们"看"到这盛世如他们所愿。视频中使用了一组数据，"自1921年至1949年总共三百多万共产党员为国捐躯",画面中配以无数张英雄照片飞向穹顶,让受众体会和想象革命斗争的英勇壮烈,尽管作品没有过多渲染牺牲先烈的数量,但这样的视觉效果的确让人备感震撼。作品还用特效手段让一位又一位牺牲的共产党员在与家人的合影中隐退,受众的崇敬感动之情油然而生。

(二)强化互动交流,用共情共鸣提升价值认同

在以互动作为传播基因的网络媒体平台上,以平等的姿态加强与用户的"对话",引导用户参与互动,是主流媒体提升内容传播力的必由之路。主流媒体要增强与用户的互动,用共情触发共鸣,才能打破主流价值内容与用户之间的隔膜,提升用户对主流价值的认同。

1. 借力技术手段,用互动化创意设计加强用户参与

近年来,无论是日常新闻报道,还是重大主题新闻呈现,各大主流媒体努力尝试以具有明显互动特征的创意和形式更新报道形态,灵活运用图片、文字、动漫、音视频、表情包等元素,推出H5、VR直播、"AR+"、小屏移动直播、Vlog、Rap神曲、小程序游戏等形式多元的互动化新闻报道产品,为用户带来全新的融合传播体验。

人民网"大道康庄全媒体调研行"和中国经济网《全景体验"永不落幕"的线上世园会》用全新技术整合体量庞大的内容资源,用"全景+新闻"的方式提升新闻报道的互动性、趣味性和有效性。全景技术与图片、视频、文字相结合,丰富了新闻内容的切入和展开方式,为用户带来全新的新闻内容接受体验。"全景+新闻"让用户从新闻报道的旁观者变成新闻报道现场的目击者,不仅让用户自己掌握新闻接收的主动权,也将参与感前置至新闻的生产环节,实现交互式传播。

光明日报和中国传媒大学共同制作的H5产品《鲜花献英烈》,融音频、图像、文字、动画等元素于一体,互动化创意与设计引发了用户的参与热情,成为互动化设计的典型案例。用户在识别二维码进入页面后,屏幕下方会滚动出现人民英雄纪念碑背面的碑文,用户可以点击图片按钮触发献花程序,最后可以选择是否实名来分享致敬英烈的海报,海报生成的时候会出现用户献出的是第几束鲜花,强化存在感和参与感。这个互动化产品还用3D建模技术搭建人民英雄纪念碑,融合习近平总书记弘扬先烈精神的金句、纪念碑碑文、

鲜花献祭、海报生成等内容，吸引用户点击屏幕，缅怀英烈。

2. 用共情共鸣打破信息隔膜，提升价值认同

共情传播是传播者与接受者相互理解的过程，是感受对方情绪、情感、观点、态度、思想的方式。在共同的感情基点上引发共鸣，是主流媒体新闻报道产生融合传播效果的必备条件。

"中国一分钟"系列短视频抓准受众的情感共鸣点，从与人们密切相关的衣食住行出发，不再用生硬的语言、高大全的概括等方式来建构国家形象，而是用可视化的直观数字、具象化的画面内容展示日常生活、地方风土人情以及中国改革开放40年的发展成就。在《世界你好，这里是中国！》中，中央广播电视总台主创团队力求以外国人易于接受的事实和数据来点状传播、软性传递。作品找准国际传播共情点，通过经济发展、脱贫攻坚、生态保护、科技创新、和平发展几个层面的介绍，向世界展现一个开放包容、创新引领、互利共赢的中国。

（三）锤炼叙事能力，以破壁跨界赋能内容创新

叙事能力是媒体内容生产的基本功。只有具备强大的叙事能力，才能引发用户参与互动，让元素发挥作用，让创意实现落地。融合传播时代，主流媒体要适应碎片化、视频化、社交化的媒介生态，必须调整传统的叙事方式，善于运用互联网思维，提升多元素、跨媒介、互动化叙事能力，让主流价值得到更好传播。

1. 打破传统叙事壁垒，在故事情节中实现主题传达

多种元素的组合、跨媒介手段的应用，是融合传播的应有之义，但只有形成角度新颖、逻辑合理、有人物、有故事的叙事链条，才能让这些内容要素在组接聚合之后产生裂变式的传播效应。新华社短视频作品《红色气质》在新技术的赋能下，打破传统影像的叙事方式，融合使用电影、电视、纪录片、动画等多种形态，将原本普通的静态图片变成了鲜活生动的影像。这一作品的成功，最核心最紧要之处还在于用个人化的叙事将宏大的主题变成可知可感的情节，将中国共产党厚重历史与瞿独伊和父亲的故事结合，将宏大的爱党爱国情怀用每一个先烈在小家与大家、小我与大我的抉择中展现出来。实际上，在故事

情节的推进中，用技术手段赋予原本的图片资料新的表达能力，不仅是《红色气质》的成功之处，也是新华社"国家相册"特别节目《冬去春会来》和《武汉"不服周"》成为现象级视频传播的原因之一。

2. 跨越媒体元素界限，用具体细节承载创意设计

在融合传播中，要用短小精悍的内容来实现主题的表达，往往需要通过特征化细节来"顶天立地"，用大处着眼小处着笔的叙事手法，实现"四两拨千斤"的传播效果。人民日报"中国一分钟"系列宣传片使用了大量鲜活具体、说服力强的数据细节，通过特征鲜明的数据可视化手段，用"微小"的变化将"巨量"的发展展现出来。比如在第三集阐释"一分钟你能做什么"的时候，用数据量化具体工种，更加贴近百姓生活，更易传达明晰主题。纺织女工许小英一分钟可以做好一双鞋面、农民窦正宝一分钟能耕地十来个平方、工人江勇所在钢厂一分钟可以出产9吨钢材、军人许利强一分钟能带领战斗机群巡航祖国43000平方公里的空域……无须赘述，这些数字就可以直观地让受众看到什么是中国速度、中国奇迹、中国力量。

3. 转换视角形成对话，用叙事结构引发互动

融合传播环境下，受众不再是内容创作者灌输的对象，主流媒体要转变叙事角度和结构，适应全新的传播环境。新华社短视频作品《红色气质》在叙事结构上巧妙地将讲述者的平行叙事与回忆者的纵向叙事相结合，在其中融入共产党员群体的生动故事，全片没有解释和强调"红色气质"，受众心中的爱国热情已被唤醒。中国日报《"一带一路"睡前故事》系列视频通过外籍父女间的互动把中国国家战略讲述出来，通过5岁女孩的逐步追问，将"一带一路"是什么、怎么做、会给世界带来什么，清晰地讲给国内外观众。

在国际传播中，叙事视角和结构的转变会让内容更易于理解，让国外受众更乐于接受。作为国家形象宣传片，中央广播电视总台《世界你好，这里是中国！》担负着国际传播的使命。该片转变传统的"高举高打""自说自话"的成就梳理方式，采用"第三人称"的讲述风格，将中国具象为一个人，透过"她"70年来的风雨历程以及"她"与世界的深情互动，将中国在政治、经济、文化、生态等方面的成就通过8分20秒展现在受众面前，让更多国外受众听得懂、听得进、听得明白。

三、采写手记

运用影像元素再现辉煌历史
——《红色气质》采写手记

《红色气质》是新华社摄制的一部短视频产品,是新华社探索媒体融合发展的又一创新成果。在中国共产党成立95周年这一重大历史节点上,新华社提出要面向互联网特别是移动互联网受众,制作一部纪实新媒体作品,从年轻人视角呈现党的光辉历程,反映中国共产党人的精神特质。

创造性运用影像元素

《红色气质》是依托新华社独有的照片资源而制作的。新华社下属的中国照片档案馆是全国最大的照片档案馆,保存着自1892年以来一千多万张珍贵的历史照片。然而,静态照片是有局限的,只有借助特效手段才能变得生动起来。《红色气质》的特效思路是让照片串起来、动起来、厚起来,让历史人物走进现实,让现实人物走进历史。例如,作品开始不久有一个镜头,95岁瞿独伊的肖像照开始渐变,越来越年轻,最后变成一个十来岁的孩子,出现在当年她与父母的合影上。这就是借助三维技术,让一个静态画面产生流动的效果,形成时光倒流的观感,传达出岁月沧桑的情感。

硬内容软表达

《红色气质》本质上还是一个新闻产品。而对于新闻产品来说,特效永远不能成为主体,而只能是辅助。形式是为内容服务的,不能喧宾夺主。在摄制过程中,有时候我们感觉形式太炫酷了反而会伤害内容,因而舍弃了很多特效,宁可表达得质朴一些。我们真正要做的,还是把故事讲好,而讲故事的核心就是一句话——硬内容、软表达。

片子里有个桥段,讲的是革命英烈的铁骨柔情。当时我们有一个非常简单的想法,就是找来一些烈士的家庭照,用特效让烈士消失,看看会有什么样的效果。比如江姐的全家福,江姐与丈夫分坐两边,中间是只有两三岁大的儿子,三个人都幸福地微笑着,看起来特别温馨。江姐大家很熟悉,却很少有人知道她的丈夫彭咏梧也是烈士,而且他俩牺牲的时间只相隔一年。我跟技术人员说，不要让牺牲的人一下子全都消失，而是谁先牺牲谁先消失。这样，爸爸没有了，然后妈妈也没有了，只剩下一个天真烂漫的孩子仍然无忧无虑地笑着，还完全不知道爸爸妈妈不久都将离他而去。看到这个画面，我的眼泪就掉下来了。从我们自幼形成的印象中，烈士都是视死如归、大义凛然、从容不迫，甚至有点不食人间烟火，似乎是一群离我们非常遥远的人，而在这样的视角下，烈士的形象更加有血有肉，更能令人亲近，肃然起敬。

秉持工匠精神

要想做出精品，就必须像工匠一样聚精会神、锲而不舍、不怕挫折、精益求精。就拿配乐来说，这个片子从头至尾是用《国际歌》贯穿的，用了清唱、口琴、小提琴、进行曲、大合唱等11种演绎方式。每一种乐器的运用是有不同考虑的。比如焦裕禄的情节，用了一段小提琴版的《国际歌》，因为要配焦裕禄"会拉二胡"这几个字，而我们确实没有找到二胡版的《国际歌》。为了配成全片音乐，我们找了88个版本的《国际歌》，交给专业的作曲人员去改编，让每个地方都对应不同的音乐形式。

在片子产出前的最后冲刺阶段是最紧张的，通宵作业已是家常便饭。6月20日凌晨，我们在上海的制作公司蹲守。整夜都在下雨。窗外，雨打幽竹，簌簌有声，如催人的稠密鼓点；屋内，我们一帧一帧地调整画面，一个一个地敲定音符，一刻也不敢停。上午9点50分，《红色气质》顺利上线，一款融合传播作品终于问世了。

（新华社　李柯勇）

四、延伸阅读

"大道康庄全媒体调研行"是人民网近年来规模最大的一次调研活动，31支调研采访队伍，从2020年7月起，陆续奔赴全国31个省区市和新疆生产建设兵团进行采访。报道采访持续全年，将52个未脱贫摘帽贫困县所在的新疆、贵州、云南、甘肃、广西、四川、宁夏7省区列为重点调研区，向世界讲述中国脱贫故事。

新华社分别于2020年2月5日、4月6日推出"国家相册"特别节目《冬去春会来》《武汉"不服周"》。《冬去春会来》精选新冠肺炎疫情暴发后，反映举国上下齐心抗疫的经典图片，以"口罩"作为贯穿全片的意象，巧借立春节点，传达春天必将来临、疫情胜利就在前方的信念信心。《武汉"不服周"》使用武汉方言讲述，突出声音特效，以"武汉人从来'不服周'""不信那个邪"等接地气的表述，展现武汉人的胆气与豪情。现实与历史的回响，印证武汉的坚忍不屈。

中国经济网于2019年9月10日推出的《全景体验"永不落幕"的线上世园会》，是首次将全景漫游技术与国际性园艺博览会相结合的融媒体产品。该产品主要利用720°全景拍照技术实现线上的游园体验，语音播报配合园区内全面的点位照片，用户可在全景照片营造的真实环境中漫游。

中国日报于2017年5月8日推出《"一带一路"睡前故事》，以中国日报美籍记者艾瑞克为女儿每天讲述一个睡前故事的方式，用英语思维和易于接受的趣味形式为海外受众普及"一带一路"倡议及相关知识，得到30余家国际主流媒体的关注与报道。

2018年4月，浙江省安吉县溪龙乡黄杜村20名农民党员给习近平总书记写信，提出捐赠1500万株安吉"白叶一号"茶苗帮助贫困地区群众脱贫，得到了习近平总书记的肯定。浙江在线于5月22日推出《一片叶子的扶贫故事》专题报道，全程追踪采访茶苗的千里西行安家记，从一片小茶叶入手，聚焦脱贫攻坚大主题。

江苏新华报业集团"交汇点"新闻客户端于2019年12月30日推出报道《6397公里的守护》，将长江流域的文化与生态保护相结合，采用儿童朗诵古诗词"古韵"加长江生态环境自然原声"新声"的形式，全景记录长江流域生态和文化保护的生动图景。

延伸阅读

五、思考与讨论

1. 在融合传播中，如何多维度、多层面实现内容创新？

2. 围绕本专题案例,谈谈视觉呈现在创意表达中的作用。

3. 结合具体案例,分析如何实现互动化传播。

4. 观看《红色气质》,研读采写手记,谈谈如何提升融合叙事能力。

5. 结合热点话题,设计一个新媒体创意策划方案。

以多元形态促进深度融合
——丰富形态报道评析

在推进媒体深度融合发展进程中，内容形态的创新是主流媒体从相加走向相融、从浅融走向深融的重要途径。面对全媒体传播环境，主流媒体必须打破内容层面陈旧刻板、单一线性的表现形态，媒体从业人员要深谙传播模式、要素、语态的变化趋势和基本规律，对接受众需求，更新传播观念，运用新兴技术，改变叙事方式，丰富传播形态，增强内容竞争力、传播影响力和舆论引导力。在媒体融合实践中，主流媒体在丰富形态方面大胆尝试，推陈出新。

一、案例概述

本专题重点推荐三个报道案例，在表现手段、呈现方式、互动方式等方面积极创新，将党政方针、国家成就、重大事件等以全新的形态和样式呈现在受众面前，形成融合传播的新景观、新面貌。

【案例一】 "家国梦"系列融媒体产品[①]

案例全文

"家国梦"系列融媒体产品是人民日报在新中国成立70周年之际推出的,其形态有公益手机游戏App、人民日报系列图片报道、绘本读物、H5产品等。该产品在创作中,一方面协调处理传统媒体和新兴媒体、主流媒体和商业平台的关系,形成协同高效的全媒体传播体系;另一方面用青少年乐于接受的方式、易于理解的语言,让正能量更强劲、主旋律更高昂,让党的声音传得更开、更广、更深入,让爱国主义宣传教育在广大青少年中深入持久生动开展。

图1 "家国梦"系列融媒体产品海报(人民日报 供图)

【案例二】 《慢直播 与疫情赛跑 ——全景直击武汉火神山、雷神山医院建设最前线》[②]

案例全文

中央广播电视总台在武汉抗击新冠肺炎疫情期间推出的慢直播,通过5G信号对武汉火神山和雷神山医院施工现场进行24小时不间断直播,多角度、全景式记录了两"神山"崛起全过程。该系列慢直播累计观看量超1.6亿次,引起国内和境外媒体高度关注。

这次慢直播选取疫情初期最受瞩目的火神山、雷神山医院建设这一焦

---

① 作者:杨涌、韩晓丽、彭俊、刘莉莉等;刊播平台:人民日报,2019年9月24日。
② 作者:集体创作;刊播平台:央视视频客户端,2020年1月26日。

点,将战疫一线的情况完全实时呈现在网友面前,引导网友将关注点放在国家防疫重要举措上,以客观真实的现场内容,第一时间在网上构建了正面舆论场,在抗疫战中发出了主流媒体最强音,用慢直播阐释了中国形象、中国速度,彰显了中国自信。

图2 武汉火神山、雷神山医院建设现场(中央广播电视总台 供图)

【案例三】 "卫星新闻"形态产品①

案例全文

新华社推出的"卫星新闻"形态产品,包括《60万米高空看中国》系列、《60万米高空瞰阅兵》系列及卫星新闻纪录片《太空的见证》。其中,《60万米高空看中国》系列是卫星资源在媒体应用上的首次尝试。在素材采集上,项目团队除了汇集、挖掘、处理卫星影像素材,还联动新华社各地分社,整合优质实景视频,对标志性、关键性点位进行补充拍摄。在叙事主线上,采用"一省一脉络,一地一经纬"的方式。在视觉呈现上,结合卫星视角、航拍视角、地面视角,对视频素材进行甄选、拼接、编组、特效加工。《60万米高空看中国》最具特色的画面就是从太空贯穿至地面的"一镜

---

① 作者:集体创作;刊播平台:新华社,2019年9月2日—12月17日、2020年12月29日。

到底"，大气磅礴，唯美震撼。在文案写作上，改变既往成就报道惯用的全景铺陈式写法，尝试运用影视叙事手法片段化呈现。该产品总浏览量超40亿次，互动量超1.36亿次，共计5800多家网站、两微一端转发采用。

二、专家评析

面对当前用户迁移、技术迭代引发的传播格局变迁，传播形态的创新必须对接用户需求，顺应用户习惯，更新传播理念，运用新技术、新元素和新手法，探索新的实践路径。本专题结合近年来主流媒体在丰富形态方面的典型案例，分析这些形态创新实践的主要特征，探讨总结内容形态创新的基本理念。

（一）立足社交模式，丰富媒体内容形态

随着受众从传统媒体向移动端全面迁移，通过社交平台来获取和分享信息已经成为受众的基本习惯，社交化已经成为当前信息传播的主导趋势。主流媒体内容形态的创新要基于互联网社交化传播模式，全面对接用户需求的变化，努力将形态更为丰富的内容嵌入用户所处的社交关系网络和圈层，才能实现传播效果的提升和优化。

1. 对接社交化需求，构建交互式传播形态

社交平台为用户的互动交流提供了便捷渠道，多终端参与使媒介与人之间的交互方式更加多样，在社交互动中获取信息并即时反馈成为当前用户的基本需求。主流媒体只有改变传统的新闻内容生产模式，引入和利用更多社交化传播手段，才能构建新型传播形态，更好满足用户需求。

人民日报的"家国梦"系列融媒体产品，用游戏、绘本、H5等交互性更强的形式，将国家大政方针、爱国主义教育、社会主义核心价值观、新闻事件与社会热点等"硬"内容进行"软"传播。同名公益手游用青少年乐于接受的方式、易于理解的语言，将游戏融入教育，拓展爱国主义宣传教育新阵地。游戏发布后，迅速登顶手机应用商店免费游戏排行榜，持续一周位列榜首，成为主流价值传播在内容形态层面的新突破和新成果。

2. 对接伴随式需求，构建参与式传播形态

进入全媒体传播时代，信息传播由"定时"转向"全时"，由"局地"转向"全域"，由"片段"转向"全程"，由"单一"转向"全息"，传播过程呈现出不同于传统媒体时代的伴随式特征。用户通过触手可及的移动终端实时在线，在接受信息的同时，通过点赞、转发、评论不断参与互动，信息传播在伴随式社交中实现裂变升级。主流媒体只有主动对接用户的这种"伴随"需求，积极引导用户参与互动，才能实现内容形态的革新。

《慢直播 与疫情赛跑——全景直击武汉火神山、雷神山医院建设最前线》是伴随式传播的典型案例。火神山和雷神山两家抗疫医院争分夺秒抓紧建设的同时，中央广播电视总台通过5G信号24小时不间断呈现，将战疫一线的这一实况实时呈现在网友面前。无剪辑、无解说、无音乐，自2020年1月26日晚上线以来，几路慢直播镜头迅速吸引过亿网友观看，形成强烈的社会反响，引起国内和境外媒体高度关注，在抗疫战中发出主流媒体最强音。慢直播过程与伴随式社交并行，打破传统直播生产方式，疏解疫情影响下的公众情绪，同时受众也化身"云监工"，以"见证者"的身份关注并参与其中。这场慢直播在伴随、互动的过程中建构了参与式传播的新样态。

3. 对接场景化需求，构建沉浸式传播形态

在融媒体平台上，信息传播呈现出越来越明显的全息特征，各种内容要素和手段在数字技术加持下打通共融，建立起多维立体、虚拟仿真的传播场景。用户越来越习惯于在一个具体场景中接受信息、相互交流，媒介平台本身也成为一个可以发表观点、传递情绪、表达立场的场域。

为更好满足用户的场景化需求，主流媒体不断探索，更新内容形态，打造出形式多样的沉浸式报道形态。在人民日报"家国梦"游戏中，用户可以基于省份选择自己的家乡，安放建筑并升级，增进对家乡的荣誉感与归属感。这款游戏搭建起一个社交场域，用户能看到好友的建设情况，不同省份的用户可以在平台间互动，形成更为饱和的沉浸式体验。央视一套和央视网联合推出的"天舟一号"发射任务VR全景直播，以及光明日报在全国政协十二届五次会议新闻发布会期间推出的"钢铁侠"VR直播，通过前沿技术的应用，带领用户进入虚拟重现的新闻场景，让用户以第一人称视角来观察、体验甚至参与到新闻事件当中，从而突破直播这一传统新闻报道形式的边界，增强了互动性和沉浸感。

（二）着力创意呈现，优化融合传播手段

在网络传播环境下，信息无处不在，连接无所不及，互动无时不有。对受众而言，信息过载成为交流和生活的常态；对媒体而言，注意力成为必须抓取和开掘的稀缺资源。在以海量信息、泛在连接、无缝社交为基本特征的媒介生态中，主流媒体必须在呈现视角、技术手段、传播矩阵等方面创新突破，强化内容的创意呈现，才能有效吸引受众关注，加快形成强大传播力。

1. 以陌生化视角重构新闻内容

在注意力稀缺的传播环境中，常态化叙事、常规化形式已经难以吸引用户的眼球。主流媒体需要在叙事视角和报道形式上另辟蹊径，利用陌生化视角进行非常态叙事，通过形态创新重塑内容吸引力、受众黏合力。近年来，主流媒体积极运用陌生化视角来拓展受众视野、刷新受众认知，实现对内容形态的重构。

新华社推出的"卫星新闻"形态产品《60万米高空看中国》，颠覆传统新闻拍摄角度，融合卫星视角、航拍视角、地面视角，用全新的视角看中国，从太空贯穿至地面的一镜到底，一气呵成，大气磅礴。在《太空的见证》中，新华社在大量卫星资料基础上，用全新的视野看历史，从太空视角向受众全方位展现70年新中国的发展变迁。新华社的"卫星新闻"形态产品之所以能吸引受众并引发共鸣，正在于它突破常规视角，从太空高度、历史尺度、区位角度、时代维度来看待和呈现中国发展变迁。

2. 以新技术应用更新传播手段

5G、大数据、云计算、物联网、区块链、人工智能等技术的应用成为媒体融合的重要支撑，主流媒体要加强新技术在新闻传播领域的应用，助力融合传播手段进一步迭代更新。人民日报的"中央厨房"、新华社的"现场云"和AI合成主播等，都是我国主流媒体在新闻报道中对前沿技术的应用成果。

2020年2月，中央广播电视总台对武汉火神山和雷神山医院施工现场进行慢直播。在疫情最为严峻的形势下，以新技术应用更新传播方式，多角度、全景式记录了两"神山"崛起全过程，完成了主流媒体在疫情期间的首场慢直播。央视频客户端依托视听领域前沿技术，发挥平台聚合力，开设"疫情24小时"专栏，将"疫情数据""战疫一线""预防

知识"等多个板块内嵌到专栏中，让公众及时知晓疫情动态。

人民日报"家国梦"手游也是将新媒体技术运用到传播上的创新之举。这一产品开发多种新技术应用，让传播内容从"纸端"到"指尖"，实现主旋律内容的跨屏联动，成为新技术支持下融合传播创新的典型案例。澎湃新闻推出的"海拔四千米之上"实景互动H5，使用航拍、360°全景图片、定点VR视频、漫游VR视频、互动热点、延时拍摄等技术手段，在移动端首页采用随机打开可变技术，最终实现了多种技术和表现形式的融合，是一次用新技术赋能主旋律报道的生动实践。

3. 以矩阵化推送形成传播合力

主流媒体融媒体建设多以矩阵化技术架构为基础，将原本分散的报、台、网、微、端、号等纳入自有平台，其目标就是要在内容端形成多形态产品与多媒体平台跨界联动，打造全媒体传播矩阵，形成强大传播合力。融媒体内容生产的创意、产品、互动等环节都需要在矩阵化推送过程中相互促进、聚合发力。

新华社"卫星新闻"形态产品以"1+N"产品矩阵，线上线下多终端覆盖推送，突破传统新闻产品传播和发布方式，成为主流媒体矩阵化传播的经典案例。在该产品矩阵中，"1"就是1组短视频，每个时长3分钟左右；"N"就是多个延伸产品，包含报刊文稿、微信微博推文、卫星海报、电子明信片、GIF动图、H5互动产品等。在产品创作和运营过程中，创作团队围绕主打产品进行多元加工，制作多种衍生内容，形成产品矩阵，覆盖线上线下17类传播终端，形成一体发布体系。《太空的见证》纪录片以新华社客户端为首发端口，在微信、微博等平台主账号梯次发布，通过聚合平台、视频平台、直播平台等扩大线上覆盖面，通过电视台、户外大屏等渠道覆盖线下场景，借助社交平台、知识问答、各类社区实现互动传播，形成强大的矩阵传播效应。

（三）善用亲民语态，加强主流价值引领

媒介生态和用户习惯的变化，必然要求主流媒体在传播语态上与时俱进，采用更加接地气、网络化的表达方式。新媒体环境下，随着技术平台、用户习惯、内容样态的变化，主流媒体在推进融合发展的过程中，要不断增强内容呈现和叙述表达的亲和力、亲切感，才能使得传受之间的互动更为活跃、积极、正向。近年来，主流媒体通过叙事语态的

调整，努力与受众达成情感共鸣，注重探索用受众喜闻乐见的方式，善用亲民语态，实现舆论引导和价值引领。人民日报"家国梦"手游用青年人喜欢的游戏交互形式传播爱国主义教育内容，通过答题专列H5、绘本读物等互动设计，将家国情怀融入用户家乡的发展、变化之中。新华社卫星新闻产品《太空的见证》，从太空视角俯瞰中国发展变迁，娓娓道来的亲切叙述让用户的爱国热情油然而生。

三、采写手记

让用户在游戏中体验家国情怀
——人民日报"家国梦"系列融媒体产品采写手记

人民日报在新中国成立70周年之际推出"家国梦"系列融媒体产品，有利于在全社会尤其是广大青少年中大力弘扬爱国主义精神。随着海量信息带来的信息过载，注意力取代信息成为稀缺资源，成为媒体竞争的重要焦点，这对内容质量提出了更高要求。特别是在互联网环境中成长起来的年轻一代，他们熟练掌握不同的信息收发渠道，并根据不同场景进行选择。传统媒体若想扩大地域、人群、内容的覆盖面，不仅要在新兴传播平台上下功夫，还应从场景出发，生产互动性强、内容兼具趣味性和重要性的新闻产品。那么，现在的受众尤其是年轻受众都聚集到了哪里？想要拓展主流价值影响力版图，首要任务就是找到新的受众、吸引新的受众。

寓教于乐，激发公众爱国热情

人民日报碰碰词儿工作室与腾讯追梦计划联合推出拳头产品"家国梦"手游，巧妙地把宏大主题切入游戏场景。这是吸引受众、让受众参与传播、在互动中接受传播、在体验中共同完成传播的一个实例。

"家国梦"是一款放置类游戏，用户免费下载使用，选择家乡所在地，自主完成生产生活等各类城乡建设任务。在游戏中设立"政策中心"助力建设进度，用户在体验家园建设乐趣的同时，了解精准扶贫、乡村振兴等党和国家大政方针。陆续发布"家国之光"纪念卡册，350张精美手绘图，集中展示新中国70年伟大成就和中华民族5000年灿烂文明。

游戏模式简单易上手，容易吸引更大范围的用户。其一大特色是国家政策和游戏内容的有机结合。虽然游戏的场景和过程是虚拟的，但是游戏的内容是真实的。人民日报精心挑选45项政策，通过对它们准确、生动、简练的描述来适应游戏传播场景，让用户不仅能理解这些政策，还能运用到游戏操作中，在沉浸式的互动体验中了解国家政策，并思考在现实生活中如何将国家建设得更好。

深度融合，实现全媒体传播

"家国梦"系列融媒体产品力求扩大地域覆盖面、人群覆盖面、内容覆盖面，引导人们网上网下同心协力，弘扬伟大的爱国主义精神。这一系列产品同时推出交互性衍生内容，实现全媒体传播。

系列图片报道：从手游纪念卡册中选出一批群众身边的建设成就，在人民日报要闻2版推出《雄安 每天都在变化》《浦东 不断拔节生长》等一系列图片报道，以广大青年建设者的奋斗故事为载体，让年轻人全面理解"社会主义是干出来的，新时代也是干出来的"深刻内涵。图片报道上线游戏界面，让用户在模拟体验家园建设时，真切感受典型人物矢志报国、实干创业的爱国热情和奋斗精神。这既为人民日报报道形成导流效应，又增加了游戏的深度厚度，提升思想性。

H5产品：推出"家国梦答题专列""神奇中国连连看""测测你的地域基因"等多款益智类H5产品，在国庆期间为年轻人营造边休闲边学习的良好氛围。

绘本读物《神奇中国少年行·家国梦》：国庆前后是爱国主义读物上市的重要节点，碰碰词儿工作室联合人民日报出版社于2019年9月27日推出《神奇中国少年行·家国梦》绘本。该书从手游中甄选近200张原创手绘图，撰写趣味知识点，用年轻家长和青少年喜闻乐见、共通互融的表达方式，展现祖国灿烂文明、家园建设历程、人民美好生活，让"家国之光"可触可感、有声有色。

大胆突破，创造凝聚共识新空间

"家国梦"系列融媒体产品上线以来形成刷屏态势，激发年轻人积极参与话题讨论，成为广大网民自发传播、互动分享的爆款产品。

公益手机游戏App"家国梦"累计用户超400万，全网曝光量近11亿。广大用户在微博、微信、豆瓣等平台比拼建设成绩。有人留言："既要考虑产业搭配，又要把生产生活区域规划好。要当一名合格建设者不容易！"还有人表示："从来没有这么认真学习过党和国家的政策。这些利民举措真好！"绘本《神奇中国少年行·家国梦》推出后，受到全国各大书店和读者热烈欢迎，首批印本在预售阶段就被订购一空。工作室根据绘本趣味知识，还在学习强国客户端"挑战答题"板块推出两套共20道考题。

手游的融合报道，成为主流媒体凝聚共识、创新宣传的新空间，实现了一次创造性的融合——国家大政方针、新闻事件、社会热点、典型人物故事从"新闻纸"跨界进入"游戏屏"。这是推动构建全媒体传播格局的具体实践，运用新技术、新机制、新模式实现报网深度互动，放大了媒体融合向纵深发展的一体效能。

我们深深感到，社会积极参与的背后，是一颗颗跃动的爱国赤诚之心。

（人民日报　蒋雪婕、郭雪岩执笔）

四、延伸阅读

2018年11月，新华社发布全球首个AI合成女主播，这不仅在全球AI合成领域实现技术创新和突破，更是在新闻领域开实时音视频与AI真人形象合成的先河。2020年5月，全球首位3D版AI合成主播"新小微"在全国两会开幕前夕正式亮相。AI合成主播的推出、升级新品的发布，引发了全球媒体的关注。

2017年4月20日，央视一套与央视网联手推出"天舟一号"发射任务VR全景直播，观众可以自主地在三个机位间随意切换，还可以在VR全景视频中选择自己观看的角度和具体内容，观众由被动接受转为主动获取，新闻变得立体可感。

2017年3月2日，光明日报推出《"钢铁侠"VR直播：全国政协十二届五次会议新闻发布会》。"钢铁侠"多信道直播云台集新闻信息采集、发布于一体，只需一名记者即可快速在现场实现视频、全景、VR等内容的同步直播与录制，通过后台的云控制台、云存储及流媒体服务系统，还可以一键同步实现PC端、新闻客户端及H5页面等跨平台视频内容的分发与适配，让多种媒体产品在同一平台快速生产聚合。

2018年11月，澎湃新闻客户端推出"海拔四千米之上"实景互动H5。这是一个全媒体、多互动的产品，内容丰富，包含4段精美的视频、9个360°全景视频、9个小环境展示视频，让人们身临其境地感受三江源国家公园的每一个角落、每一处细节。

延伸阅读

五、思考与讨论

1. 结合案例思考社交化传播给新闻报道形态带来的变化。
2. 围绕典型案例阐述融合传播中形态创新的基本理念。
3. 阅读采写手记，分析融合新闻报道的创新手段。
4. 结合具体实践，谈谈主流媒体如何提升融合报道能力。
5. 体验"家国梦"或类似的新闻游戏产品，分析如何采用游戏方式增强主题报道吸引力。

打开主流舆论传播新通道
——拓展渠道案例评析

新闻报道要达到良好传播效果，渠道与内容同样重要。在当今社会，随着信息传播技术的迅猛发展，传播渠道的拓展极大影响了新闻传播的升级迭代。2019年1月25日，习近平总书记在主持中央政治局第十二次集体学习时强调："全媒体不断发展，出现了全程媒体、全息媒体、全员媒体、全效媒体，信息无处不在、无所不及、无人不用，导致舆论生态、媒体格局、传播方式发生了深刻变化，新闻舆论工作面临新的挑战"，"移动互联网已经成为信息传播主渠道"。① 这个重要判断为推进媒体融合发展指明方向。主流媒体主动应变，实施移动优先战略，不断拓展渠道，壮大主流舆论，取得积极成效。

一、案例概述

本专题重点推荐四个报道案例，有适应微博、微信、客户端等新媒体发布渠道策划并生产的形式新颖的融合产品；有自主"造船"，努力建设移动新媒体矩阵的探索；还有借船出海，大胆尝试打开移动传播新通道的作品。这些生动鲜活的实践，展现了主流媒体守正创新、拓展渠道的探索精神和主动作为的责任担当。

---

① 习近平：《加快推动媒体融合发展　构建全媒体传播格局》，《求是》2019年第6期。

【案例一】 建党百年主题MV《少年》[①]

案例全文

2021年3月9日,人民日报制作发布建党百年主题MV《少年》,迅速引爆互联网。这一作品把握年轻人接受心理和习惯,紧扣中国共产党奋斗历程,展示"百年征程波澜壮阔,百年初心历久弥坚"这一主题,将"百年风华正茂"与"开启新征程"相贯通,获得广大网民特别是年轻网民好评。

在产品策划过程中,主创团队按照可视化、年轻态、精品化要求,选用深受年轻网民喜爱、内容旋律健康向上的网络歌曲《少年》作为基础进行改编,结合百年征程和"十四五"规划最新进展,重新填词编曲,确定建党百年版《少年》歌词内容,由原唱歌手演唱,经过精心剪辑制作MV,在两会期间推出。

【案例二】 《疫苗大战病毒》
(Virus Fighter 2: Game On!)[②]

案例全文

新华社国际部精心策划制作动画视频《疫苗大战病毒》,设置闯关情节,主打"街霸"游戏怀旧风,展现新冠肺炎疫情暴发以来人类对抗病毒的艰辛努力,讽刺阴谋论者和反疫苗者对全球抗疫的抵触。多语种版本的《疫苗大战病毒》在海外社交媒体平台发布,总浏览量超过300万次,总互动量3万次,获得大批海外网友点赞。

新华社随后制作播发中文新媒体稿件《继〈病毒往事〉之后,这个抗疫动画又火了》,向国内网友介绍动画视频《疫苗大战病毒》的内容、风格和主要亮点,截取展示部分海外网友精彩留言。报道播发后,在新华社微信公众号上的浏览量迅速达10万+,客户端总阅读量近200万次。

---

① 作者:曹磊、杨丽娟、王靖远、方梓祎等;刊播平台:人民日报两微一端,2021年3月9日。
② 作者:Michael(新华社外专人员)、郑锦强、王昕怡、郭雨祺等;刊播平台:海外社交媒体平台,2021年5月30日。

图1 《疫苗大战病毒》截图(新华社 供图)

【案例三】 《王冠红人馆》融媒体直播项目[1]

案例全文

这是中央广播电视总台于2020年8月8日起推出的"音频+视频"融媒体产品。《王冠红人馆》原为央广经济之声的一档周末财经脱口秀栏目,由原央广经济之声制作人主持并冠名。节目拓展音频传播渠道,与车载调频、微信公众号、蜻蜓FM、咪咕合作,吸引了大量受众。

2020年新冠肺炎疫情暴发后,秉持"用户要看见""媒体要到达"的信息传播理念,中央广播电视总台对广播调频节目进行多渠道拓展。由于疫情防控要求,嘉宾无法抵达直播间,2亿私家车车载广播的"传播场"也受到影响。新节目在央视频客户端上线,广播节目主持人第一次架起手机,支起直播环形灯,在家试水网络直播,与网友互动,广播调频+视频直播的形式吸引了更多受众参与。

---

[1] 作者:中央广播电视总台视听新媒体中心集体创作;刊播平台:央视频客户端,2020年8月8日起。

【案例四】　　　　　　　　"长安街知事"微信公众号[①]

案例全文

"长安街知事"是北京日报报业集团2014年上线的新媒体拳头产品。该公众号秉持"提供靠谱的政事分析、解读注意不到的新闻细节、脑补有趣有料的政治常识、提供走心的时政新闻"这一理念，专注时事热点，彰显激浊扬清、积极向上的价值取向，发挥主流媒体引导社会舆论、弘扬正能量的积极作用。

该公众号上的原创文章通过微信、微博、移动客户端、PC端等平台传播，打造覆盖全网、具有全国影响力的品牌。原创文章在微博、今日头条、企鹅号、百家号等平台累计阅读量达100亿次，稿件多次被新华网、经济日报、参考消息、环球时报等媒体转载。

二、专家评析

在全媒体时代，多元传播渠道分流了传统主流媒体的舆论影响力，也凸显了主流媒体占据新兴阵地的重要性和紧迫性。上述案例显示，围绕渠道的拓展，主流媒体在内容适配、用户至上、技术升级等方面进行改进创新，实现主力军挺进主战场，推动主流舆论传播得更广更远。

（一）强化适配渠道的内容生产

媒体融合发展的实践表明，内容生产是媒体的看家本领。无论媒体形态如何变迁、传播渠道怎样变化，内容永远是根本；融合发展必须坚持内容为本，以内容优势赢得传播优势。内容为本离不开渠道是金，渠道对内容有倒逼作用，可以推动产品适应不同的传播渠道。主流媒体要改变内容生产的刻板方式，生产适配移动传播渠道的内容，避免对传统媒体产品进行简单的移花接木，精心制作易于阅读、便于分享的融媒体产品，提高内容品质和传播效果。

[①] 作者：汤一原、陈岩、郭涛、刘柳等；刊播平台："长安街知事"微信公众号。

1. 紧扣热点，坚守国家立场，表达权威观点

"长安街知事"不仅延续了传统媒体的权威严肃特质，而且突出了新媒体特点。一方面，该公众号持续专注时政新闻、时事热点，以激浊扬清、积极向上的价值取向巩固党报新媒体的主流定位，在舆论大事件中突出主流媒体引导舆论、弘扬正能量的作用。如在中美贸易摩擦、香港"修例风波"、俄乌冲突等时事热点、舆论斗争、重大事件中，该公众号坚守国家立场，表明理性观点，成为时事信息权威出口。另一方面，该公众号又在新媒体传播形态上着重发力，注重用网友喜闻乐见的形式开展报道。如推出新中国成立70周年原创系列短视频"外交密档"，通过采访我国外交、军事领域的重量级嘉宾，讲述新中国成立70年来惊天动地的外交大事件下的小故事。该报道精致、出彩，媒体同行纷纷表示"不一般、不容易"，受众也对该系列报道大加赞赏，纷纷为中国外交官点赞。

2. 贴近青年，采用新媒体话语，实现破圈效应

媒体融合发展的背景下，新闻传播更强调用户的体验感与参与性。建党百年主题MV《少年》通过融合创新，激发青年人的参与热情。作品对原歌曲《少年》进行再创作，新歌词围绕"十四五"规划进行改编，强调"征途漫漫，惟有奋斗"。副歌部分通过歌词"我还是从前那个少年，初心从未有改变，百年只不过是考验"，突出"中国共产党百年恰是风华正茂"的主题，与青年产生共鸣共情。MV紧扣主题宣传要求，巧妙嵌入习近平总书记在抗疫表彰大会上的讲话原声，"青年一代不怕苦、不畏难、不惧牺牲，用臂膀扛起如山的责任，展现出青春激昂的风采，展现出中华民族的希望！让我们一起为他们点赞"，以此将MV推向高潮，展现百年大党永葆青春的朝气和活力。在画面剪辑上，《少年》围绕百年历程，用年轻人喜爱的"燃""爆"风格，搜集党史影像素材，依据创作主旨和歌词内容精挑细选，与歌曲的曲调、节奏协调配合，自然流畅，浑然一体。在随后的传播过程中，许多学校将MV《少年》引入课间操，专门编舞，让学生一边健身，一边接受党史学习教育。《少年》不断破圈，由年轻人到老年人，由线上到线下，党政机关、高校、医院、铁路等不同部门都在接续传唱，形成"全民共赏建党百年主题MV《少年》"现象。

3. 巧用游戏，创新国际传播，联动国内舆论

新华社制作的《疫苗大战病毒》视频，主要在海外社交媒体推送，模拟游戏方式，寓意丰富，制作考究，妙趣横生。游戏主打"街霸"怀旧风，设置游戏闯关情节。第一关

模拟新冠病毒暴发并逐渐在全球流行的情景：身穿防护服的"人类队"正与"病毒队"战斗，而作为病毒的"小弟"，阴谋论者正四处散布谣言："根本没有疫情！这只是流感！""取下口罩吧！""没必要封锁！"第一关结束，"病毒队"胜出，寓意新冠病毒全球大流行。游戏第二关，新冠疫苗投入使用，却遭遇一些抵制，"疫苗是骗人的！""打疫苗的人死了！"最终，"人类队"启用"终极武器"击败病毒大 Boss。这个视频的传播渠道主要是海外社交媒体，游戏背景设置为像素化的中国宝塔和长城，用中国风吸引海外网友关注。它不仅可作为新冠疫苗的"宣传片"，也有力抨击了美国面对疫情不仅不作为还散布阴谋论的行径，反映中国抗疫努力，取得显著的国际传播效果。传播渠道也由外转内，产生联动。新华社国际部随后制作播发中文新媒体稿件《继〈病毒往事〉之后，这个抗疫动画又火了》，吸引国内网友，在国际和国内两个舆论场都产生广泛影响。

（二）汇聚造船借船的多方合力

面对"四全媒体"的时代挑战，主流媒体仅靠自身力量远远不够。一方面，要搭建好自主传播平台；另一方面，还应主动借助国内外强势平台，利用多样化渠道扩大粉丝规模，推动主流舆论广泛传播。

1. 自造"新船"，拓展平台

"长安街知事"是北京日报报业集团创办的时政类新媒体品牌。历经近8年发展，其原创文章经过微信、微博、移动客户端、PC端等平台传播，覆盖全网、产生广泛影响力，在全国地方党报新媒体、全国时政类新媒体中居于领先地位。《工冠红人馆》是中央广播电视总台的融媒体产品，原为央广经济之声的财经脱口秀栏目。新冠疫情暴发后，原栏目受到很大影响。得益于央视频客户端，栏目以"广播调频+央视频新媒体视频直播"的新方式出现，盘点梳理和探讨当周国内外财经热点，新节目一经推出即引发各方好评。每期节目时长180分钟，在大时段直播后，截取其中有二次传播价值的优质内容，根据网络端传播规律进行深度加工，实现"一鱼多吃"。"新船"的再造让传统广播节目有了广阔天地，面貌为之焕然一新。

2. 借船出海，壮大声势

《疫苗大战病毒》是借船出海的典型案例。这个动画视频用英、法、西、俄、阿等不同语言版本，在海外社交媒体平台上发布，以海外年轻网友为目标人群。针对海外年轻网友的接受习惯，制作轻松、活泼、有趣的内容，采用游戏动画的软方式进行传播。除了动画视频，基于海外社交媒体平台，新华社还推出海报、政治漫画等产品，让国际时事作品更有幽默感和吸引力，增强传播效果。

（三）倚重先进媒介技术的转型升级

先进技术是主流媒体拓展渠道的动力源泉。主流媒体发力移动端，必须推动关键核心技术自主创新，不断实现突破。主流媒体要适应移动媒体不断向社交化、视频化、互动化发展的趋势，关注和跟进人工智能、5G、大数据、物联网等新技术的具体应用。

《王冠红人馆》之所以能打通广播与视频，正因为主创团队提出视频直播需求后，与节目主创及央视频技术人员进行多轮沟通，制定详细的技术方案，提前部署设备、铺设线路，调整参数配置系统，反复测试、编写文档、安排培训，组织全流程技术演练。在节目实现视频化播出不久，技术部门又根据节目主创和央视频客户端建议，在直播间增设主持人与线上嘉宾进行云对话的摄像头和交互软件，以便实现远程沟通，丰富视觉呈现，技术的跟进确保了渠道的拓展与畅通。

三、采写手记

点赞中国抗疫　嘲讽西方"甩锅"
——游戏动画《疫苗大战病毒》采写手记

新冠肺炎疫情发生以来，美西方持续在病毒溯源、抗疫模式上对我国抹黑攻击，同时自身抗疫不力，让全球持续笼罩在疫情阴影中。面对这种形势，新华社继2019年推出动画视频力作《病毒往事》后，2020年又在海外社交媒体平台推出《疫苗大战病毒》，在精准反击美西方舆论攻势方面取得良好效果。

这一动画作品找准海外传播对象心理共振点，以怀旧电子游戏为表现形式，用别出心裁的创意和轻松诙谐的风格，形象展现中国为抗击疫情所作的巨大贡献，幽默嘲讽美西方甩锅推责拖后腿的可笑行径。这种以"软形式"讲述"硬话题"的巧妙传播手法收获海外网友点赞认可，也为提升国际传播效能、创新对外话语表达、塑造良好中国形象提供借鉴。

无论中外，游戏都是容易让青年人产生共鸣的媒介形态。与惯常动画作品不同，《疫苗大战病毒》剑走偏锋，主打"街霸"游戏怀旧风，设置闯关情节，模拟新冠肺炎疫情暴发以来人类攻克重重难关对抗病毒的艰辛努力，讽刺美西方阴谋论者和反疫苗者对全球抗疫努力的污蔑与破坏。多语种版本的《疫苗大战病毒》在海外社交媒体平台发布后，总浏览量超过300万次。新华社随后播发中文新媒体稿件《继〈病毒往事〉之后，这个抗疫动画又火了》，通过二次传播将该动画视频在海外广受欢迎的情况介绍给国内受众，成为对内与对外积极联动、相得益彰的成功案例。在该作品的制作过程中，我们有如下三方面体会。

第一，怀旧游戏风易引发共鸣。《疫苗大战病毒》摸准海外社交媒体平台上广大年轻网民的喜好，将其喜闻乐见的"动画""游戏""幽默"等要素完美结合，收起说教面孔，专注趣味叙事，拉近与海外受众之间的距离，增强了国际传播的亲和力和感染力。

作品模拟了曾经风靡全球的"街霸"游戏，唤起很多网友儿时的回忆："单个选手"和"多个选手"的选项设置、像素化角色形象、电子风背景音乐、粤语与英文夹杂的配音……每个视听元素都让受众倍感亲切。随着游戏推进，妙趣横生的细节——呈现：场景设置为宝塔与长城，体现了中国对全球抗疫的突出贡献；人类向病毒发出的"攻击波"是防护口罩、消毒酒精、肥皂等防疫用品；长着獠牙的"大Boss病毒"不断吐出变异小病毒；疫苗作为终极武器化身"火箭"终结"大Boss病毒"……这一连串巧妙设置，让受众产生一种正在观看网络游戏的快感，很想一直看下去。有网友说，这个视频看了很多遍，每次都能发现新"彩蛋"，让人意犹未尽。

第二，巧用诙谐幽默的风格。《疫苗大战病毒》采用更易为海外受众接受的戏谑调侃风格，用"玩梗"方式直戳西方阴谋论者，尤其是以美国为代表的抗疫不力、甩锅他人的嘴脸与行径。如：视频对白中引用的"比尔·盖茨是邪恶的""口罩是邪恶的""封锁是邪恶的"等典型阴谋论论调，让不少网友嗤之以鼻；虽然画面中没有直接出现美国形象，但病毒的两个"跟班"——阴谋论者和反疫苗者，让人自然而然联想到美国的相关政客；视频中还出现某政要的"名言"——"这只是流感，会消失的"，令熟悉相关背景的海外网友心领神会。

作品对白还自创了"International Coronavirus Ballistic Medication（ICBM）"（国际新冠病毒弹道治疗系统，ICBM原指洲际弹道导弹）、"Permanent Head Damage（PHD）"（永久性头部损伤，PHD原指博士学位）等表述，赋予这些常见英文缩写以讽刺性的全新含义。这些针对海外受众特点设计的创新表述，避开了严肃、难懂的政治话语，让受众在开心一笑之余，意识到美西方对待科学与生命的虚伪可笑态度。

第三，多语种同步投放，善用软性传播。《疫苗大战病毒》以英、法、西、俄、阿多个版本发布在海外社交媒体平台上，以较年轻的海外网友为目标人群。这些人群登录社交媒体多为寻找轻松、活泼、有趣的内容消遣，直接对他们进行硬性的正面宣介往往会适得其反，而游戏动画这样的软性传播方式，易于他们接受，并潜移默化地影响其思想认识。

《疫苗大战病毒》与《病毒往事》等动画视频在海外接连成为"爆款"，是新华社在国际传播方面不断加强融合创新探索的成果。除动画视频外，新华社基于海外媒体平台发布的海报、政治漫画也已形成较为成熟的创作和播发机制，通过紧跟国际时事，打造出一批兼具新闻性、讽刺性、幽默感和设计感的海报、漫画佳作，如系列海报《美国背叛简史》、美国从阿富汗撤军系列漫画《阿富汗战争——又一张美国"玩腻"了的"游戏碟"》《你以为的"天堂"却是他们的"地狱"》等。

一系列动画视频、海报、政治漫画都是以高效精准传播为目标，以热点新闻事件为主线，以创新视觉体验为载体，以辛辣犀利幽默为特征，贴近海外受众思维方式和阅读习惯，取得了良好的国际传播效果，在对美西方舆论斗争中发挥了重要作用。

（新华社　黎藜、郑锦强）

四、延伸阅读

中央广播电视总台的"玉渊谭天"是2019年5月创办的融媒体品牌,秉持中国视角、民间表达的国际传播特色,对中俄、中美、中德、中法等"元首外交"通话及G20、APEC、达沃斯论坛、东方经济论坛等多边外交峰会,进行创新深度解读,传播习近平外交思想,形成集文字评论、社交短视频、中长视频、新闻漫画、直播、音频、互联网平台运营等功能于一体的融媒体矩阵。

新华社于2017年12月推出的"媒体大脑·MAGIC短视频智能生产平台"也是拓展渠道的创新案例。"媒体大脑"是专为媒体机构打造的"大数据+人工智能"新闻生产分发平台,集纳多项人工智能技术,如自然语言处理、计算机视觉、音频语义理解等。平台设置多个智能模板,覆盖时政新闻、突发事件、体育赛事、时尚娱乐等场景和领域,对媒资进行智能分析,自动识别具有较高新闻价值的事件。"媒体大脑"的推出,不是要取代记者和编辑,而是推动人机协作,帮助记者编辑更快、更准、更智能地获得新闻线索和新闻素材,提高新闻生产力。

光明日报于2019年初推出"新动力人群说"系列作品,运用通讯、评论、视频、新媒体图文等多种形式,聚焦当前科技前沿领域的知识分子。主创团队查阅大量中英文资料,以便更好地与从事科技创新的年轻知识分子对话,增强国际传播效果。系列视频配以英文字幕,在光明日报自有平台及海内外视频平台推出,提振网民对中国科学技术发展的信心。该作品获得第三十届中国新闻奖二等奖。

延伸阅读

五、思考与讨论

1. 从《少年》等具体案例分析融合作品如何实现"破圈"传播。
2. 观看《疫苗大战病毒》,谈谈创新国际传播的手段和方法。

3. 分析"长安街知事"最新作品的报道特点。

4. 结合具体案例，谈谈拓展渠道与内容创新的关系。

5. 结合时事热点，策划一个融媒体作品。

以创新增强传播实效
——提升效果案例评析

　　社交媒体、智能媒体的迅速发展深刻改变着传媒格局，媒介业态、传受关系、传播技术、舆论环境都发生翻天覆地的变化。以创新驱动融合发展最终实现良好的舆论引导效果，是当前主流媒体砥砺前行的必由之路。新闻媒体面对新形势、新挑战、新使命，只有坚持内容创新、手段创新、理念创新，才能聚拢民心民意、凝聚社会共识、赢得受众口碑，取得良好效果。

一、案例概述

　　本专题重点推荐三个报道案例，以微视频、慢直播、展播活动等各不相同的创新形式提升宣传效果。

【案例一】　　　　《新中国密码：15665，611612！》[①]

案例全文

　　这是2019年9月27日新华社为新中国成立70周年献礼推出的微视频作品。该视频将《没有共产党就没有新中国》的简谱"15665611612"作为"新中国密码"，以此为题，巧设悬念。作品将歌曲的经典旋律进行艺术改编，以词曲作者曹火星的女儿钢琴弹奏该曲谱为线索，串起"长征途中一场特殊战斗""林巧稚坚守岗位错过开国大典""大学生陈静溪黄山偶遇邓小平"等生动故事，分别对应着"长征""新中国成立""恢复高考"等重大历史事件。在讲述上述故事的同时，在曲谱沙盘上穿插相应历史事件经典时刻的特效画面，比如红军战士抬着担架进入曲谱、红船缓缓驶入曲谱、原子弹爆炸等，这些特效画面精美、构思精巧。作品将每一个故事都与出现的曲谱歌词一一对应，内容与形式融为一体，制作精细，13分14秒的时长暗喻对祖国"一生一世"的热爱。

　　《新中国密码：15665，611612！》的两个话题——#读懂父亲要从这首歌开始#、#新中国密码#登上微博热搜榜，话题阅读量达4.4亿次。微博"15665，611612，新中国，我为你打call"单条阅读量达2.4亿次，转发77.3万次，秒拍播放4735万次。

图1 《新中国密码：15665，611612！》视频截图（新华社　供图）

[①] 作者：徐壮志、姚竣译、卜多门、魏董华等；刊播平台：新华社，2019年9月27日。

【案例二】　　　　　"云登顶　看珠峰"[①]

案例全文

2020年正值中国人首次由北坡登顶珠峰60周年,自然资源部组织测绘队伍,从珠穆朗玛峰的北坡重新攀登珠峰,测量珠峰高程。围绕这一重大事件,央视频2020年4月全网首发5G+4K高清珠峰慢直播,制作"云登顶 看珠峰"新媒体合集,集纳多路信号,用高清视角呈现雪域高原的雄壮景致。

该直播首次实现海拔5500米以上实时信号回传,依托"5G+云网"技术,设置"珠峰VR""珠穆朗玛峰""珠峰大本营""珠峰绒布寺"四个观看视角,其中"珠峰VR"首次向全国观众360度全景呈现珠穆朗玛峰24小时实时景观变化。在"珠峰VR"视角下,网友还可通过触控屏幕或转动手机,自由切换观看角度。

节目组策划推出《珠峰日记》系列视频、珠峰探营直播等内容,展现珠峰风光、珠峰高程测量幕后故事、高原珠峰慢直播信号维护幕后。截至项目结束,珠峰慢直播、直播及短视频产品观看总量达7213.7万。独家延时短视频《4K超高清!世界之巅廿四小时,看珠穆朗玛峰光影变幻!》各平台累计观看量416.34万次。

图2 "云登顶　看珠峰"海报(中央广播电视总台　供图)

[①] 作者:中央广播电视总台视听新媒体中心集体创作;刊播平台:央视频客户端,2020年4月23日。

【案例三】 "时光博物馆"①

案例全文

2018年是我国改革开放第40个年头，围绕重大事件的逢十庆典成就宣传是主流媒体的"规定动作"。人民日报新媒体中心以"时光博物馆"展览活动，辅以活动报道的新形式，展现改革开放40年的发展历程。2018年10月26日"时光博物馆"首站空降北京三里屯。博物馆通体红色，进门是一条由人民日报标题组成的"时光隧道"。穿过隧道，第一站是"时光杂货铺"，杂货铺里摆的是八九十年代的零食、糕点、饼干罐、冷饮、名酒、搪瓷杯、贴纸、手帕、蛤蜊油等，杂货铺的柜台等陈设也是八九十年代的样子。"时光博物馆"开设"年代照相馆""岁月交通局""奇妙时空屋""旅行时光机""声音博物馆"等创意体验馆。夜幕降临，博物馆二楼的舞台上还会有歌手演唱过去的老歌。

"时光博物馆"还在上海、深圳等城市进行巡展，每到一地就成为当地热门打卡地。据统计，全国累计参观人数超过50万人次，线上参与讨论人数超过7亿，讨论总量超40亿条次。"时光博物馆"列入2018年度社会生活类十大流行语。

二、专家评析

创新是引领发展的第一动力，新闻舆论工作同样也要将创新摆在重要位置。在社交媒体高度发达的今天，传统媒体唯有通过全方位的创新，方能不断提高新闻舆论工作的能力和水平，提升融合传播效果。

（一）以内容创新助力重大庆典报道

对新闻舆论工作来说，内容永远是根本，媒体融合发展，首要的就是内容创新。新华

---

① 作者：丁伟、刘晓鹏、王炜、苗苗等；刊播平台：人民日报两微一端，2018年10月26日—12月20日。

社为新中国成立70周年策划推出的微视频《新中国密码：15665，611612！》就是内容创新的一篇佳作，可供重大庆典报道借鉴。

故事碎片化与主题完整性的有机统一。重大庆典报道主题明确，如何在这个主题下讲好故事，《新中国密码：15665，611612！》作了有益的探索。该作品中的十多个故事在外在逻辑上并无直接关联，是一个个独立的小单元，整个微视频13分14秒，很多故事时长不足1分钟，碎片化特征明显。作品用《没有共产党就没有新中国》的曲谱串起这些故事，使这些碎片化的小故事在形式和内在逻辑上共同指向一个主题"没有共产党就没有新中国"，让众多单一的故事连缀成篇，形成合力，效果显著。

仪式感的塑造。仪式感通常是由精神、情感、文化的共享而产生，进而在一定时空内形成精神、情感、文化的共同体。《新中国密码：15665，611612！》通过四个方式促成了受众的这种共享：一是主题重大。这是一部献礼新中国成立70周年的重磅作品，制作精良，主题突出。二是内容充满豪情。作品中讲述"长征途中一场特殊的战斗""狼牙山反扫荡战斗"等悲壮的故事，展现"开国大典""香港回归""三峡大坝开闸"等让国人自豪的大事，让受众的情感经历了一次跌宕起伏的洗礼。三是以曲谱结构全篇。该作品以《没有共产党就没有新中国》曲谱为线索将故事与画面巧妙串联起来，构思精巧。四是特效震撼受众心灵。该作品精心制作的红军战士抬着担架进入曲谱、红船驶入曲谱、原子弹爆炸等特效动画，给受众带来强烈的震撼。整部作品正是通过受众这种崇高、自豪、惊叹、震撼的心理感受，完成"精神共同体"的塑造。在这种仪式感的包裹下，受众对中国共产党的认同、对祖国的认同便油然而生。

二元叙事结构的交融。《新中国密码：15665，611612！》叙事有一个纵向的时间轴和一个横向的空间轴。纵向上基本按时间顺序组织材料，围绕新中国的创建和发展中的一些重大时间节点，以蒙太奇实现故事转换，将故事和画面徐徐展开。横向上则用曲谱构建了一个虚拟的空间，让一些事件在曲谱空间上按曲谱的旋律展开。这种二元叙事结构既清晰地讲述了故事，又在重点地方让故事在场化、当下化，实现了过去与现在的时空对话。这种时空轴的交织推进，构成独特的叙事风格。

可视化移动化的表达。视频较文字更直观，冲击力更强，受到网民的广泛关注和喜爱。这个作品总长13分14秒，讲了十多个故事，在叙事上做了很大程度的简化，曲谱式设计增加了故事的呈现维度，使内容生动立体，故事呈现更加直观，适应了网民可视化的信息接受需求。现代社会人们的生活节奏普遍加快，对信息接受的快捷性和便捷性要求越来越高，作品依托社交平台传播，降低信息接受门槛，适应了网民移动化的阅读习惯。

（二）以手段创新增强报道实效

互联网技术的发展促使传受关系从"一对众"转向以互动分享为主要特征的"众对众"，传播主体更加分散多元，信息更加纷繁芜杂，渠道更加便捷智能，扩散更加快捷无序，笼统的大众化的信息大量冗余，新闻信息传播呈现出长尾效应。主流媒体要充分运用新技术新应用创新媒体传播方式，占领信息传播制高点，要高度重视传播手段创新，实现宣传效果的最大化和最优化。

中央广播电视总台视听新媒体中心创作的"云登顶 看珠峰"正是以手段创新提升重大事件报道效果的范例。该直播依托"5G+云网""VR"技术实现了三个"首次"：首次实现了全球电视史上在珠峰峰顶的5G视频直播，首次实现海拔5500米以上实时信号回传，首次向全国观众360°全景呈现珠穆朗玛峰24小时实时景观变化。传播手段的创新带来了良好的传播效果。

手段创新包括渠道创新、技术创新、设备创新、方式创新等方面。从传播渠道来看，"云登顶 看珠峰"主要通过社交媒体传播，社交媒体是当前信息传播的重要渠道，相较传统媒体来说，在互动效果上具有明显优势。从传播技术来看，"云登顶 看珠峰"充分运用了"5G+云网""VR"等高精尖技术。从传播设备看，该节目组除了传统的摄录设备外，还将天文望远镜、无人机扛上了珠峰，在海拔5300米的大本营架设一台天文望远镜，对着珠峰峰顶拍摄，作为峰顶画面的补充，并放飞无人机寻找最佳拍摄角度。从传播方式看，"云登顶 看珠峰"集合现场慢直播、演播室直播、后期短视频等方式，通过网民的转发和分享，呈现出裂变式传播的特点。"云登顶 看珠峰"将上述创新传播手段综合运用于重大事件报道，诠释攀登精神与家国情怀，向世界讲述珠峰故事，见证了中国力量，赢得了受众口碑。

（三）以理念创新点亮重大成就宣传

理念创新是指以新的视角、方法和思维模式指导实践的意识过程。人类对客观世界的认识遵循着实践—认识—再实践—再认识的规律，而理念创新正是这种认识不断深化的过程。人民日报精心打造的"时光博物馆"融合传播案例,是理念创新的一次成功尝试。

"时光博物馆"将线上主题报道与线下创意体验馆相结合,将改革开放给人民生活带来的最深切的变化在线上通过图文进行报道,在线下通过实物进行呈现。在线下的创意体验馆中,观众可以通过参观承载回忆的老物件,参加有趣的创意互动体验,聆听充满情怀的年代音乐秀等方式,切身体会改革开放40年取得的伟大成就。线上线下形成联动,线下参观人数超过50万人次,线上互动总人数超过7亿,全网总讨论量超40亿。

"时光博物馆"以活动为主打、以活动带报道的新模式,给受众带来了熟悉又新鲜、温暖又共情的美好体验,赢得了良好的口碑。这一做法突破了以往的报道理念,将活动和报道相结合,线上和线下联动,展览活动叠加媒体报道同步宣传,相得益彰,实现了理念创新。

"时光博物馆"活动没有采取成就宣传的宏大叙事范式,而是将焦点对准普通老百姓的个人生活,将改革开放给国人的衣食住行带来的系列变化依托具体物件进行具象化呈现。五大创意体验馆的内容贴近实际、贴近生活、贴近群众,不仅让参观者倍感亲切,而且展示出时代前进的清晰脚印,从而让参观者自发地、主动地得出改革开放好的结论。

"时光博物馆"没有采取刚性说教式宣传,而是在合适的时机将改革开放40年来植根于国人记忆深处的物、人、事挖掘出来,以润物无声的方式诠释了"改革红利,与我有关""中国有我,时光有我"的主题,使得改革开放40周年成就宣传收到了实效。

三、采写手记

一串神秘数字call出的全网爆款
——《新中国密码:15665,611612!》采写手记

站在新时代的节点上,站在新中国成立70周年当下,回望风雨历程,面对70年浩瀚如烟的历史过往,犹如置身在一座珍宝遍地的博物馆,无数荡气回肠的故事、无数令人动容的英雄,到底该从哪里开始,又该如何描绘?什么才是最动人的,什么才是最宝贵的?2019年9月27日,新华社为庆祝新中国成立70周年策划推出微视频《新中国密码:15665,611612!》。

历史印记　时代标识

《新中国密码》主创团队最初拟出了几个方案：（1）展现新中国成立至今几代人圆梦、追梦的历程；（2）讲述为祖国发展做出默默奉献的建设者的故事；（3）将"母亲"作为祖国的意象化表达，从母亲视角讲述家国故事；（4）以新中国的生日作主线，串联各个时期不同人物的生日梦想，汇聚成中国梦……但是我们总是感觉到这些方案似乎还没有找到新中国的精神内核。

要通过新中国成立70年的宏大主题，回答"中国共产党为什么能、马克思主义为什么行、中国特色社会主义为什么好"这几个问题，不能一般地按历史人物、先进典型，拼凑一些内容。人物必须能代表时代，故事必须有鲜明的时代标识才行。

经过反复讨论，大家将目光聚焦到了"过生日"这个角度：用"生日"将各个事件、故事、人物等串联起来，同时将"生日"这个意象扩大，不仅仅是一个人的生日，也应该是祖国的生日，可寻找不同时代的特殊历史"生日"场景，并进行串联。

一切历史都是当代史。让历史具有鲜活的生命力，需用当下的思想来照亮。重温70年历程，回顾那些历史记忆，不能简单挖掘人物与故事，更要为当下乃至未来的问题寻找答案。文章的精神内核，至此建立起来。

雏形初现　一曲串联

经过讨论，主创团队成员都觉得脚本最重要的两个意象一个是"新"，另一个是"生"，于是暂定片名为《新·生》。在这一版本的脚本里，主创团队把"生"的意象最大限度地进行了挖掘。

在前期收集的近百个故事中，团队初步选定了"九三"胜利日阅兵中老兵方阵的老红军余新元、《没有共产党就没有新中国》作者曹火星的女儿曹红雯、新中国"万婴之母"林巧稚、"两弹一星"元勋钱三强、汶川地震幸存者贾正娇等十余个人物故事。

"珠玉"已现，"红线"何求？如此大的历史跨度，这么多故事，怎样串联成章？"要用新的办法，不要用老的套路。"在策划时，我们又想到了《父亲·我们·时代》中使用红色画框的巧妙串线，让正在做准备去采访曹红雯的创作团队灵光一现，为何不用《没有共产党就没有新中国》的曲谱作为一根"红线"串联起这些琳琅满目的"珠玉"呢。

思路一下打开了。内容不能是简单的历史回顾，还要回答新中国"新"在哪里，其实这首歌的歌词里基本都提到了。从思想内涵本身出发，用这首歌来串联，来回答。曲谱——歌词——五线谱——音符……一系列头脑风暴的元素瞬间在脑海中完成，核心的视觉符号出现，又一难题解决了。

融会贯通　可视创作

在文字脚本和曲谱创意基本确立后，团队开始集中进行第二阶段的可视化创作。把每一个故事的讲述方式和画面呈现有机融合起来，这对每一个人都是挑战。采访过程中，团队不仅挖掘出《没有共产党就没有新中国》歌曲创作背后的故事，还通过对这首歌的剖析和演绎，更加深刻地领会到这首歌所表达的正是中国共产党人的初心使命。

主创团队首先确定请曹红雯重新演奏《没有共产党就没有新中国》，以此串起脚本里的每个故事，将曲谱设计成贯通全片的视觉线索。

钢琴演奏，曲谱出现，开篇故事是董振堂将军在长征期间为保证一个孩子的出生打了一场仗。主创团队把曲谱做了沙盘化设计，让红军战士抬着担架"进入"曲谱，使观众更好地"穿越"回战争年代。这一手法贯穿全片，后面的红船"驶入"曲谱、原子弹在曲谱上"爆炸"都是一以贯之的设计，保证画面具有统一的风格特征。

这几个镜头看似简单，实际制作花费了近一个月的时间，曲谱的位置、人物的透视、影调关系等都是影响画面的因素。为了精益求精，在曲谱出现的每一个画面里，不是随便选择一个角度，而是把每一个故事都与出现的曲谱歌词一一对应起来。

特效画面不在多，而在精。《新中国密码：15665，611612！》不是用炫技的手段去讲故事，以致影响到实拍本身的真实感，而是在最恰当的位置出现特效，以便更好地诠释故事内容。

数字音符　造就爆款

酒香也怕巷子深。融媒体时代，缺少合适的包装和有力的推广，再好的产品也很难成为爆款，更别说造就经典、树立标杆了。作为全片的核心线索——《没有共产党就没有新中国》是否有创新空间呢？从决定用这首歌作为主音乐的那一刻起，主创团队就跟着哼唱过无数遍，"哆嗦啦啦嗦啦哆哆啦哆咪……"五线谱渐渐成了简谱。这简谱写下来，不正好是一串数字吗？数字可以设置成一串密码！对，这就是让中华民族获得"新生"的密码，就是打开"新中国"的密码！

再仔细一数，15665611612，刚好11位！什么数字组合是11位？手机号码！

接下来，就是赋予这个电话号码一份独有的生命力：互动。"哆嗦啦啦嗦啦哆哆啦哆咪……聪明的你，是否已经解开这段数字的秘密？这段熟悉的旋律，有没有带给你惊喜和感动？和主创团队一起，为新中国成立70周年送上祝福吧！"一段神秘彩铃上线了，一个原本平平无奇的电话号码，顿时成了全国人民疯狂打call的对象。

从2019年5月9日第一次脚本策划会到9月27日片子上线，140多天的孕育，有焦灼有豁然，有泪水有激动，有困顿有明朗，最终万流归海，成片一部，再回首，感慨万千，感激万千，感动万千。

这个片子之所以能够成为爆款，产生直抵人心的力量，在于从情感高度、思想高度、政治高度上寻找契合点和突破点。

怀着一颗赤诚之心，精益求精地把故事讲好，才能讲到人们的心里去。

（新华社 姚竣译）

四、延伸阅读

《快看呐！这是我的军装照》是人民日报新媒体中心为纪念建军90周年，于2017年7月29日推出的一款H5产品。该产品借助人脸识别、融合成像等技术，为用户生成不同年代的军装照。用户只需上传一张图片，不到5秒钟就能轻松合成一张军装照。后台数据显示，截至2017年8月12日，网友将"军装照"H5的链接分享给好友或微信群的次数超过4800万次、分享到朋友圈的次数超过1100万次。

《光明的故事》是光明日报于2018年两会期间重磅推出的系列微视频，讲述了习近平总书记在全国精神文明建设表彰大会上给93岁高龄的中国核潜艇奠基人黄旭华让座的故事。为更好实现分众化传播,主创团队制作了不同版本的标题和推送内容。在光明日报客户端首发时,标题为《光明的故事》,在社交媒体推送时,标题为《从总书记让座到重获光明,他第一眼最想看到的是……》。通过这种"定制标题"的方式,微视频在各平台得到广泛传播。视频发出后3天,累计有105家网站转载。系列微视频短时间达到超过10亿的触达量和1.4亿的浏览量,获得第二十九届中国新闻奖二等奖。

《画风变了!外媒报道云南象群"没加滤镜"……》是中国日报通过编译外媒对云南亚洲象北迁事件的报道,于2021年6月10日推出的一组融媒体作品。2021年上半年,十几头亚洲野生象离开西双版纳州栖息地,一路向北"逛吃"云南,成为当年全球媒体关注的热点新闻。海外媒体大多援引中国媒体的相关报道展开客观中性的评论。中国日报敏锐地捕捉到了这一事件在国际上产生的良好舆论氛围,编译了BBC、CNN、纽约时报、美联社、路透社、卫报、南华早报等外媒对云南象群日常活动的生动描述,以及对中国政府和民众为保护大象、确保人象和平相处的赞扬,借用外嘴外力讲述中国故事,展现注重生态保护、人民善良淳朴的可信、可爱、可敬的中国形象。

延伸阅读

五、思考与讨论

1. 融合报道的内容创新要遵循什么基本要求?
2. 简述媒体融合进程中理念创新的重要性。
3. 结合案例阐述重大报道如何通过手段创新提升传播效果。
4. 研读采写手记,分析《新中国密码》的报道特色。
5. 结合"时光博物馆",分析如何实现线上线下联动,扩大影响力。

编后记

《实践中的马克思主义新闻观——新闻报道经典案例评析》（第二辑）（以下简称第二辑）是按照中宣部要求，继2015年出版首辑之后编写的马克思主义新闻观案例教材。

加强马克思主义新闻观教育，筑牢做好党的新闻舆论工作的思想理论基础，是以习近平同志为核心的党中央对新闻舆论工作提出的明确要求。只有坚持理论与实践密切结合，深刻领会马克思主义新闻观的核心要义和基本要求，才能夯实做好新时代党的新闻舆论工作的思想基础，才能履行做好党的新闻舆论工作的职责使命。坚持马克思主义新闻观在新闻传播教育中的核心地位，就要把马克思主义新闻观理论教学与当前新闻实践有机结合起来，把马克思主义新闻观教育融入新闻人才培养的全过程、各环节，造就社会主义新闻事业的专门人才。

首辑出版七年来，得到新闻工作者、新闻院校师生和社会有关方面充分肯定和广泛欢迎，产生了良好社会反响，他们冀望将此案例教材继续出版下去。基于此，我们推出第二辑，并将本书列为马工程重点教材《新闻学概论》（第二版）的配套案例教材，以满足高校新闻传播学专业教学、新闻工作者培训需求。

中国特色社会主义进入新时代，广大新闻工作者在习近平总书记关于新闻舆论工作重要论述的指引下，在新闻实践中写下了很多优秀的新闻报道作品。第二辑对这些优秀报道进行了分类集纳，并通过深入解析这些生动鲜活的新闻报道典型案例，阐释马克思主义新闻观的基本内涵、主要观点，引导读者深刻理解在新时代学习实践马克思主义新闻观的基本要求。

在本辑编写过程中，我们按照主题将全书分为8大部分，选取128个具体专题案例，从案例概述、专家评析、采写手记等多个层面，将马克思主义新闻观的基本内涵、观点、方法融入其中，使思想性、专业性融会贯通、相得益彰，同时辅之以100多个延伸阅读案例，拓展多种阅读渠道。为适应新媒体时代阅读方式，每专题还增设了多个二维码，集纳相关案例全文，满足读者需求。

第二辑在编写中得到中宣部有关部门的大力支持和帮助。中宣部新闻局、马克思主义理论研究和建设工程办公室（理论局）琚朝晖、何成、赵伟、张庆华等负责同志给予支持、帮助，庄晓洁、王昆、王勇、翟钟磊、王冠一、郑石等同志参与了相关工作。

第二辑由马工程重点教材《新闻学概论》（第二版）首席专家明立志、高晓虹主持编写统稿工作，编写组成员丁丁、张垒、崔林、涂凌波参加本书编写统稿全过程。

中国人民大学、中国传媒大学、复旦大学、暨南大学、上海交通大学、清华大学、北京大学、华中科技大学、武汉大学、南京大学、北京师范大学、南昌大学、中央民族大学、北京外国语大学、海南师范大学等15所新闻院校的专家学者及来自人民日报、新华社、中国记协等机构的业界专家参与了相关编写工作，他们是（以姓氏笔画为序）：丁和根、王娟、王积龙、王润泽、支庭荣、刘洁、刘光牛、李学勇、汪晓东、张涛甫、何志平、陈开和、陈信凌、周勇、周敏、周呈思、胡钰、姜飞、殷陆君等。

人民日报、新华社、中央广播电视总台、解放军报、经济日报、光明日报、中国日报、中国新闻社等中央主要媒体积极支持第二辑的编写，提供了丰富的案例资料，参与相关编写工作的人员有（以姓氏笔画为序）：马昌豹、王潋晴、刘瑞一、齐平、李成、李翔、忻鼎鼎、张双、张梓、张文华、张继宏、周华、梅常伟、谭林茂等。

第二辑编写分工如下：

序论，中宣部明立志；

《书写千秋伟业壮丽篇章——建党百年主题报道评析》，人民日报丁丁；

《凝聚新时代奋进力量——党的十九大主题报道评析》，新华社刘光牛、代和铭；

《展示共和国的历史辉煌——新中国成70周年主题报道评析》,中国人民大学王润泽、杨奇光;

《高扬时代主旋律——改革开放40周年主题报道评析》,中国人民大学周勇、何天平;

《谱写生态文明建设华章——"绿水青山就是金山银山"报道评析》,北京大学陈开和;

《让创新在全社会蔚然成风——坚持创新发展报道评析》,北京大学陈开和;

《聚焦发展奏强音——高质量发展报道评析》,复旦大学张涛甫、陈良飞;

《深化拓展论改革——经济改革报道评析》,南昌大学陈信凌、王娟;

《讲好人民民主的故事——坚持执政为民理念报道评析》,清华大学胡钰;

《吹响攻坚克难号角——决战脱贫攻坚系列报道评析》,清华大学胡钰;

《礼赞追求幸福的动人诗篇——创造美好生活系列报道评析》,中国传媒大学涂凌波;

《伟大出自平凡 平凡造就伟大——新时代典型人物报道评析》,中国传媒大学涂凌波;

《彰显大国重器的强大力量——重大建设工程系列报道评析》,北京师范大学周敏;

《浓墨重彩展现国家强盛之基——国家战略科技成就报道评析》,北京师范大学周敏;

《让权力在阳光下运行——反腐倡廉报道评析》,中央民族大学张垒;

《给"四风"问题画上休止符——反对"四风"监督报道评析》,中央民族大学张垒;

《为人民利益鼓与呼——社会问题舆论监督报道评析》,华中科技大学刘洁、上海交通大学王积龙、华中科技大学刘锐;

《中国人民抗疫斗争的壮丽史诗——抗击新冠肺炎疫情报道评析》,武汉大学周呈思;

《重大灾难事件中媒体的使命担当——"东方之星"号客轮翻沉事件报道评析》,中国传媒大学高晓虹、李泓江;

《在重大突发事故中正确引导舆论——"深圳山体滑坡事故"报道评析》,

中国传媒大学高晓虹、李泓江；

《讲好命运与共的中国故事——人类命运共同体理念报道评析》，北京外国语大学姜飞；

《"丝路"呼唤新思路——"一带一路"系列报道评析》，暨南大学支庭荣；

《宣示国家主权的国际舆论斗争——"南海仲裁案"报道评析》，南京大学丁和根、吴志远；

《打赢涉疆议题舆论战——涉疆对外报道评析》，北京外国语大学姜飞；

《用创意表达驱动内容创新——优化创意报道评析》，中国传媒大学崔林；

《以多元形态促进深度融合——丰富形态报道评析》，中国传媒大学崔林；

《打开主流舆论传播新通道——拓展渠道案例评析》，人民日报丁丁；

《以创新增强传播实效——提升效果案例评析》，海南师范大学何志平；

编后记，中宣部明立志。

马克思主义新闻观是在实践中不断发展的科学理论。在马克思主义新闻观指导下，我们紧密联系新时代中国特色社会主义新闻事业发展的新鲜实践、重大进展，总结新经验，做出新概括，不断提高运用马克思主义新闻观认识问题、分析问题、解决问题的能力，努力把在实践中研究积累的优秀成果奉献给新闻传播专业师生、新闻从业者和广大读者。

编者

2022年8月

郑重声明

高等教育出版社依法对本书享有专有出版权。任何未经许可的复制、销售行为均违反《中华人民共和国著作权法》,其行为人将承担相应的民事责任和行政责任;构成犯罪的,将被依法追究刑事责任。为了维护市场秩序,保护读者的合法权益,避免读者误用盗版书造成不良后果,我社将配合行政执法部门和司法机关对违法犯罪的单位和个人进行严厉打击。社会各界人士如发现上述侵权行为,希望及时举报,我社将奖励举报有功人员。

反盗版举报电话 (010)58581999 58582371
反盗版举报邮箱 dd@hep.com.cn
通信地址 北京市西城区德外大街4号 高等教育出版社法律事务部
邮政编码 100120

防伪查询说明

用户购书后刮开封底防伪涂层,使用手机微信等软件扫描二维码,会跳转至防伪查询网页,获得所购图书详细信息。

防伪客服电话 (010)58582300